ASAR-I ATİKA

OSMANLI İMPARATORLUĞU'NDA ARKEOLOJİ SİYASETİ

KOÇ ÜNİVERSİTESİ YAYINLARI: 107   TARİH | ARKEOLOJİ

Asar-ı Atika: Osmanlı İmparatorluğu'nda Arkeoloji Siyaseti

Zeynep Çelik

İngilizceden çeviren: Ayşen Gür

Yayına hazırlayan: Defne Karakaya

Düzelti: Nihal Boztekin

Kitap ve kapak tasarımı: Gökçen Ergüven

Ön iç kapak görseli: Müze-i Hümayun, İstanbul, ana bina. (Kartpostal, yazarın koleksiyonu)

Arka iç kapak görseli: Metropolitan Museum of Art, New York, ana bina. (Kartpostal, yazarın koleksiyonu)

1. Baskı: İstanbul, Kasım 2016

Baskı: 12.matbaa   Sertifika no: 33094

Nato Caddesi 14/1 Seyrantepe Kâğıthane/İstanbul   +90 212 281 2580

Koç Üniversitesi Yayınları   Sertifika no: 18318

İstiklal Caddesi No:181 Merkez Han Beyoğlu/İstanbul   +90 212 393 6000

kup@ku.edu.tr • www.kocuniversitypress.com • www.kocuniversitesiyayinlari.com

Koç University Suna Kıraç Library Cataloging-in-Publication Data

    Çelik, Zeynep

    Asar-ı Atika : Osmanlı İmparatorluğu'nda arkeoloji siyaseti = About antiquities : politics of archaeology in the Ottoman Empire/ Zeynep Çelik ; İngilizceden çeviren Ayşen Gür ; yayına hazırlayan Defne Karakaya.

    272 pages ; 16,5x24 cm. -- Koç Üniversitesi Yayınları ; 107. Tarih / Arkeoloji.

    Includes bibliographical references and index.

    ISBN 978-605-9389-17-4

    1. İstanbul Arkeoloji Müzeleri. 2. Museums--Turkey--History. 3. Archaeological museums and collections--Turkey--History. 4. Archaeology--Turkey--History. 5. Turkey--Antiquities. 6. Archaeology and state--Turkey--History. 7. Nationalism--Turkey--History. 8. Archaeology. I. Gür, Ayşen. II. Karakaya, Defne. III. Title.

    AM79.T8 C45 2016

Asar-ı Atika

Osmanlı İmparatorluğu'nda Arkeoloji Siyaseti

ZEYNEP ÇELİK

İngilizceden çeviren: Ayşen Gür

KÜY

Perry'ye

İçindekiler

Teşekkür

Asar-ı Atika, Amerikan Eğitimli Toplumlar Konseyi ve Ulusal İnsani Bilimler Vakfı'nın sağladığı cömert destekle, New Jersey Institute of Technology'den aldığım araştırma izni ve Columbia Üniversitesi Seminerleri'nin yayın bağışı sayesinde araştırılarak kaleme alındı. Araştırmamın bazı parçalarını Columbia Üniversitesi'nin Osmanlı ve Türk Tarih ve Kültürü Semineri'nde, Floransa'daki Max Planck Enstitüsü'nde, New York Kent Üniversitesi Mezunlar Merkezi'nde, Swarthmore College'da, Delft Teknik Üniversitesi'nde, Amsterdam'daki Allard Piersen Müzesi'nde, Brown Üniversitesi'nde, New York Üniversitesi'nde ve Gent Üniversitesi'nde sundum. Her defasında aldığım tepki ve yanıtlar pek çok konu hakkında derinlemesine düşünmemi sağladı ve beni başka konulara yönlendirdi.

Araştırma İstanbul Arkeoloji Müzeleri Arşivi, İstanbul Üniversitesi Merkez Kütüphanesi, Pierpont Morgan Kütüphanesi Arşivleri (New York), Başbakanlık Osmanlı Arşivleri (İstanbul), Princeton Üniversitesi Arkeoloji Arşivleri ve Pennsylvania Arkeoloji ve Antropoloji Müzesi Arşivleri'nde yapıldı. Bu kurumların yönetici ve çalışanlarına bana gösterdikleri etkin ve nazik işbirliği nedeniyle müteşekkirim. İstanbul Arkeoloji Müzeleri Müdürü Zeynep Kızıltan ve Kütüphane Müdürü Havva Koç, çalışmamı kolaylaştırmak için büyük zahmete girdiler. Özellikle Havva Koç'a incelediğim konuya gösterdiği kişisel ilgi ve gerekli belgeleri toplamasından ötürü borçluyum. Ayrıca Haverford College Özel Koleksiyonlar Müdürü Sarah Horowitz'e, Joseph Meyer'in not defterinin taranmış kopyalarını çok kısa sürede yolladığı için özel olarak teşekkür ediyorum. İstanbul'daki araştırma asistanım Ceyda Yüksel, uzak mesafeden çok ihtiyaç duyduğum yardımı sundu. Pek çok dijitalleştirilmiş koleksiyon birincil kaynak hazinesi sağladı; bunlar arasında Ankara'daki Milli Kütüphane ile İstanbul'daki Atatürk Kitaplığı basılı çoğu Osmanlı kaynağına kolaylıkla ulaşmama yardımcı oldu.

Texas Üniversitesi Yayınları'nda, kavram aşamasından itibaren bu kitaba sürekli ilgi gösterdiği ve metnin ilk halinde yaptığım değişiklikleri esneklikle ve iyi niyetle kabul ettiği için editörüm Jim Burr'a teşekkür ediyorum. Jim Burr üretim süreci boyunca titiz bir dikkat ve profesyonellikle bana yol gösterdi. Lynne Chapman'a kitabı yayına hazırlama sürecindeki dikkati için müteşekkirim ve dikkatli redaksiyon çalışması nedeniyle Nancy Warrington'a teşekkür borçluyum.

Araştırma ve yazma aşamalarında birçok dostum ve meslektaşımla yaptığım konuşmalardan yararlandım. Özellikle Zainab Bahrani, Edhem Eldem, Diane Favro, Susan Slyomovics ve Ayşe Yönder farklı açılardan bana ilham verdi. Texas Üniversitesi Yayınları'nın isimsiz okurlarına, yolladıkları etkili yorumlar nedeniyle müteşekkirim. Oğlum Ali Winston, esprileri ve mizah anlayışıyla çalışmamın tadı tuzu oldu. Her zamanki gibi en titiz ve eleştirel okurum eşim Perry Winston'dı. Onun bu kitaba katkısı, ilk dönemlerdeki kavramlaştırma aşamasından son dönemdeki resim seçimine kadar devam etti. Evimizde ve yemek masamızdaki projelerimden birine daha açık fikirlilik ve merakla yaklaştığı için ona çok şey borçluyum.

Perry'yi bu kitap tam baskıya hazırlandığı sırada kaybettik. Kitabı zaten ona ithaf etmiştim; şimdi büyük bir üzüntüyle, anısına ithaf ediyorum.

Yazarın İsimler, Tarihler ve Ölçülerle İlgili Notu

21 Haziran 1934'te kabul edilip Ocak 1935'te yürürlüğe giren Soyadı Kanunu'ndan önce, Türk isimleri kişinin ilk adından ibaretti, bazen de babasının adı buna eşlik ederdi. Bireyler isimlerini bu şekilde yazar veya yalnızca özel isimlerini kullanırdı. Ayrıca, özellikle tek bir isim kullanıldığında ismin sonuna "Bey" ve "Efendi" eklemek sıradandı. Bu kitaptaki Türkçe/Osmanlıca isimlerin arasındaki tutarsızlıklar, Soyadı Kanunu'ndan önce ve sonra isimlerdeki çeşitlilikten kaynaklanmaktadır.

Osmanlı takvimi Hicret'i esas alır (MS 622). Tarihler Batı (Gregoryen) takvimine çevrildiğinde, Hicri tarih önce verilir, ardından Gregoryen tarih belirtilir.

Bu kitapta kullanılan kaynaklar, ölçüleri metrik sistem veya İngiliz sistemine göre vermektedir. Hepsini tutarlı hale getirmektense, orijinal sayıları tutarak parantez içinde çevrilmiş hallerini verdim.

Resim Listesi

Giriş

Eski eserlerin sahibi kimdir? Bu alışılmış soru, günümüzde uluslararası anlaşmazlıklarda canlı bir yer tutar. *Asar-ı Atika* bu tartışmaları kökeninden, arkeolojinin akademik bir disiplin haline geldiği en parlak döneminden başlatmaktadır. Tarih, sanat, mimarlık, mitoloji, etnografi ve pozitif bilim araştırmalarının kesiştiği noktada, 19. yüzyılda arkeoloji baskın bir kültürel alan olarak ortaya çıktı. Mirasın değer kazanması belki çok eski çağlara kadar gidiyordu ama bunun sistemli hale gelişi son iki yüzyılda yaşanan kültürel ve siyasal gelişmelere sıkı sıkıya bağlı modern bir olgudur. Disiplinin maddi konusu olan eski eserler imparatorluk kurmak, küresel ilişkiler ve rekabet, iktidar mücadeleleri, ulusal ve kültürel kimliklerin tanımı, kültürler arası ilişkiler, işbirlikleri, suiistimaller ve yanlış anlamalarla yüklü hale geldi, çoğu zaman temeldeki para unsurundan etkilenildi. İnşa edilmiş çevrelerin "elle tutulabilir özü, nesnesi", yani geniş altyapı projeleri, kültürel kurumlar ve mimarlık, teknolojik yeniliklerin verdiği destekle bunların ağırlığının artmasına katkıda bulundu.

Bu kitapta ele alınan temaları daha iyi aktarmak için birkaç hatırlatma yapmak okura yön verecektir. Milo Venüsü'nün kuşkulu kökeninin iyi kurgulanmış öyküsü ve Louvre'daki konumunun zaman içinde değişmesi, Fransa'nın kimliğinin tanımlanmasında ilginç bir sayfa açar ve Philippe Jockey'nin kışkırtıcı şekilde tartıştığı gibi, Elgin Mermerleri'ne sahip çıkılmasının Britanya kültüründe oynadığı role denk gelir.[1] Arkeoloji ile emperyalizm politikaları arasındaki ilişki Austen Henry Layard'ın şahsında açıkça ortaya çıkar. Şöhreti Ninova'da yaptığı "keşif"lere dayalı olan Layard'ın asıl mesleği, Britanya'nın Osmanlı'nın doğu vilayetlerindeki çıkarlarını korumak amacıyla Britanya İmparatorluğu'nun istihbarat servisinde üstlendiği görevdi.[2] 19. yüzyıl sonunda Osmanlı İmparatorluğu'nun demiryolları ağı iki tarafı keskin kılıca benzer: Daha geniş ekonomik ve toplumsal görevler üstlenmesinin yanı sıra turizmin gelişmesini de sağlamış ve çok uzaktaki alanlardan İstanbul'da yeni kurulmuş olan Müze-i Hümayun'a eski eserlerin taşınmasını kolaylaştırmıştır

---

1   Milo Venüsü'nün hikâyesi için bkz. Jockey, "The Venus de Milo," 237–255; Elgin Mermerleri için bkz. Casey, "'Grecian Grandeurs,'" 30–62.

2   Malley, "The Layard Enterprise," 99–123.

(Genellikle trenle Beyrut'a taşınan eserler orada gemilere yüklenmektedir). Ancak bu durum aynı zamanda eserlerin ülkeden dışarı kaçırılmasını da kolaylaştırmıştır.[3]

19. yüzyılda kültürel ve sanatsal üretim, eski eserleri sayısız şekilde sahiplendi. Günümüzde antikçağa gönderme yapan şiirler, romanlar, oyunlar, resimler, heykeller ve binalar o kadar çok ve tanıdık ki, bunları çoğunlukla arkeoloji tarihi bağlamında düşünmeyiz. Percy Bysshe Shelley'nin "Ozymandias" adlı sonesinin (1818) I. Napoléon'un Mısır'ı işgalinin ardından ve *Description de l'Égypte*'in yayımlandığı sırada (ilk cilt 1809'da basılmıştır) yazılmasının veya Beethoven'ın *Atina Harabeleri*'ni (1811) Lord Elgin'in adamlarının Partenon "Mermerleri"ni yavaş yavaş ortadan kaldırmasıyla aynı zamanda bestelemesinin belki uzun vadede önemli bile olmayabilir. Ya da Mezopotamya'ya ilk giden gezginlerden Claudius James Rich'in 1811'de yaptığı gezideki gözlemlerini anlattığı *Memoir on the Ruins of Babylon*'u yazmasından sadece on yıl sonra, Lord Byron'ın Rich'in sözünü ettiği Ninova'da geçen *Sardanapalus* oyununu kaleme alması ve Lord Byron'ın oyunundan yalnızca birkaç yıl sonra Eugène Delacroix'nın Sardanapalus'un düşüşünü resmetmesi de önemli sayılmayabilir. Ancak eski eserlerin bağlamsal tarihi bu tür ilişkilerle zenginleşir.

Asar-ı Atika arkeoloji tarihine yönelik bir soruşturmadır. Margarita Diaz-Andreu'nun belirttiği gibi: "Arkeolojinin ne olduğuyla ilgili ne kadar fikir varsa, arkeoloji tarihi konusunda da o kadar olasılık vardır."[4] Kitabım bunlardan biridir. Özgün belgeleri ve alanı irdeleyen geniş akademik birikimi içeren literatürün satırları arasında kaybolmuş bazı bakış açılarını açmayı umut ediyorum. Yaptığım analizlerden açıkça görülebileceği gibi, canlandırmaya çalıştığım öyküler belgelerde rahatlıkla bulunabilir ama kimi zaman yöntemsel riskleri göze alarak "aykırı" bir okuma gerektirir. Coğrafya Osmanlı İmparatorluğu'dur; başkenti İstanbul, Müze-i Hümayun'un kurulduğu yer ve eski eserlerle ilgili yasaların kaleme alındığı, hükümet görevlilerinin bunları uygulamakla görevlendirildiği idari merkez olarak kilit bir rol üstlenir. Ancak kitap sadece Osmanlı İmparatorluğu'yla ilgili değildir, Avrupa bilim ve kurumları, hatta daha çok bunların Amerika Birleşik Devletleri'ndeki izdüşümleri üzerine kültürlerarası bir çalışmadır. Kurumsal çerçevelerin dışına çıkarak bireyler –Batılılar, Osmanlı karar vericiler ile memurlar ve yerel işçiler– arasındaki karmaşık etkileşimleri ortaya çıkarmayı amaçlıyorum. Aslında emeğin durumu, araştırdığım başlıca alanlardan biri ve bu konu belki de akademik birikimdeki en büyük boşluğu oluşturuyor. Bu konuya odaklanmak,

3 Bkz. bu kitapta Dördüncü Bölüm. Son noktaya dikkat çeken Ahmed Süreyya'ydı, "Evkaf-ı İslamiye Müzesi," *İslam Mecmuası* 4, no. 56 (15 Cemaziyülâhir 1335/28 Mart 1918), 1112–1113. Müze-i Hümayun, bugünkü İstanbul Arkeoloji Müzeleri'dir.

4 Diaz-Andreu, *A World History of Nineteenth-Century Archaeology*, 3.

Yannis Hamilakis'in "yerli arkeolojiler" üzerine çalışmasının da etkisiyle,[5] aynı zamanda eski eserlerin yerel halk açısından ne anlama geldiğini düşünmeme yol açtı. Yöntemsel olarak o kadar çok disiplinin sınırlarını aştım ki, bazen vurdumduymazlıkla içine daldığım alanları ayırt edemiyorum. Ancak mimarlık tarihi, şehirler ve görsel kültür alanlarındaki uzun süreli akademik çalışmalarım, *Asar-ı Atika*'nın ana omurgasını oluşturuyor. Kronolojik olarak sınırlarım 1880'lerden 1914'e uzanıyor; Osmanlı başkentinde Müze-i Hümayun'un yeni binasının açılışı ve popüler Osmanlı süreli yayınlarının patladığı dönemle başlıyor ve Ortadoğu'nun siyasal yapısını değiştiren I. Dünya Savaşı'nın başlamasıyla bitiyor. Yapay kopukluklar yaratma tehlikesinin farkında olduğumdan, kendimi bu katı sınırlar içine hapsetmedim ve esnek davrandım.

Kitap, editörlüğünü Zainab Bahrani ve Edhem Eldem ile birlikte yaptığım *Geçmişe Hücum, Osmanlı İmparatorluğunda Arkeolojinin Öyküsü, 1753-1914* (2011) adlı çalışmanın izinden gidiyor. Osmanlı topraklarındaki yabancı ve yerel arkeolojik girişimleri araştırmak amacıyla, söz konusu kitapta, uygarlık kavramlarıyla iç içe geçen antik geçmişi sahiplenme rekabetinin ardındaki anlamlara dair sorular sorduk. On beş akademisyenin sunduğu farklı ve yeni bakış açılarını tarayarak ortaya kışkırtıcı iddialar atabildik; bu iddiaların, akademik birikimin öykünün yalnız bir yanına, Batı yanına ağırlık veren ve bugün de devam eden öncüllerini yerinden oynatmaya yardımcı olduğunu umut ediyoruz. Bölümler revizyonist bir anlatıyla bir araya gelse de bazı boşlukların doldurulması başka pek çok anlatının kavrayışıyla mümkün oldu. Bu kitapta, bu alanların bazılarını incelemeye yönelik bir başlangıç yapmaya çalıştım; geriye kalan pek çok alan var.

Asar-ı Atika aynı zamanda *İmparatorluk, Mimari ve Kent: Osmanlı-Fransız Karşılaşmaları, 1830–1914* (2008) adlı son kitabımın bittiği yerden başlıyor. Bu kitabımda Osmanlı İmparatorluğu'nun Kuzey Afrika ve Arap vilayetlerindeki inşa formları arasında karşılaştırmalı bir çalışma yaparak, "birbiriyle bağlantılı imparatorluklar dünyası" çağında Fransız sömürge ve Osmanlı modernleşme politikaları arasındaki paralelliklere ve kesişen noktalara ışık tutmayı amaçlamıştım. Osmanlı cephesinde bu politikalar, Sultan II. Abdülhamid'in (saltanatı: 1876-1909) Panislamist politikalarıyla uyumlu olarak, o güne kadar ihmal edilmiş Doğu topraklarına doğru resmi bir dönüşle başlamıştı. Bölgeyi imparatorluk kimliğinin bir parçası haline getirme projesine bu uzak topraklardaki tarih katmanlarını da benimseme çabası eşlik ediyordu; bu çaba okul, hastane ve hükümet binaları gibi modern kamusal yapıların mimari özelliklerinde ortaya çıkıyordu. Antik uygarlık-

---

5   Hamilakis, "Indigenous Archaeologies in Ottoman Greece," 49–69.

lara kadar uzanan Osmanlı öncesi tarihin pek çok dönemi katman katman açılıyor ve arkeoloji imparatorluğun entelektüel servetinin ve bir uygarlık olarak taşıdığı zenginliğin bir parçası halinde Osmanlı söylemine giriyordu. *İmparatorluk, Mimari ve Kent*'te işlenen demiryolları ve telgraf hatları gibi diğer modernite projeleri de Osmanlıların eski eserlerle meşguliyetinde birer araç olarak rol oynayacaktı. Ayrıca, kilit roldeki Osmanlıların Arap vilayetlerindeki halka karşı tutumları, kendi "medeniyet" anlayışlarıyla bağlantılı olarak, üstünlük hatta ırk hiyerarşisi kavramlarının etkisi altındaydı. Bu tutum, yerel halkla yüz yüze gelerek Ortadoğu'daki eski eserlerle yerinde ilgilenen veya İstanbul'un hatırı sayılır uzaklığından bakan Osmanlılar tarafından da paylaşılacaktı.

Geçmişe Hücum'daki meslektaşlarım ve ben, arkeoloji tarihini çokboyutlu ve karmaşık hale getirme çabalarımızda yalnız değiliz. O kitaba katkıda bulunan yazarların çalışmalarını, Zainab Bahrani, Edhem Eldem ve Wendy Shaw'un devam eden yayınlarının da altını çizerek minnetle anıyorum. Pek çok başka bilim insanı da son zamanlarda revizyonist çalışmalar yayımlayarak önemli sorular sordu ve alanın katı kalıplarını yıkmaya yönelik değerli katkılarda bulundular. Benim çalışmam açısından, iki tür (genel derlemeler ve belli bir alanla kısıtlı incelemeler) arasında özellikle önemli olanlardan sadece bazılarını vurguluyorum; bunlar arkeolojinin siyasal ve ideolojik eğilimleriyle ilgili soru sormamı ve arkeologlardan işçiler için yemek yapan Bedevi kadınlarına, konuya bireyler düzeyinde daha fazla dikkat etmemi sağladı.[6] Bruce Trigger'in arkeolojik düşüncenin gelişimiyle ilgili ezber bozan çalışması yeni bir yol açtı. Trigger, 1984'te kaleme aldığı bir makalede, "Arkeoloji, uygulandığı ülke ve bölgelerin modern dünya sistemlerinde işgal ettikleri konumun etkisi altındadır" iddiasını destekleyen üç "alternatif arkeoloji" kategorisini inceler: milliyetçi, sömürgeci ve emperyalist.[7] Sonraki on yılda arkeolojinin ideolojik çıkarımlarıyla ilgili bir dizi soruşturma başladı.[8] İki çalışma, Margarita Diaz-Andreu'nun *A World History of Nineteenth-Century Archaeology* [19. Yüzyıl Arkeolojisinin Dünya Tarihi] adlı kitabı ve Ruhr Museum'daki bir

---

6 *İmparatorluk, Mimari ve Kent*'i yazarken verdiğim bir karara uyarak ve aldığım geri bildirime güvenerek, kuramsal kaynaklar için referans vermemeyi tercih ettim. Orada da belirttiğim gibi, "bunun nedeni, düşüncelerimi biçimlendiren sayısız etkeni inkâr etmek değil (okurlarımın çoğu için bu etkenler çok açık olacaktır), metni çoğu kez bilinen ad ve pek çok kez tekrarlanan alıntılarla yüklemek istememendir" (Çelik, *İmparatorluk, Mimarı ve Kent*, s. 5, not 2).

7 Trigger, "Alternative Archaeologies," 355. Ayrıca bkz. Trigger, *A History of Archaeological Thought*.

8 Örneğin bkz. Schnapp, *La conquête du passé* ve Kohl and Fawcett, *Nationalism, Politics and the Practice of Archaeology*.

sergiye eşlik eden, editörlüğünü Charlotte Trümpler'in yaptığı *Das Grosse Spiel: Archäologie und Politik zur Zeit des Kolonialismus* [Büyük Oyun: Sömürgecilik Çağında Arkeoloji ve Siyaset] adlı geniş katalog ortaya küresel resimler çıkardı ve bunları "öteki", özellikle de Osmanlı tarafına değinerek, çoklu siyasal bağlam ve ideolojileri çerçevesinde ele aldı. Sömürge arkeolojisiyle ilgili araştırma da "bilimsel" çalışmayı çerçeveleyen ideolojilerle uğraştı. Nabila Oulebsir'in *Les usages du patrimoine: Monuments, musées et politique coloniale en Algérie (1830–1930)* [Ortak Mirasın Kullanımları: Cezayir'deki Anıtlar, Müzeler ve Sömürge Politikası] (2004) ve Clémentine Gutron'un *L'archéologie en Tunisie (XIXe–XXe siècles): Jeux généalogiques sur l'Antiquité* [Tunus'ta Arkeoloji (19.-20. yüzyıllar): Antikçağ Üzerine Soyağacı Oyunları] (2010) adlı çalışmaları bu alana yapılan katkılar arasında değerlendirilmelidir.

Daha yoğunlaşmış çalışmalar, Batılı arkeologlarla Doğu'daki, özellikle de Osmanlı İmparatorluğu'ndaki muadilleri arasındaki ilişkilere yakından baktı. Suzanne Marchand, *Down from Olympus: Archaeology and Philhellenism in Germany, 1750–1970* (1996) [Olimpos'tan Aşağı: Almanya'da Arkeoloji ve Filhelenizm] adlı çalışmasında Almanya'da antikiteye duyulan tutkuyu ve bunun Oryantalizmle iç içe geçişini, müzelere ve akademik çalışmaya ağırlık vererek inceledi. Maya Jasanoff'un *Edge of Empire: Conquest and Collecting in the East, 1750-1850* [İmparatorluğun Kıyısı: Doğu'da Fetih ve Koleksiyonculuk, 1750-1850] (2006) adlı çalışması, eski eserlerin gerçek iktidarın yerine nasıl geçebildiğinin izini sürerek koleksiyonculuğun siyasal sonuçlarını inceledi. Frederick N. Bohrer'in Asur'un 19. yüzyılda Avrupa'daki temsil biçimlerini irdelediği kuramsal açıdan iddialı analizi *Orientalism and Visual Culture: Imagining Mesopotamia in Nineteenth-Century Europe*'u [Oryantalizm ve Görsel Kültür: 19. Yüzyıl Avrupasında Mezopotamya] (2003), Austen Henry Layard'ın Mezopotamya'daki sağ kolu ve kendi başına bir arkeolog olan Hormuzd Rassam'ı kısa süreliğine "tamamen melez bir kültürel figür" olarak konuya dahil etti.[9]

Bruce Kuklick *Puritans in Babylon: The Ancient Near East and American Intellectual Life, 1880–1930* [Babil'in Püritenleri: Eski Yakındoğu ve Amerikan Entelektüel Yaşamı, 1880-1930] (1996) adlı çalışmasında Mezopotamya'da çalışan Amerikalı arkeologları ele alarak Protestan inanışları ve Yahudi-Hıristiyan kültürel mirasının ışığında disipline yaptıkları entelektüel katkıları araştırdı. Bireyleri (hepsi de Nippur'daki kazıları yapan John Punnett Peters, John Henry Haynes ve Hermann Vollrat Hilprecht gibi) ve aralarındaki ilişkileri vurgulayarak, paylaştıkları belirgin Oryantalist düşünce sayesinde bilginin artmasına da katkıda bulunduklarını

---

9   Bohrer, *Orientalism and Visual Culture*, 190.

iddia etti. Renata Holod ve Robert Ousterhout'un editörlüğünü üstlendiği *Osman Hamdi Bey and the Americans* [Osman Hamdi Bey ve Amerikalılar] (2011) adlı çalışma aynı Amerikalı arkeologlardan bazılarını, imparatorluktaki tüm arkeolojik çalışmaları denetlemekle görevli olan Müze-i Hümayun Müdürü Osman Hamdi Bey'le ilişkileri üzerinden ele aldı. Hem Amerika hem Osmanlı tarafından yazılı ve görsel olarak zengin bir belge birikimine dayanan bu kitap ve eşlik ettiği sergi (aynı yıl İstanbul'daki Pera Müzesi'nde kuruldu); Osman Hamdi, John Henry Haynes ve Hermann Vollrat Hilprecht'in "kesişen yaşamlar"ının kültürlerarası bir çözümlemesini sundu. Öyküleri daha da karmaşık hale getirme eğilimi, Mary Beard'ın biraz rehber biraz da kültürel çalışma niteliğindeki kitabı *The Parthenon*'da (2010) ortaya çıktı. Kitapta Atina'yı gezen en eski gezginler arasında bulunan Evliya Çelebi'nin gözlemleri de yer alıyordu.

Stephen Quirke, arkeologların kazı alanlarında kullandıkları ucuz işçilik karşısındaki "tuhaf ilgisizlik"lerini ele almayı amaçlayan ve alanın "mevcut emek ve toplumsal ilişkiler karşısındaki ilgisizlik"ine değinen *Hidden Hands: Egyptian Workforces in Petrie Excavation Archives, 1880–1924* [Saklı Eller: Petrie Kazı Arşivlerinin Mısırlı İşgücü, 1880-1924] (2011) adlı çalışmasında, Flinders Petrie'nin Mısır'da 1880 ile 1924 arasında yaptığı kazıların arşivlerini inceledi. Sadece kazı alanlarını denetleyen önde gelen Mısırlı aktörleri değil, daha da önemlisi, bütün emek gücünü ilk defa sahneye çıkardı.[10] Gerçi Donald Malcolm Reid arkeolojide önemli roller üstlenmiş Mısırlıların davasını *Whose Pharaohs? Archaeology, Museums, and Egyptian National Identity from Napoleon to World War I* [Kimin Firavunları? Napoléon'dan Birinci Dünya Savaşı'na Arkeoloji, Müzeler ve Mısır Ulusal Kimliği] (2002) adlı eserinde güçlü bir şekilde savunmuştu ama işçiler Quirke'nin kitabına kadar literatüre girmemişti.[11]

Asar-ı Atika müzelerle ilgili karşılaştırmalı bir bölümle başlıyor. Yazı başlangıçta, Müze-i Hümayun'u Avrupa ve Kuzey Amerika'daki büyük müzelere göre bir çer-

---

10   Quirke, *Hidden Hands*, vii.

11   Tarihçiler işçilerin varlığından gelişigüzel biçimde, laf arasında bahsetmektedir. Arkeolojik fotoğrafla ilgili analizinde Bohrer birkaç örneği vurgular ve onları kazı alanındaki iktidarın durumunu ortaya çıkarmak için eleştirel olarak okur. 1904'te Delphi'de çekilmiş bir fotoğrafta "İşçiler kazının önemini ve kendi tarihlerinin önemsizliğini sanki anlamış gibi poz vermiştir" der. Bir başkasında, 1915'te Troya'da bir sütun gövdesi üzerinde duran bir Türk köylüsü "arkeolojik seyirci olarak Batılı izleyici"nin konumuna tanıklık eder. Bohrer, *Photography and Archaeology*, 74, 121–122. Robert Ousterhout kısaca "Nippur'un son sezonunda, [John Henry] Haynes yerel aşiretlerin hayatına gittikçe daha çok ilgi duymaya başlamıştı" ve fotoğrafları "sanki yerel aşiretlerin hayatından sahneler yakalamak için daha antropolojik hale gelmişti" diye yazar. Ousterhout, *John Henry Haynes*, 133, 142.

çeveye oturtarak daha kapsayıcı bir resim sunma niyetiyle kaleme alınmıştı. Ancak yaptığım araştırma Müze-i Hümayun ile New York'taki Metropolitan Museum of Art'a odaklanmama yol açtı. İlk kuruldukları yıllarda çarpıcı bir hızla gelişen bu iki kurum, Avrupa'daki daha kurumsallaşmış müzelerin çevresinde yer aldıklarından ilginç bir ikili oluşturuyordu. Osmanlı hükümetinin güçlü desteğine rağmen İstanbul'daki müze, imparatorluğun son dönemde yaşadığı ekonomik zorlukların etkisiyle kısıtlı kaynaklarla hareket ediyordu. Buna rağmen bütün müzeler arasında iki nedenden ötürü benzersiz bir konuma sahipti: Antik yerlerin muhtemelen en zengin merkezi olan Ortadoğu ve Anadolu'yu kapsayan geniş Osmanlı topraklarının başkentindeydi ve müze yönetimi, bölgedeki bütün arkeolojik etkinlik üzerinde doğrudan ve gittikçe artan bir denetim gücüne sahipti. Metropolitan ise böyle ayrıcalıklı bir noktadan çok uzaktaydı ama eski eserlere meraklı ve birinci sınıf bir müze yaratmaya kararlı zengin bir özel sektör tarafından cömertçe destekleniyordu. Müze-i Hümayun ve Metropolitan 19. yüzyılın sonunda önder durumdaki kültürel kurumlar haline geldi ama misyonları değişikti ve bazen de birbirinin tam karşıtıydı. Birinci Bölüm'de kentsel konumlarını da göz önüne alarak Müze-i Hümayun ile Metropolitan'ın kendilerine özgü gündemlerini ve büyüme sancılarını birbirlerinin aynasında inceliyorum. Kentsel konumları açısından, Avrupa'nın önde gelen müzeleriyle daha geniş bir karşılaştırma yaparak 19. yüzyıl sonunda birkaç büyük dünya kentini en gözle görülür kültürel kurumları açısından okuyorum ve sınırlarda yer alan iki iddialı müzenin, benzer yollarla kendilerini çevrelerindeki kentin dokusuna nasıl dahil ettiklerini gösteriyorum.

Osman Hamdi'nin Müze-i Hümayun'u uluslararası akademik çalışmaların haritasına sokma hedefi, yeni binaların açılmasının ardından ve Osmanlıların eski eserler üzerindeki iddialarına karşı uyanan sert tepki dalgasına rağmen çarpıcı bir hızla başarıya ulaştı. Avrupa'nın Osmanlı projesine karşı çıkışını inceledikten sonra, İkinci Bölüm'de yabancı bilimsel yayınların müzedeki koleksiyonlara, özellikle de Osman Hamdi'nin Sayda'da bulduğu muhteşem lahde gösterdiği gittikçe artan ilgiyi izliyorum. Lahdin boyalı kabartmaları, Yunan antik döneminde çokrenkliliğin kullanıldığına ilişkin iddiaları destekliyordu, o sıralarda bu iddia tartışmalıydı. Arkeoloji dergileri, Sayda lahdine gösterdikleri kadar yoğun bir ilgiyle olmasa da, koleksiyondaki diğer nesnelere de geniş yer ayırmış, ayrıca "Oryantal" eski eserlerin muhteşem özelliklerini daha yalın Batı muadilleriyle karşılaştırarak bazı kuramlar da üretmişlerdi.

Üçüncü Bölüm, Müze-i Hümayun'u ve seslendiği kitleyi, Metropolitan ile karşılaştırarak ele alıyor. Müzenin resmi yayınlarını da içeren bir dizi belgenin analizi, İstanbul müzesinin en çok, akademisyenler başta olmak üzere yabancı ziyaretçileri ağırladığını ortaya koyuyor. Bu dengesiz görüntünün bir bölümünün, imparatorluktaki eski eserlerin korunmasıyla ilgili Osmanlı politikalarını yasalar çıkartıp uygulayarak tek başına değiştiren Osman Hamdi'nin kişisel eğiliminden kaynaklandığına kuşku yok. Avrupa ve Amerika bilim çevrelerini ağırlamasının nedeni, büyük ihtimalle müzenin uluslararası araştırmalarda saygın bir yer edinmesini sağlamak isteyişiydi. İlginç bir şekilde, aynı biliminsanlarının arkeolojik etkinliklerini titizlikle denetleyen de yine Osman Hamdi'ydi. Gerçi sayıları azdı ama, müze kapılarını açtıktan sonra halk da yavaş yavaş müzeyi ziyaret etmeye başladı. Okul grupları en sadık ziyaretçiler arasındaydı, bazen öğrencilerin sayısı görevlilerin kapasitesini aşıyordu. Bu bölüm aynı zamanda, müzelerin romanlara nasıl girdiğini araştırarak eski eserlerin daha geniş kültürel yaşamdaki yerini de ele alıyor.

19. yüzyılda Osmanlıların eski eserleri algılayışı, *Geçmişe Hücum*'un ele aldığı temalar arasındaydı. Resim, roman, salname ve süreli yayınlardan oluşan geniş kültürel ürün örnekleri vererek Osmanlı öncesi tarihte konuya duyulan ilgiyi izledik.[12] *Asar-ı Atika* ise Dördüncü Bölüm'de İstanbul'da yayımlanan başlıca süreli yayınlara dayanarak konuya daha yakından bakıyor. Bu yayınlar, imparatorluk topraklarındaki antik alanlara ilişkin haber ve makalelere sayfalarında sık sık yer veriyor, bazen dış ülkelerden benzer haberleri duyuruyorlardı. Başlangıçta bunlar yalnızca antik uygarlıklara, özellikle de Yunan-Roma alanlarına odaklanıyordu ancak 20. yüzyılın ilk on yılında ilgi, anıtların gittikçe tahrip olması nedeniyle "İslami" mirasa doğru kaydı. Bölüm, edebiyata kayarak sona eriyor ve birini Lord Byron'ın, diğerini de Abdülhak Hamid'in yazdığı, son Asur kralı Sardanapalus'un düşüşünü ele alan iki oyunu inceliyor. Metinlerin okunması ve sahnelenme koşullarının karşılaştırılması aynı efsanenin yorumları arasındaki farkları ortaya çıkarıyor ve iki ayrı bağlamla ilgili çok şey anlatan başka bir kültürlerarası etkileşimi kanıtlıyor.

Beşinci Bölüm'de tartışma arkeolojik kazı alanlarına kayıyor. İddialı bir şekilde sergilenen nesnelerin hangi koşullarda kazılıp çıkarıldığını inceliyorum. İşçi sayıları, işgücünün örgütlenmesi ve işçilerin aldığı ücretler, çalışanlarla arkeologlar arasındaki kişisel ilişkilere de ışık tutan arkeoloji raporlarına dayanıyor. Üç aktör grubu – Avrupalı arkeologlar, onları denetlemekle görevli Osmanlı memurları ve çoğu zaman farklı aşiret ve etnik gruplardan gelen yerel işçiler– arasındaki etkileşim hiyerarşilerin yanı sıra iktidar ilişkilerindeki kaymayı da gösteriyor. Para Avrupalılarda olduğu ve çalışmayı da onlar yürüttüğü halde, Osmanlı memurlarının denetimi altında hareket etmek zorundaydılar. Hiyerarşinin en alt basamağında görünen işçilerin

---

12   Bahrani, Çelik, Eldem, "Introduction," 13–43 ve Çelik, "Defining Empire's Patrimony" 454–474 [*Geçmişe Hücum*].

kendi iktidar temeli vardı ve çoğu zaman işverenlerini bunaltacak şekilde kendi kararlarını alıyorlardı. Çalışma saatlerini kendileri tespit ediyor ve başka öncelikleri olduğunda, çoğu zaman iklim değişikliği nedeniyle ekin ve hasat zamanlarında çalışmayı reddediyorlardı. Eldeki veriler tek yanlı olduğu için, emeğin durumuyla ilgili bilgimiz arkeologların kayıtlarına dayanıyor; bu veriler Oryantalizmin izlerini taşıyor ama etnografik gözlemlerin ışığını da yansıtıyor. İşçilere bir ses verebilmeyi umut ederek bu raporların satır aralarını okumaya çalıştım.

Kazı alanlarının yakınlarında kurulan konutların fiziksel özellikleri Altıncı Bölüm'ün konusunu oluşturuyor. Sömürge kentlerinin temel özelliğini yansıtacak şekilde, ikili bir konut yapısının var olması şaşırtıcı değildi; Batılı arkeologlara (ve Osmanlı denetimcilere) ayrılanlarla işçilere ayrılanlar, her biri farklı yaşam tarzlarını yansıtacak biçimde ayrı ayrı yerlerdeydi. Arkeologların karargâhları zaman içinde gittikçe gelişerek mimari açıdan iddialı kazı evlerine dönüşürken, çevrelerindeki "yerli" köyleri yerel malzeme ve formlara uygun olarak kendiliğinden ortaya çıkıyor, böylece istemeden de olsa arkeologları etnografik araştırmaya iten pitoresk "otantik" alanlar yaratıyordu. Bu bölümde, kazı süreci sırasında oluşan bu ikilikle, daha "organik" bir örnek, yani Palmira harabelerinin içindeki bir "yerli köyü" arasında bağlantı kuruluyor; bu görüntü pek çok Batılı ziyaretçinin, antik dönemdeki ileri uygarlıkla çağdaş köylülerin geriliği arasındaki keskin çelişki üzerine fikir yürütmesine neden olmuştu.

Asar-ı Atika, eski eserlere ilişkin güncel tartışmaları, bunların kitapta araştırılan daha eski gelişmelere dayalı köklerini ele alan geniş bir değerlendirmeyle son buluyor.

Bu projenin doğası, araştırma süreci ve yarattığı pek çok sorun konusunda düşünmeyi gerektiriyor. Yetersiz arşivlerdeki verilere bağımlı bir karşılaştırmalı çalışmanın kaçınılmaz açmazları, *İmparatorluk, Mimari ve Kent*'te olduğu gibi, *Asar-ı Atika*'yı yazarken de peşimi bırakmadı.[13] Örneğin, New York ve İstanbul müzelerindeki belge sayısı oldukça fazla ancak New York'taki belgeler çok daha kapsamlı ve çeşitliyken İstanbul'dakilerde boşluklar bulunuyordu. En göze çarpanı ziyaretçi sayısıydı, İstanbul'da böyle bir istatistik tutulmamıştı. Ayrıca Batılı arkeologları denetleyen Osmanlı memurlarının raporlarına veya günlüklerine ulaşamadığım için de hayal kırıklığına uğradım. Onların görüşleri, çok değerli bir bakış açısı getirerek kazı alanlarındaki toplumsal dinamiği anlamamıza katkıda bulunacaktı.

Arkeoloji tarihi daha kapsayıcı ve eleştirel yaklaşımlarla geliştikçe, Batılı olmayan aktörlerin oynadığı rol de, en azından satır aralarında kabul edildi. Ancak analiz hâlâ dağınık ve az sayıda isimle sınırlı. Osmanlıların durumunda, Osman Hamdi

---

13 Çelik, *Empire, Architecture, and the City*, 18–21 [*İmparatorluk, Mimari ve Kent*].

tek aktör olarak görülüyor. Sadece arkeoloji ve müze kurucusu olarak değil görsel kültürde, fotoğraftan mimariye ve elbette resme kadar geç dönem Osmanlı kültürü açısından önemi reddedilemez. Osman Hamdi benzersiz bir iktidar tabanından yararlanarak tek başına kilit kararlar verebilecek bir konumdaydı, ancak çevresindeki, hızla değişen toplumsal bağlamdan kopuk değildi.[14] Vizyonlarını hayata geçirirken başkalarıyla birlikte çalıştı ve etkileşim içinde oldu. İmparatorluktaki geniş arkeoloji sahnesinde yer alan diğer oyuncularla ilgili arşiv bilgileri az olduğundan ve çoğu zaman atama yerleri, ücretleri veya madalya gibi taltiflerle sınırlı kaldığından, bu önde gelen isim üzerine yoğunlaşılması anlaşılabilir. Örneğin Başbakanlık Osmanlı Arşivleri'ndeki belgelerde müze "komiser"lerinden biri olan Bedri Bey'in ismi sık sık karşımıza çıkar. Bu belgelerde ücreti, çeşitli ek ödemeleri, araştırma gruplarını denetlemek üzere Mezopotamya'daki arkeolojik alanlara ve Bergama'ya atanması, bulunan objelerin bu alanlardan Müze-i Hümayun'a taşınması konusunda üstlendiği sorumluluklar hakkında bilgi bulunur. Bedri Bey'in adı J.H. Haynes'in Nippur'daki kazı alanı raporlarında ve Hilprecht'in kayıtlarında da geçer, ancak Nippur'da Müze-i Hümayun'u temsil eden Osmanlı müfettişi olarak Amerikalı ekiple birlikte yaşadığından kısaca söz edilmekle yetinilir.[15] Belge olmaması nedeniyle Bedri Bey'le ilgili kapsayıcı bir anlatı oluşturamadım. Bu dağınık verilere dayanarak kişisel görüşlerini ortaya koymak mümkün değildi; ancak örneğin Nippur kazısındaki gözlemlerini kaydettiği bir günlük tutsaydı bunun ne kadar değerli olacağını belirtmekle yetinmek zorunda kaldım.

Özellikle bireylere ışık tutmak için çaba harcarken –sadece okur yazar olmayan işçilerde değil– başka birçok eksik daha araştırmamı etkiledi. Yerli ziyaretçilerin Müze-i Hümayun'u gezdikten sonra kişisel düşünceleri ve izlenimlerini aktardıkları belgeleri boşuna aradım. Umarım ki zaman içinde günlükler ve aile albümleri ortaya çıkar ve araştırmacılar, sayılarının az olduğunu bildiğimiz müzeyi ziyaret eden İstanbul halkının, bu önemli kurumu nasıl gördüğünü daha iyi ortaya koyabilir. Osmanlı kadınlarının ziyaretleri ve izlenimleri konusundaki merakım da sonuçsuz kaldı. En azından üst sınıf kadınların müzeye ilgi duyduğunu gösteren belirtiler yakalayacağımı umuyordum ama Osman Hamdi'nin ailesindeki kadınların bile bununla ilgili kayıtlarını bulamadım. Karşıma çıkan tek iz, kız okullarının müze gezilerine ilişkin takvimler oldu. Ne yazık ki bu gezilerle ilgili yalnızca senaryolar geliştirebildim, 20. yüzyıl başında iki cinsiyetten Osmanlı gençlerinin eski objeler arasındaki karşılaşmasının nasıl olabileceğini hayal ettim. Müzenin iç mekân fotoğrafları da beni hayal kırıklığına uğrattı. Arşivlerle süreli yayınlarda bu tür

14 Konuyla ilgili bir konferansın bildirileri için bkz. Rona, *Osman Hamdi Bey ve Dönemi.*
15 Bkz. bu kitapta Altıncı Bölüm.

çok sayıda fotoğraf olmasına ve salonlar ve sergi düzenleriyle ilgili değerli bilgi verilmesine rağmen ziyaretçileri gösteren tek bir fotoğrafa bile rastlayamadım.

Bedri Bey gibi önde gelen birine ait bilgi bile bu kadar bölük pörçükse, kazı alanlardaki işçi ordusunun sesine ulaşmak mümkün değildi. Elbette, belgelerde bu alt konumdaki insanların "sessizlik"ini ilk fark eden tarihçi ben değilim. İkisi de 16. yüzyıl üzerine çalışan Carlo Ginzburg ve Natalie Zemon Davis de bu sorunu saptayarak incelikle ele aldı ve ilham verici modeller oluşturdu.[16] Daha yakın bir tarihte, Dorothy Metzger Habel'in kullandığı bir ifade beni çekti: "sesleri duymak".[17] Habel, Roma'nın yeniden kuruluşunun tarihini anlatırken, barok kentin mimari alanlarında "duyduğu" sesleri "dinledi"; ben de kazı alanlarında bunları duydum ve anlattığım öykülere katmayı zorunluluk hissettim. Bu zor sorunun üstesinden gelmek için alışılmamış yöntemler denedim. Fotoğrafların analizini yaparken özgürce davrandım, arkeologların kayıtlarını okurken gizli kanıtların peşinde koştum, bunları kaleme alanların aklına gelmeyen anlamlar aradım. Bu yaklaşım her kazı alanını ayrı ayrı ele almayı ve kendi siyasal ve ideolojik bağlamına oturtmayı gerektiriyordu, bu da o dönemde bölgedeki sayısız etnik ve dini grup arasındaki çeşitli çatışmalar ve Osmanlı devletinin onların üzerinde denetim sağlama girişimlerinden ötürü kolay değildi.

Osmanlı'nın yazılı ve görsel birincil kaynaklarının çeşitliliği ve dağınıklığı, belgelerdeki boşluklar, araştırmacıyı sadece başka sorulara yönelten sorular sormaya zorluyor. Yine de Batı (bu kitapta Amerika) tarafındaki sistematik ve kapsamlı arşivlerle kıyaslandığında, Osmanlı belgelerinin dağınıklığı, ucu açık kalan heyecanlı bir sentez sürecine yol açıyor.

---

16 Ginzburg, *The Cheese and the Worms* [*Peynir ve Kurtlar*]; Davis, *Fiction in the Archives.*
17 Habel, *"When All of Rome Was under Construction,"* 1.

Başlangıç: 19. Yüzyıl Müzesi

Çeperde Kurulan İki Müze: İstanbul'daki Müze-i Hümayun ve New York'taki Metropolitan Museum of Art

Howard Crosby Butler'ın E. Robinson'a yazdığı 7 Kasım 1912 tarihli bir mektup, New York'taki Metropolitan Museum of Art'tan [Metropolitan Sanat Müzesi] bir temsilcinin "Türklerin geri çekilmeye ve ağır yüklerinden kurtulmaya karar verme ihtimali"ni göz önüne alarak derhal Konstantinopolis'e gitmesini istiyordu. "Ağır yük"ten kasıt Osmanlı başkentindeki Müze-i Hümayun'da toplanmış malzemelerdi; "geri çekilme" ise Osmanlıların eski eserler üzerindeki haklarından vazgeçmeleri anlamına geliyordu. New Yorklu büyük koleksiyoncu ve Metropolitan Museum of Art Müdürü (1904-1913) Pierpont Morgan'ın elle yazdırdığı bir belgeye göre, Morgan'ın kulağına müzenin içeriğinin satılacağı söylentisi gelmişti. Paris'te bulunan Montague Parker'ın durumu öğrenmek üzere Osmanlı başkentine gönderilmesini isteyen Morgan şöyle diyordu: "Harekete geçebilmek için gerçekleri ve olasılıkları öğrenmem çok önemli." Butler söylentinin gerçekleri yansıttığına inanıyordu ve şöyle cevap verdi: "Eğer Türkiye, başkentini elinde tutabilmek için yüksek bir tazminat ödemek zorundaysa, topu topu 100 Türkten fazlasını ilgilendirmeyen nesnelerden vazgeçmeye istekli olabilir." İşin çok acil olduğunu vurguluyordu, çünkü "Almanya ve Avusturya'nın İskender'e ait olduğu söylenen lahdi almak için İstanbul'da hükümete iyi bir teklif vermeye hazır adamları bulunduğundan emin"di; İskender'in lahdi olarak bilinen lahit müzedeki en değerli ve sevilen nesneydi (RESİM 1.1). Birkaç hafta sonra, 20 Kasım'da Morgan Londra'daki E.C. Grenfell'e bir telgraf yollayarak "Türk hükümetinin, İskender'in lahdi de dahil olmak üzere İstanbul'daki Müze'nin bütün koleksiyonunu mantıklı bir fiyata satacağına inanmak için yeterince nedeni olduğunu" tekrarladı. Koleksiyonu toptan satın almakla ilgilendiğini belirterek şunları ekledi: "Mümkün olursa bunu

RESİM 1.1 Müze-i Hümayun'un içi, İskender Lahdi ön planda. (İÜMK 90632-0015)

yapmamız çok önemli. Hem Almanya hem de Avusturya'nın rekabete gireceğinden endişe ediyorum." Koleksiyon Metropolitan Museum of Art'ın olmalıydı.[1]

Söylentinin doğru olmadığı ortaya çıktı. Osmanlı Devleti, yani 1908'de iktidara gelmiş olan Jön Türklerin yönetimindeki İkinci Meşrutiyet hükümeti, tamamen iflas etmiş olabilirdi, hem Trablusgarp hem de Balkanlar'da yıkıcı savaşların pençesinde olabilirdi ama en değerli kamusal kurumlarından birini satma düşüncesine kapılmadı. Müzenin statüsüne ve yararlandığı sürekli yatırımlara kısaca bakıldığında, böylesi bir durumun gerçeklerden uzak olduğu ortaya çıkıyordu. Aslında müzenin statüsü Osman Hamdi'nin önderliğinde 1906 Asar-ı Atika Nizamnamesi'yle daha da yükselmişti. 1860'lardan beri süren uygulamaların ardından 1906 nizamnamesi, 1884 nizamnamesini değiştirerek müzeye arkeoloji ve koruma faaliyetlerini yönetme yetkisi vermiş, ayrıca müze binasını bu çalışmalar sırasında çıkarılan bütün nesnelerin toplanacağı ve sergileneceği tek yer olarak belirlemişti.[2] Nesnelerin sayısının durmadan artması sonucu mekânın fiziksel olarak büyümesi, kurumun önemine işaret ediyordu. Alexandre Vallaury'nin müzenin koleksiyonlarından esinlenerek

---

1   Pierpont Morgan Kütüphanesi Arşivleri, Morgan Koleksiyonu Yazışması, 1887–1948. Sayda'da bulunan en gösterişli lahdin ilk başta düşünüldüğü gibi Büyük İskender'e ait olmadığı kısa süre sonra anlaşılmasına rağmen, buna "İskender Lahdi" denmeye devam edildi. Pratik nedenlerle bu kitapta ben de eserden İskender Lahdi diye söz ettim.

2   Shaw, *Possessors and Possessed*, 126.

tasarladığı neoklasik dildeki asıl bölüm 1887-89 arasında inşa edilmiş ama 1891'de açılmıştı, kuzeye eklenen ikinci bölüm 1905'te tamamlandı, güneydeki üçüncü ekin yapım tarihi ise 1908.[3] Yeni bölümlerin devletin mali durumunun zorluğu nedeniyle sonsuz mücadeleler sonucu yapıldığı bir sır değildi, bu da müzenin satışı konusunda J.P. Morgan'ın kulağına gelen söylentileri açıklıyordu (RESİM 1.2–1.4).

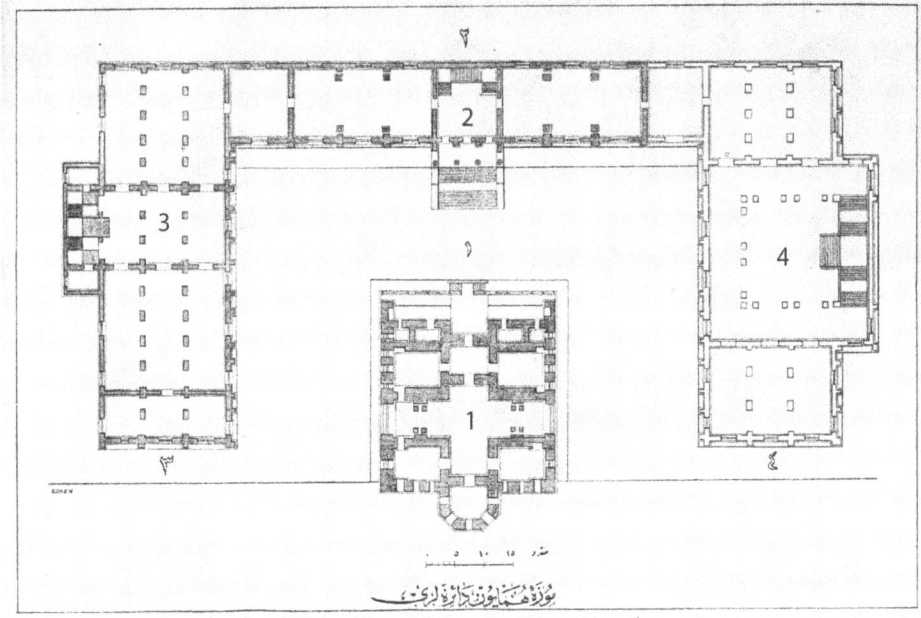

RESİM 1.2 Müze-i Hümayun, müze binasını ekleriyle gösteren plan. Resimaltı, farklı bölümleri şöyle belirtiyor: 1. Çinili Köşk, 2. Eski bölüm, 3. Yeni bölüm, 4. En son inşa edilen bölüm. (Servet-i Fünun [Sene 13] 26, no. 676 [25 Mart 1320/7 Nisan 1904])

Sonraki ekler müze yönetiminin, koleksiyonun "günbegün" artışını gerekçe göstererek uyguladığı kararlı ve sistematik baskı sonucu yapılabilmişti. Pek çok belge, 1891 tarihli binanın ve Topkapı Sarayı'nın ilk yapılarından biri olup açılışında müzenin hizmetine verilen Çinili Köşk'ün (1472-73) kapasitesinin yeterli olmadığını gösteriyordu. Örneğin müze yöneticileri 1893'te ve sonra Ağustos 1897'de mühendis görevlendirilmesi için Şehremaneti'ne başvurmuştu.[4] Maarif Nezareti'nin 1899'da müzeye yazdığı bir mektup, Marmaris'te bulunan eski eserlerin sergilenmesi için Çinili Köşk'ün sol tarafına (*cihet-i yesari*) bir ek yapılması kararını

---

3   "Müzemizin Kıymet ve Ehemmiyeti," *İçtihad* 23, no. 235 (1 Eylül 1927): 4473, 4475.

4   İstanbul Arkeoloji Müzeleri Arşivleri (burdan itibaren İAMA), Müze-i Hümayun, Müze-i Hümayun'dan Şehremanet-i Celilesi'ne mektup (27 Temmuz 1311/8 Ağustos 1897). Mektupta, daha önce 30 Eylül 1309'da (12 Ekim 1893) gelmiş benzer bir talepten söz edilir.

RESİM 1.3 Müze-i Hümayun, İstanbul, ana bina. (Kartpostal, yazarın koleksiyonu)

RESİM 1.4 Müze-i Hümayun, İstanbul, eklentiler. (Kartpostal, yazarın koleksiyonu)

tekrarlıyor ve bütçe zorluklarını özetliyordu. İmzalanmamış olan ama muhtemelen Osman Hamdi'nin Maarif Nezareti'ne yazdığı bir başka belge, Lakina'daki "büyük tapınak"tan çıkartılarak müzeye güven içinde taşınan, ancak yeni bina yapılana dek ne yazık ki hâlâ sandıklarda saklanan "çok kıymetli eski eserler"le ilgili ayrıntılar veriyordu. Yine de bunlar mutlaka müzenin "şan ve şöhret"ini artıracaktı.[5] Bir başka yazışmada, padişah emriyle yapılacak olan binaların "şu asr-ı terakkide her memleket-i müterakkiyece verilen ehemmiyet"i ortaya koyacağı, tarihin ve eğitimin hizmetinde olan müzelerin insanlığı daha güzel bir geleceğe taşıyacağı belirtiliyordu. Avrupalıların yüzyıllardır bu yönde gösterdiği çabalardan saygıyla söz eden Müze-i Hümayun yönetimi, bu "son derece genç" kurumun ortaya koyduğu çarpıcı gelişimi vurguluyordu. Yapılacak ek binalar, o esnada depolarda bulunan binlerce, "çoğu son derece önemli ve nadir antik eser"e ulaşılabilmesini sağlayacak, İslami uygarlıkların bıraktığı eserler de bunlara eklenecekti. Böylece bu eserler bir "devre-i ceride-i terakki" başlatacaktı.[6] Yeni ekin inşaatına 1899'da, kurban kesilerek başlandı.[7] Sürecin hızla ilerlemesini sağlamak, masrafları denetleyip onaylamak için Osman Hamdi'nin kardeşi Halil Edhem'in başkanlığını yaptığı bir komite kuruldu. Diğer üyeler başmuhasebeci Halil Edip, içişlerinden sorumlu müdür Kadri Bey ve Sanayi-i Nefise Mektebi müdürü Osgan Efendi'den oluşuyordu. Mimar olarak Vallaury de ekibin bir parçasıydı.[8]

Osman Hamdi 1910'da öldü ancak mirası Halil Edhem'in (1861-1938, 1931'de emekli oldu) başkanlığında yaşadı. Osman Hamdi'nin Sanayi-i Nefise Mektebi'nde okuyan öğrencilerin eğitimi için elzem kabul ettiği, Avrupalı sanatçıların resimlerinden bir koleksiyon kurma girişiminin sonucunda 1911'de müzenin bütçesi yükseltildi. O tarihte Sanayi-i Nefise Mektebi otuz yıldır eğitim veriyordu. 1882'de açılan okul, müze bölgesi içindeki özel bir mekândaydı; resim, gravür, heykel ve mimarlık başta olmak üzere sanat eğitimine adanmıştı. İki yıllık müfredatta eski eserlerin tarihine ilişkin zorunlu dersler de vardı, bu derslerde büyük ihtimalle müzenin koleksiyonları kullanılıyordu.[9]

---

5   İAMA, Müze-i Hümayun, Maarif-i Umumiye Nazırı'ndan Müze-i Hümayun Müdiriyet-i Aliyesi'ne mektup, 2 Teşrinievvel 1315 (14 Ekim 1899).

6   İAMA, Müze-i Hümayun, "Vilayat-i Malumeye Hususi"ye mektup (tarihsiz).

7   İAMA, Müze-i Hümayun, Topkapı Saray-ı Hümayunu Kumandanlığı Canib-i Valasına mektup, 23 Ağustos 1315 (4 Eylül 1899).

8   İAMA, Nezaret-i Maarif-i Umumiye'den Müze-i Hümayun Müdiriyet-i Aliyesi'ne mektup, 17 Teşrinievvel 1315 (29 Ekim 1899).

9   Sanayi-i Nefise Mektebi'nin müfredatı için bkz. *Salname-i Nezaret-i Maarif-i Umumiye* (İstanbul: Matbaa-i Amire, 1318 [1900]): 105–112.

Orijinallerinin piyasada olmadığı, olsalar bile satın almaya gücünün yetmeyeceği düşüncesinden hareketle müze Berlin, Paris, Münih ve Viyana gibi kentlerdeki "en ünlü" galerilere danışarak seçilen yabancı sanatçılara "*kudema-i esatize*"nin (eski ustaların) "*eser-i çire*"lerinin (başarılı eserlerinin) kopyalarını ısmarladı. Bir yılda yapılan otuz beş kopya 1912'de Müze-i Hümayun'un galerilerinden birinde sergilendi. Müze yönetimi Sanayi-i Nefise Mektebi'nin üst katında, büyümesi düşünülen "Avrupa koleksiyonu"nu yerleştirmek üzere özel bir galeri yaptırmayı planlıyordu.[10] Yapılan eklere rağmen, Müze-i Hümayun'un diğer koleksiyonları, sergi alanlarını tıklım tıklım dolduracak ve çoğu nesnenin de bodrumda ve bahçede "perişan" koşullarda depolanmasına yol açacak derecede büyümüştü.[11] Sanayi-i Nefise-i Mektebi 1916'da başka bir yere taşındığında, müze yönetimi okul binasına el koydu ve Mısır, Hitit ve Asur nesnelerinden oluşan "Eski Şark Eserleri Koleksiyonu"nu o güne kadar okulun işgal ettiği alanlarda sergilenmeye başladı.[12]

Müzenin büyük bir Osmanlı kurumu olarak özel statüsünü kanıtlayan tek gösterge, mekânın büyümesi ve yapılan yatırımlar değil. Döneme ilişkin anlatılar, bu kurumun kültürel bilinç açısından önemini ortaya koyuyor. Bir örnek vermek gerekirse, 1914'te müzeyi ziyaret eden bir grup öğrenciye yapılan konuşmada İhsan Şerif buranın "[Osmanlı] geleceğinin müzesi" olduğunu söylemiş ve İskender lahdi için "tek başına dünyanın en meşhur müzesinin kıymet-i umumiyesi değerindedir" demişti.[13] 1918'de dört yaşındaki Evkaf-ı İslamiye Müzesi'ne prestijli bir yer kazandırmak isteyen Ahmed Süreyya, başkentteki diğer müzeler arasında Müze-i Hümayun'u imparatorluğun "en muazzam" müzesi olarak tanımlamıştı.[14]

Dolayısıyla Pierpont Morgan'ın kulağına gelen söylentilerin dayanağı yoktu. Ancak Morgan'ın müzeye duyduğu ilgi anlaşılabilirdi. Metropolitan Museum of Art

---

10   "Müze-i Hümayun'da Bir Şube-i Cedide-i Sanat," *Osmanlı Ressamlar Cemiyeti Gazetesi* 2, no. 11 (25 Mart 1328/7 Nisan 1912): 97. Bu koleksiyon, 1937'de açılan Resim ve Heykel Müzesi'nin temelini oluşturdu. "Elvah-ı Nakşiye Koleksiyonu" olarak biliniyordu. Koleksiyonun bir kataloğu *Elvah-ı Nakşiye Koleksiyonu* olarak Halil Edhem tarafından 1924'te yayımlandı. Halil Edhem'e göre, Avrupalı ustaların resimlerinin kopyaları için ayrılan özel bütçe, 1916'da müzenin toplam bütçesinin içindeydi, sonuçta kopya sayısı kırk ikide kaldı. Halil Edhem, *Elvah-ı Nakşiye*, 40. Sergilenen eserlerin düzenlemesi ve listesi için bkz. Halil Edhem, *Elvah-ı Nakşiye*, 51–68.

11   Agy., 42.

12   "Müzemizin Kıymet ve Ehemmiyeti," 4475; Halil Edhem, *Elvah-ı Nakşiye*, 42. Sanayi-i Nefise Mektebi Cağaloğlu civarında bulunan Lisan Mektebi'ne taşındı.

13   İhsan Şerif, "Müze-i Hümayun'da Bir Ders," *Tedrisat* 4, no. 24 (9 Nisan 1330/22 Nisan 1914): 211.

14   Ahmed Süreyya, "Evkaf-ı İslamiye Müzesi," *İslam Mecmuası* 4, no. 56 (15 Cemaziyülâhir 1336/28 Mart 1918): 1116.

ve Müze-i Hümayun'un, yerleşmiş Avrupa kurumlarının egemen olduğu müzeler dünyasına yeni katılanlar olarak ortaklık yapmaları pek mümkün gözükmüyordu. Metropolitan zengin ve açtı, piyasada alınabilecek her şeyi almaya hazır servet sahibi özel hamiler tarafından destekleniyordu. Müzenin tarihini yazanlardan biri, kurumun kökenini şu kısa cümlede özetlemişti: "Hiçten yaratılması gerekmişti."[15] Bir başkası Amerikalı koleksiyoncuların "cömertlik"ini ve "kamu yararını gözeten" tutumunu övmüştü.[16] Buna karşılık, Müze-i Hümayun'un varlığı Osmanlı devletine bağlıydı. Tümüyle devlet bütçesinden gelen fonlara dayanan müze, Metropolitan'la karşılaştırılabilecek gelire sahip değildi ama koleksiyonları zengindi ve imparatorluk topraklarının genişliği ve eski eserlerin ülkeden çıkartılmasını engelleyen yasal önlemler göz önüne alındığında, gelecekte sürekli büyüme ihtimali yüksekti. Ancak Osmanlı tarafı Amerikan sahnesine imrenerek bakıyor, özel girişimin ve "ülkelerini veya doğdukları yeri güzelleştirmek için hiçbir fırsatı kaçırmayan ve servetlerinin bir bölümünü [bu uğurda] harcamaktan kaçınmayan milyonerler"in etkili müzeler kurmayı başarabildiğini görüyordu.[17]

Müze-i Hümayun 20. yüzyıl başında New York'ta bilinmeyen bir kurum değildi ve toptan satın alınması ihtimalinin heyecan yaratması doğaldı. Amerikalı arkeologlar Osmanlı İmparatorluğu'nda gittikçe daha çok bilimsel araştırmaya girişdikçe akademik basında müzenin koleksiyonlarıyla ilgili tartışmaların yanı sıra (bkz. İkinci Bölüm), Müze-i Hümayun ve eski eserlerle ilgili nizamnameler, hatta en küçük haberler bile, diplomasinin ilgi alanına girdi. Batı ve güney Anadolu ve Girit'teki arkeolojik kazılarla ilgili bir soruya cevap veren İstanbul'daki Amerika Birleşik Devletleri Sefareti'nden Oscar Solomon Straus, Amerikalı araştırmacılarla Avrupalı meslektaşları arasındaki farkı tanımlamıştı. 1884 nizamnamesini savunurken Osmanlı hükümetinin yabancılara verdiği izinlerin geçmişte kötüye kullanıldığını, bunun Osmanlıları eski ayrıcalıkları ortadan kaldıran yasalar çıkarmaya ittiğini belirtmiş ve Osman Hamdi'nin "amacı sadece bilimsel olan herhangi bir Amerikan derneği"ne esneklik göstermeye yatkın olduğunu eklemişti.[18]

Tartışmalar *New York Times*'ın sayfalarına yansıdı. Arkeolojik çalışmaya getirilen sınırlamalar ve "sürekli diplomasi ihtiyacı" konusundaki şikâyetlere rağmen Amerikalıların tutumu, Avrupalıların partizanlığıyla karşılaştırıldığında daha sempatik bir tona sahipti. Bir makale, Osmanlıların eski eserler üzerinde hak iddia

---

15   Preyer, *Art of the Metropolitan Museum*, 8.

16   Howe, *History of the Metropolitan Museum*, 170.

17   Halil Edhem, *Elvah-ı Nakşiye* (1970), 20.

18   Bay Straus'tan Bay Bayard'a mektup, *Papers Relating to the Foreign Relations of the United States, Transmitted to Congress*, 3 Aralık 1888, II. Bölüm.

edişlerine karşılık Avrupa'nın gösterdiği tepkileri aşırı ve alaycı deyişlerle özetleyerek Amerikalıların bundan farklı davrandığını belirtiyordu: "Genel görüşe göre Türkün herhangi bir hakkı yoktu veya anıtların hasara uğraması karşısında ilgisiz olduğu varsayılıyordu." Aynı yazıda Avrupalı güçler arasındaki arkeolojik kıskançlıkların yarattığı "kindarca" tutumdan söz ediliyordu: "Fransa'ya bir fermanla izin verildiğinde, Almanya'nın kendisini hakarete uğramış sayacağı, İngiltere'nin ise âdeti olduğu üzere homurdanmaya başlayacağı kesindir."[19]

New York Times'taki bir başka makale, durumu doğrudan Müze-i Hümayun ve müdürü Osman Hamdi'ye bağlayarak benzer bir bakış açısı sunuyordu:

> Akıllı Müslümanın geçmişin kalıntılarını korumak isteyebileceği düşüncesi, yabancı müzelerin temsilcilerinin isteklerine tamamen karşıydı. Türklerin kendi topraklarında buldukları onlara ait olmamalıydı [...] [Hamdi Bey'in] lahitlerini [Sayda'da bulunan, "İskender'in lahdi" dahil] hemen büyük Avrupa müzelerinden birine teslim etmemesi adaletsizlik olarak nitelendirildi. Türklerin klasik antikçağa ait bu hazineleri saklama hakkına sahip olmadıkları düşünüldü. Türkiye'nin antik sanatın gerçek bir âşığını yetiştirmesi ve onun da Sultan'ın sevgisini ve korumasını kazanması karşısında minnet duyacakları yerde, Türkiye'nin bu hazineler üzerinde hak iddia etmesi homurdanmalara neden oluyordu.

Makale, Konstantinopolis'teki yeni müzenin "şimdiki Sultan Abdülhamid'in desteği ve Hamdi Bey'in kararlılığı sayesinde [...] her halkın sahip olmaktan gurur duyacağı bir müze" olduğu iddiasıyla devam ediyordu. Gerçekten de "Konstantionopolis'teki yeni İmparatorluk Müzesi'nin [Müze-i Hümayun] koleksiyonuyla rekabet edecek" bir başka lahit koleksiyonu yoktu.[20] *New York Times*, İskender lahdinin benzersizliğini ve "mükemmel şekilde korunmuş olduğunu" sık sık tekrarlıyordu.[21] Diğer yayınlar yalnızca Müze-i Hümayun'un varlığını kabul ediyordu.

Osmanlı başkentinde Düyun-ı Umumiye Müdürü ve Osman Hamdi'nin bir dostu olan Vincent Caillard, Konstantinopolis daha rahat ulaşılabilir hale geldikçe, alimlerin buraya gelebileceğini ve "eski eserlerin tümünü bir bütün olarak ele almak için [...] oradan oraya yolculuk etmek yerine, tek bir kaynaktan inceleyebilecek"lerini öne sürdü.[22] Bu arada 1880'lerin sonunda Amerika Arkeoloji Enstitüsü'nün yıllık raporlarından anlaşıldığı kadarıyla, Müze-i Hümayun akademik topluluk tara-

---

19   "Americans in Babylonia," *New York Times*, 3 Temmuz 1897.

20   "The Museum of Constantinople," *New York Times*, 24 Nisan 1897.

21   Örneğin bkz. "Sarcophagi of Sidon," *New York Times*, 6 Ağustos 1898.

22   Caillard, "The Imperial Ottoman Museum," 137.

fından güvenilir bir kurum olarak kabul ediliyordu, ancak biraz kıskançlık da uyandırıyordu:

> Türk arkeoloğu Hamdi Bey'in yetkin yönetimi altındaki Müze-i Hümayun'un varlığı, Babıâli'nin pagan geçmişin anıtlarına güvenilir bir şekilde özen gösterdiğini kanıtlamaktadır.[23]

Satış söylentilerinin ortaya atıldığı döneme yakın bir tarihte Osman Hamdi'nin ölümü dolayısıyla *New York Times*, Müze-i Hümayun'un "muhteşem koleksiyon"unu överken başyapıtların (İskender Lahdi ve Ağlayan Kadınlar Lahdi)[24] yanı sıra koleksiyonda "Roma, Paris, Berlin ve Londra müzelerinde benzeri olmayan sanatsal ve arkeolojik değere sahip başka birçok mermer yapıt" olduğunu belirtiyordu. Ancak müze, düşman bir ortamda "heykel ve mimarlıkta cisim bulan Müslüman karşıtı kültürü koruma isteğinde yalnız", tek bir insanın eseri olarak alkışlanmaktaydı. Haber, "[Osman Hamdi'nin] kendisini kâfir olarak ihbar edecek bir düşmanın her an ortaya çıkabileceği korkusuyla yaşayarak" çalıştığını, "sanatla ilgilenemeyecek kadar çok politikayla meşgul olan" yeni Meşrutiyet hükümeti tarafından bile gerektiği gibi benimsenmediğini belirtiyordu. Hükümeti Osman Hamdi'nin eserini tanımaya ikna etme görevi artık "Türkiye'deki yabancı klasik okullar"a düşmüştü.[25] Bu yorum, Osman Hamdi'nin ölümünden iki yıl sonra, Müze-i Hümayun'un güçlü ve kararlı müdürü öldüğüne göre Osmanlıların müzeye yaptıkları yatırımın sona erebileceği ihtimalini işaret ederek, New York'a ulaşan söylentiler için gerekli zemini hazırlamıştı.

İki müzenin karşılıklı ilgisi eşit olmayabilir, ama Türklerin "New York Müzesi"nden bihaber olmadığı Ahmed Refik'in 1910'da yayımladığı altı ciltlik *Büyük Tarih-i Umumi*'deki Metropolitan nesnelerinin fotoğraflarından anlaşılıyordu.[26]

---

23 Emerson, *Account of Recent Progress*, 18.

24 Bu lahit pekçok isimle bilinir: Les Pleureuses, Ağlayan Kadınlar, Ağlayanlar, Yas Tutan Kadınlar ve Nevhakeran Lahdi. Bu kitapta lahitten Ağlayan Kadınlar Lahdi olarak söz ediyorum.

25 "The Late Hamid [*sic*] Bey, the Ottoman Museum He Founded and One of Its Greek Treasures," *New York Times*, 18 Aralık 1910. Osman Hamdi'nin adı makale boyunca "Hamid" olarak yanlış yazılmıştı. Osman Hamdi'nin Osmanlı kültüründeki yerinin bir anomali olduğu düşüncesi Amerikalılara yayılmıştı. Örneğin Amerikalı arkeolog John P. Peters'ın şu cümlelerini düşünün: "[Müze] ancak kişisel bir ilgi sayesinde ve bir Batılıyı ilgilendirmeyecek engellerle durmadan mücadele edilerek kuruldu [...] Bu sonuç O. Hamdi Bey sayesinde gerçekleşti [...]" John P. Peters, "An Impetus in Turkey," *The Century: Illustrated Monthly Magazine, November 1892 to April 1893* 45, yeni seri 13 (New York: The Century Co. ve Londra: Fisher Unwin, 1893), 546.

26 Ahmed Refik, *Büyük Tarih-i Umumi*, birçok yerde.

Bu yayın Osmanlı İmparatorluğu'nda okuyan kitlenin bir kesiminin Metropolitan hakkındaki bilgisini gösteriyordu ama devletin müzeyle ilişkisi 1875-77'de, o sırada Metropolitan'ın müdürü olan Luigi Palma di Cesnola'ya Kıbrıs'ta kazı yapması için verilen izne kadar gidiyordu; bu izin sonradan iptal edilmiş ve Cesnola'nın eski eserleri Londra'ya kaçırdığı söylentileri doğmuştu.[27]

İki müze arasındaki ilişkilerden bağımsız olarak, bu kurumların göreli marjinal konumları ve Avrupa müzelerinin oluşturduğu saygın dünyanın bir parçası haline gelmek için verdikleri mücadele, ikisini bir arada ele alacak bir araştırmayı ilginç kılıyor. İki müze için de tek ölçü Avrupa'ydı. Cesnola 1887'de Amerika'daki müzelerin şimdiden dünya çapında bir etkiye ve "İngiltere, Fransa, İtalya ve Almanya'daki literatürde inkâr edilemez bir yer"e sahip olduğunu ve "gerçeğe, zarafete, kültüre ve mükemmelliğe hizmet ettikleri"ni gururla söylemişti.[28] Cesnola'nın koleksiyonunun Metropolitan tarafından satın alınması, sonradan "Avrupa'nın memnuniyetle sahiplenebileceği bir ödülü Amerika'ya kazandıran cömert bir insanın tek başına hareketine dair bir başka örnek daha" denerek göklere çıkarılmış; Cesnola Londra'dan gelen cazip bir öneriyi geri çevirdiği için övülmüştü.[29] John P. Peters'ın bir makalesi, arkeolojik araştırmalar yapılmasını önererek Amerikalıların hırsını daha geniş bir gündeme taşıyordu. 1912'de Müze-i Hümayun'un koleksiyonlarını tam takım satın almak isteyen Morgan'ın esrarengiz bir öncüsü olarak Peters, 1884'te "vatansever Amerikalı"yı şu soruyu sormaya çağırıyordu:

> Niçin biz de Fransa ve İngiltere gibi şu gömülü kentleri ortaya çıkarmak üzere ekipler toplayacağımıza, Louvre ve British Museum'un henüz ulaşmadığı eski eser satıcılarından nesne almakla yetiniyoruz? İtalya, Yunanistan, Mısır Eski Dünya müzelerinin zaten toplayıp servet yaptığı hazine ihracatına kapıyı kapattılar; ama Türkiye'nin Asya'daki toprakları arkeoloji ve sanatın eski madenleriyle dolup taşan bir tarla, biz de bununla pek çok müzeyi doldurabiliriz.[30]

Amerika Arkeoloji Enstitüsü Konseyi'nin onuncu yıllık raporu, Avrupalıların kuşkuculuğuna karşın Amerikalı arkeologların rolünün gittikçe arttığını belirti-

27 BOA, MF.MKT, Dosya 33, Gömlek 103 (27 Zilkade 1292/25 Aralık 1875); BOA, MF.MKT, Dosya 34, Gömlek 23 (23 Muharrem 1293/19 Aralık 1876); BOA, MF.MKT, Dosya 38, Gömlek 28 (27 Cemaziyülâhir 1293/20 Temmuz 1876); BOA, MF.MKT, Dosya 45, Gömlek 101 (15 Zilkade 1293/2 Aralık 1876); BOA, MF.MKT, Dosya 51, Gömlek 169 (26 Cemaziyülevvel 1294/8 Haziran 1877).

28 Cesnola, *An Address*, 22.

29 Howe, *History of the Metropolitan Museum*, 153–154.

30 UPMAAA. John P. Peters, "Biblical Antiquities," *Evening Post, Supplement: New York* (Cumartesi, Mayıs 1884), basın alıntısı.

yordu. Assos'taki kazılar, Amerika Arkeoloji Enstitüsü'nün ciddi bir kurum olup olmadığını sorgulayan "Avrupa eleştirisinin şüpheci bakışı"na mükemmel bir cevap olarak gösteriliyordu.[31] Türkler gibi Amerikalılar da bu alanın acemisiydi. Avrupalı meslektaşları tarafından yeterlilikleri sürekli sorgulandığından, bu durumdan mümkün olduğu kadar yararlanmayı öğrenmişlerdi; bu tutum, J.R. Sitlington'ın Anadolu ve Suriye'de arkeolojik araştırma için 1912'de "zengin Amerikalılara ve büyük Amerikan kurumları"na yaptığı çağrıya cevap olarak gelen destek mektuplarında görülüyordu. Örneğin Illinois College'dan yazan Clarence O. Harris siyasal avantajı şöyle açıklıyordu:

> Amerika Birleşik Devletleri bu görev için özel olarak elverişli bir konumdadır, çünkü dünyanın ileri ulusları arasında sadece o, Türk İmparatorluğu'nun bütünlüğüne zarar vereceği kuşkusunu uyandırmadan Türkiye'ye gidebilir, bu nedenle Amerikalı biliminsanlarına daha fazla özgürlük tanınacaktır [...][32]

Tulane Üniversitesi'nden bir grup akademisyen, Amerika'nın "Doğu'da öğretmenleri, hekimleri ve misyonerleriyle yolu açtıkları"nı ve artık "Amerika'nın bu topraklarda bilim, tarih, coğrafya ve eski eser konusunda önderlik etmesinin zamanının geldiği"ni belirterek projeye destek olmuşlardı.[33]

Avrupalıların takdiri Amerikalılar için olduğu gibi Osmanlılar için de önemliydi. Müze-i Hümayun'un Avrupa kurumları arasında artan şöhreti Osmanlı basınında geniş bir şekilde yer buluyor, göklere çıkarılıyordu. 1892'de *Servet-i Fünun*, Sayda lahitlerini işleyen *Gazette des Beaux-Arts*'ın yeni bir sayısını Londra, Roma ve Paris gibi İstanbul'un da artık eski eser merkezlerinden biri haline geldiğini Avrupalıların kabul ettiğine kanıt olarak gösteriyordu.[34] Osman Hamdi kısa bir sürede, en yüksek uygarlıklara ait antik eserler toplayarak "Avrupa'nın en zengin müzeleri"yle boy ölçüşebilecek bir müze kurmuştu, müzenin mimarisi bile Avrupa müzelerinin tarzındaydı.[35]

New York'taki Metropolitan Museum of Art ile İstanbul'daki Müze-i Hümayun'u karşılaştırmak, 19. yüzyıl sonu 20. yüzyıl başında bir müzenin rolü, evrenselliği ve toplumsal-kültürel özelliklerine ilişkin günümüz tartışmalarında da yankısını bulan yeni sorular ortaya atılmasını sağlıyordu.

---

31   Emerson, *Account of Recent Progress*, 19.

32   Sterrett, *A Plea for Research*, 145.

33   Agy., 180.

34   "Müze-i Hümayun – Avrupa Matbuatı," *Servet-i Fünun* 1, no. 49 (6 Şubat 1307/18 Şubat 1892): 266. Bu makale Wendy M.K. Shaw tarafından da *Possessors and Possessed*'de alıntılanmıştır.

35   "İstanbul Postası – Müze-i Hümayun," *Servet-i Fünun* 1, no. 13 (1307/1891).

Ayrılan ve Kesişen Misyonlar

Metropolitan Museum of Art'ın kökeni New York Tarih Derneği'ne uzanıyordu, derneğin yönetim kurulu 4 Ağustos 1860'ta "Central Park'ta kamuya açık bir müze ve sanat galerisi kurmak için plan yapılması" kararını almıştı. Hedef, koleksiyonların "toplumun bütün sınıfları" için ulaşılabilir olmasıydı.[36] Yeni kurumun kamusal, demokratik ve pratik özelliği her duyuruda tekrarlanıyordu. 13 Nisan 1870'te yürürlüğe giren tüzük, geniş bir gündeme sahipti: "Güzel sanatlar alanındaki araştırmaları ve sanatın üretime ve pratik yaşama uygulanmasını özendirmek ve geliştirmek, [...] aynı tür konularla ilgili genel bilgiyi artırmak ve bu amaçla halkın eğitimini sağlamak."[37] Kırk yıl sonra misyon yine "kamunun eğitimi ve yüksek standartta bir sanat zevkinin oluşturulması" olarak tanımlanıyor, "sanat için sanat" değil, "insanlık için sanat"ın desteklenmesi çağrısında bulunuluyordu.[38]

Metropolitan Museum of Art geniş kitlelere seslenmeye çalışan tek Amerikan kurumu değildi. Aslında demokratik gündem, sanki Amerikan müzelerinin şiarı haline gelmişti. 30 Mart 1880'de Central Park'taki yeni binanın açılış gününde New Yorklu önde gelen bir hukukçu ve müzenin kurucularından biri olan Joseph H. Choate, sanatın artık "sadece sarayların oyuncağı, zenginlerin ve keyif sürenlerin eğlencesi ve lüksü" olmadığını belirtmişti. Tam tersine, "sanat halka ait"ti ve "halkın en değerli kaynağı ve en etkili öğretmeni"ydi.[39] 1887'de New York, Round Lake'teki George West Museum of Art and Archaeology'nin [George West Sanat ve Arkeoloji Müzesi] açılış töreninde konuşan Cesnola, bir müzenin hedefini "inceltici, yükseltici, uygarlaştırıcı" olarak tanımladı, "bütün bir halkı canlandırdığını ve tazelediğini" söyledi. Amerikan müzelerini "mutfak, atölye, tersane ve madenlerdeki yorgun işçilerden büyük tüccarlara ve moda tutkunlarına kadar her sınıftan" insanın ziyaret ettiğini ekledi.[40] Smithsonian'ın yardımcı sekreteri George Brown Goode, müzelerin "halkın aydınlatılması"nın hizmetinde "daha yüksek bir uygarlığın aracıları" olduğunu yazdı ve "bu demokratik ülkede geleceğin müzesinin, meslek sahipleri ve keyif ehlinin olduğu kadar tamircinin, fabrika işçisinin, gündelikçinin, satıcının, memurun da ihtiyaçlarını

---

36 Howe, *History of the Metropolitan Museum*, 40.

37 *The Metropolitan Museum of Art*, 3.

38 Preyer, *Art of the Metropolitan Museum*, 1–2.

39 Joseph H. Choate, şu kaynaktan alıntılandı: Howe, *History of the Metropolitan Museum*, 196.

40 Cesnola, *An Address*, 17, 22.

karşılaması gerektiği"ni öne sürdü.[41] Müzenin demokratik bir kurum olması kavramı 1909'da Metropolitan'ın bir kitabında da vurgulanıyordu. Yazar, bir müzenin "birkaç kişinin oyuncağı" olmaması gerektiğini belirterek daha geniş bir program açıklıyordu: "Halka aittir, zahmetli bir çalışmadan sonra gevşemek için en iyi yöntem ve zevki, sanat duygusunu geliştirmek için en etkili öğretmen olabilir ve olmalıdır da."[42]

Metropolitan, Avrupa müzelerinden radikal olarak farklı bir yönetim sistemine sahipti. Kamusal bir alanda bulunan özel bir kurumdu ve finansmanı esas olarak belediye tarafından karşılanıyordu. Bu benzersiz işlevi, kuzey kanadının 5 Kasım 1895'te açıldığı gün, müzenin başkanı Henry G. Marquand tarafından gururla dile getirilmişti:

> Müze, içeriğinin yasal olarak müzenin tüzel kişiliğine ait olmasına ve mütevelli heyeti tarafından yönetilmesine rağmen, sizin kullanımınız ve değerlendirmeniz için korunmaktadır. Kent yönetiminin, içini öğretime yönelik nesnelerle doldurmak üzere mütevelli heyetine bırakarak bu binaları yapmaya başladığı gün, hem toprak sahibi hem de kiracı için hayırlı bir gündü.
>
> Bana göre böyle bir sistem, devletin sanat eserleri satın almak üzere bina ve para sağladığı Avrupa'daki çoğu müzeden çok daha üstündür. [...] Halkımızın, İngiliz hükümetinin yaptığı gibi, Rafaello'nun bir başyapıtı bile olsa tek bir resim için hükümetimizin 350.000 dolar ödemesinden hoşlanacağını sanmıyorum. İçi iyi doldurulmuş ve düzenlenmiş bir sanat müzesi toplumun genel zekâsının bir belirtisidir, eğer yurttaşlar böyle bir koleksiyonu seçip toplayacak düzeyde değillerse, bunu hak edecek noktaya da erişmemişler demektir.[43]

Müze-i Hümayun'un kuruluş ilkeleri farklı kaygıları gözetiyor ve Batı'nın eski eserlere yönelik ilgisini hedefliyordu. 1869'da müzenin "resmen kurulması", arkeologların faaliyetlerini denetleme çabası sonucu eski eserlerle ilgili ilk yasal düzenlemelerin yapılmasıyla doğrudan bağlantılıydı.[44] İşin mantığı birkaç cümleyle açıklanıyordu: "Antikaların tarihi ehemmiyetleri vardır. O yüzden eshab-ı maarif nezdinde pek kıymetdardırlar. Böyle antikalar her devlette hususi müzelerde saklanır. Memalik-i Osmaniye'de ise her yerde mebzulen asar-ı atika mevcuttur ve bazen pek makbul ve muteber olanlarına rastlanmaktadır. Bunları İstanbul'da

41   *A Memorial of George Brown Goode*, 72–73.

42   Preyer, *Art of the Metropolitan Museum*, 2.

43   "Art Museum's Progress: Twenty-fifth Annual Report of the Trustees," *New York Times*, 8 Mart 1895.

44   Young, *Corps de droit ottoman*, 2:388.

tesis olunan müzeye koymak lazımdır."[45] Bunun ardından 1874, 1884 ve 1906'da çıkarılan nizamnameler, eski eserler üzerindeki denetimi gittikçe sıkılaştırdı ve yurtdışına çıkarılmalarına da paylaşma derecelerinden sonunda tümüyle yasaklamaya varan sınırlamalar getirdi.

1874 nizamnamesinin çıkarılmasının ardından, eski eserlerin değeri konusunda gelişen bilincin ve eğitimli yabancıların bunlara duyduğu ilginin etkisiyle, Osmanlı uzmanlarının eksikliğini kabul eden hükümet 1875'te antikite uzmanı yetiştirecek bir okul kurmaya karar verdi. Geçici olarak Maarif Nezareti'nde açılacak ve müze binası bitince oraya taşınacak olan Müze-i Hümayun Mektebi, bursla on iki öğrenci alacaktı. İki yıllık eğitim boyunca öğrencilerden Türkçe, Fransızca, Eski Yunanca, Latince öğrenmeleri ve tarihle coğrafya konusunda güçlü bir temel edinmeleri bekleniyordu. Uzmanlık dersleri arasında "eski eserler" (asar-ı atika) ve nümizmatik gibi konular ile ayrıca alçıdan kopya yapacakları, fotoğraf çekecekleri ve çeşitli taşları tanıyacakları uygulamalı atölye dersleri vardı. Mezunlar müzede ve devletin desteklediği kazılarda çeşitli görevlere getirilecekti.[46] Hayata geçirilmeyen bu kurumun özenle hazırlanmış olan mevzuatı, Osmanlıların eski eserleri sahiplenme konusundaki kaygılarının bir başka boyutunu gösteriyordu. Birkaç yıl sonra bu okulun misyonu Sanayi-i Nefise Mektebi'ne aktarıldı.

1884 nizamnamesi eski eserleri, Osmanlı İmparatorluğu'nu oluşturan topraklarda eski halklardan kalan tüm kalıntılar olarak tanımlıyor ve bunların devlete ait olduğunu belirtiyordu.[47] Birkaç yıl sonra nizamnameyi kaleme alan Osman Hamdi'nin Vincent Caillard'a gönderdiği mektupta resmi belgenin yankıları görülüyordu:

> Keldaniler, Asurlular, Hititler, Aramiler, Fenikeliler, Nebatiler, Himyariler, Karyalılar, Frigyalılar, İyonyalılar –kısacası bugün Türk İmparatorluğu'nu oluşturan topraklarda eskiden yaşamış olan bütün halklar– toprağa gömülü olarak uygarlıklarının izlerini bıraktılar. Herhangi bir kazma darbesi değerli bir nesneyi veya tarihsel ya da sanatsal anlamı olan bir yazıtı gün ışığına çıkarabilir, bunların her biri Müze-i Hümayun'un yolunu tutacaktır: Daha şimdiden bu yol iyice aşınmış ve düzleşmiştir. Burada her nesne bilimin veya sanatın belirlediği yeri bulacaktır ve böylece elli yıl içinde Konstantinopolis Müzesi kaybolmuş insanların tarihinin Büyük Hazinesi, dehalarının yarattığı ürünlerin büyük deposu olacaktır.[48]

---

45 Ahmet Mumcu, "Eski Eserler Hukuku ve Türkiye," *Ankara Üniversitesi Hukuk Fakültesi Dergisi* (1971): 68'den alıntılandı.

46 Serbestoğlu ve Açık, "Osmanlı Devleti'nde Modern Bir Okul Projesi," 163–164.

47 1. ve 2. madde Young tarafından alıntılanmıştır, *Corps de droit ottoman*, 389.

48 Caillard, "The Imperial Ottoman Museum," 150'den alıntılandı.

Nizamnamelerin belirlediği çizgiler doğrultusunda "antikite nesneleri"nin tanımı popüler basın tarafından da tekrarlandı. Türkçeye "asar-ı atika fenni" olarak çevrilen arkeoloji disiplini üzerine bir makale, mimari eserlerden madalyonlara kadar eski zamanların hatırasını taşıyan bütün nesneleri kapsayacak ve "tarihi olaylar" ile "medeniyet ruhu" üzerine bilgi aktaracak şekilde kavramı genişletiyordu. Osmanlılar bu bilimin önemini yeni kavramıştı ama yine de böyle büyük bir müze kurarak büyük bir hizmette bulunmuşlardı.[49] Müze-i Hümayun ile "bir devlet-i muazzamanın ihtiyacat-ı medeniyesi" arasındaki bağlantı, sürekli tekrarlanan bir tema haline geldi ve müze, "mükemmelliyet"i ve barındırdığı eski eserlerin önemi dolayısıyla birçok "medeni ülkenin imrendiği" bir kurum olarak övüldü.[50]

Müze-i Hümayun'un kuruluşunu tek bir adama, Osman Hamdi'ye atfeden sadece Batı basını değildi. Ölümünden iki yıl sonra, *Osmanlı Ressamlar Cemiyeti Gazetesi* onun Batı'ya ve Doğu'ya yaptığı değerli hizmete dikkat çekti; resimleri aracılığıyla Oryantal hayatı betimleyerek Batı'ya, Batı'dan aldığı "nur-ı maarif ve medeniyeti" getirip uygulayarak da Doğu'ya hizmet etmişti.[51] Birkaç yıl sonra, "önüne çıkan her engeli yenen [...] görev aşkı" sayesinde sadece "zarf" (müze binaları) değil "mazruf"u da (müzenin içeriği) müthiş bir dikkatle kurduğu için alkışlandı.[52] Osman Hamdi'nin müzeye yönelik kişisel yatırım, bağlılık ve tutkusu, büyük kamusal müzelerin tarihinde örneği olmayan bir yer tutuyordu. En çok alıntılanan sözleri *Il n'y a pas de bassesse que je ne passe pour mon musée* (Müzem için katlanamayacağım hakaret yok) kendini nasıl derinden bu işe adadığını, ayrıca bu kamu kurumunu nasıl benimsediğini ve sahip çıktığını özetliyordu.[53] Bu konumun benzersizliği müzenin bir imparatorluk girişimi, yeni bir imaj oluştururken tarihi mirasın tüm katmanlarında hak iddia eden Osmanlı modernitesinin bir imzası olmasıyla daha da belirgin hale gelmekteydi.[54]

Osmanlı modernitesinin kendine has özelliklerini taşıyan Müze-i Hümayun, ilk yıllarında Osman Hamdi'nin aşina olduğu yabancı akademisyenlere sesleniyor gibiydi. 1885'te koleksiyon Türkçe ve Fransızca olarak etiketlenmişti ve 15 kuruşluk giriş ücreti kaldırılmıştı; bu da koleksiyonları görmek için bir ferman gerektiren

---

49 "Müze-i Hümayun – Avrupa Matbuatı," 266.

50 "Cümle-i Müessesat-ı İlmiyye-i Cenab-ı Padişahiden Müze-i Hümayun," *Servet-i Fünun* 26, no. 672 (26 Şubat 1319/10 Mart 1904): 338.

51 "Müze-i Osmani Müdür-i Sabıkı Merhum Osman Hamdi Bey," *Osmanlı Ressamlar Cemiyeti Gazetesi* 2, no. 11 (25 Mart 1328/2 Nisan 1912): 71.

52 İhsan Şerif, "Müze-i Hümayun'da Bir Ders," 211.

53 "Müze-i Osmani Müdür-i Sabıkı Merhum Osman Hamdi Bey", 72'den alıntılandı.

54 Bkz. Çelik, Eldem ve Shaw'un *Geçmişe Hücum*'daki makaleleri.

eski sisteme göre memnun edici bir gelişmeydi.[55] Müze-i Hümayun'daki nesnelerin yurtdışındaki akademik yayınlarda uzun uzadıya tartışılması, kurumun bu kapalı çevre tarafından benimsendiğini gösteriyordu. Doğal olarak "yüksek kültürlü" uluslararası çevre, müzeyi Osman Hamdi'nin alanı olarak görüyordu ve üstelik onu, haklı olarak, araştırma izni almak için hükümetle pazarlık edebilecekleri tek kanal olarak kabul ediyorlardı. Kısacası, tek bir yüksek rütbeli Osmanlı entelektüeli arkeoloji diplomasisinde benzeri olmayan bir rol oynuyordu.

Müzeler ve Kentler

19. yüzyıl müzeleri ve kentlerle ilişkileri benzer özellikler taşıyordu. Etkileyici anıtsal binalar kent dokusuna demir atıyor ve kamusal kurumların tanımlamaya başladığı kent imajına katkıda bulunuyordu. Kentin akciğerleri olarak kabul edilen parklarla çevrili bu binalar kamu sağlığı ve kültürünü modern yaşamın başlıca özellikleri olarak bir araya getiriyordu. O sıralarda kent planlamasının bir başka kilit gelişmesi olan kamu taşımacılığı müzelerle el ele çalışarak bunların geniş halk toplulukları için ulaşılabilir hale gelmesini sağlıyordu.

Belli başlı bütün Avrupa müzeleri kent merkezlerinde görülür noktalardaydı ve meydan veya park gibi açık alanlarla çevriliydi. Devasa sarayı içindeki Musée du Louvre [Louvre Müzesi], Fransız devriminin bir sonucu olarak ortaya çıkmıştı. 1793'te Fransız ulusunun merkezi sanat koleksiyonu olarak açılmıştı; Fransız devriminden sonra el konulan kraliyet koleksiyonlarından, ayrıca çeşitli saray, kilise ve manastırların koleksiyonlarından oluşuyordu. Sonraki yıllarda Paris'e savaş ganimeti olarak getirilen sanat eserleriyle zenginleşmiş, "Musée Napoléon" adıyla da tanınmaya başlamıştı. Louvre'un binaları farklı dönemlere aitti, karmaşık kent dokusunun ortasında yer aldığından ancak sınırlı olarak doğuya doğru büyüyebilirdi (RESİM 1.5 ve 1.6). Öte yandan akademik mimarisiyle muazzam ve etkileyiciydi; Paris'in en fazla göze çarpan anıtlarından biri, Seine Nehri'nden görülen uzun cephesi, Rivoli Caddesi boyunca uzanması ve Tuileries Bahçesi'nden seyredilebilmesi nedeniyle kentsel imajın önemli bir parçasıydı. Doğusundaki Louvre Meydanı, kuzeyindeki Palais Royal Meydanı, Seine kıyısındaki rıhtımı (eski adıyla Louvre şimdi François Mitterrand Rıhtımı) ve batısındaki Tuileries Bahçesi, müzeyi kent dokusundan ayırarak çevresinde farklı türde kamusal alanlar yaratıyordu. Toplu taşıma (tramvay, omnibüs ve metro sistemi) sayesinde buraya kentin çeşitli noktalarından ulaşmak kolaydı; bunlar III. Napoléon ve Baron Haussmann'ın gerçekleştirdiği kentsel dönüşüm sayesinde olmuştu, kökeni I. Napoléon dönemine ve müzenin kamusal

---

55   "Hamdi Bey," *The Athenaeum*, no. 2994 (14 Mart 1884), 353.

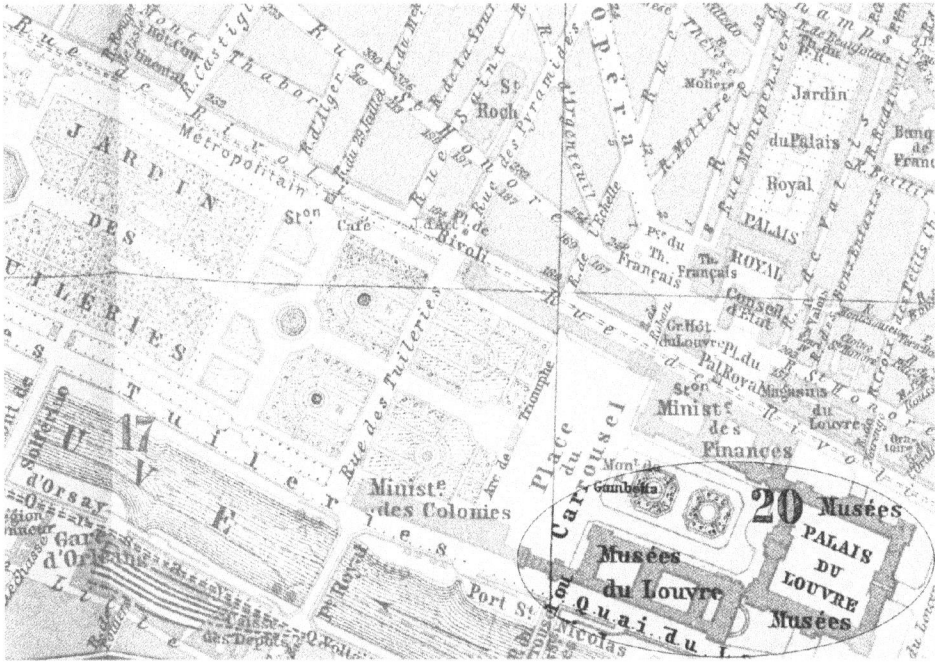

RESİM 1.5 Louvre, kent dokusunu gösteren yerleşim planı. Paris'te merkezi bir noktada bulunan Louvre, kentin her tarafından rahatlıkla görülebilir. Batıdaki Tuileries Bahçeleri, önde gelen bir kültürel kamu kurumuyla kamuya açık bir park arasındaki elverişli ilişkiyi sağlar. (Baedeker, *Paris et ses environs*, 1900)

bir kurum olarak açılmasına kadar gidiyordu.

Yine son derece sıkı bir kentsel dokunun içinde bulunan British Museum, Louvre gibi her yerden gözükmüyordu; kent imajına yaptığı katkı, boyutu ve çevresindeki yapılarla tezat halindeki mimari iddiasından kaynaklanıyordu. Sir Hans Sloane'in koleksiyonuyla 1753'te kurulan müze, özel koleksiyondan kamusal koleksiyona dönüşen müzelerin gelişimi açısından bir kilit taşıydı. Great Russell

RESİM 1.6 Louvre, genel görünüş, 1851; Édouard Baltus'ün fotoğrafı. (Library of Congress, Prints and Photographs)

Caddesi'ndeki Montagu House'ta açılmıştı. 1816'da Elgin Mermerleri'nin alınması müze için bir dönüm noktası olmuştu; bu eserlerin satın alınması konusundaki tartışmalar bir yandan eski eserlerin taşınmasıyla ilgili etik sorulara yol açarken

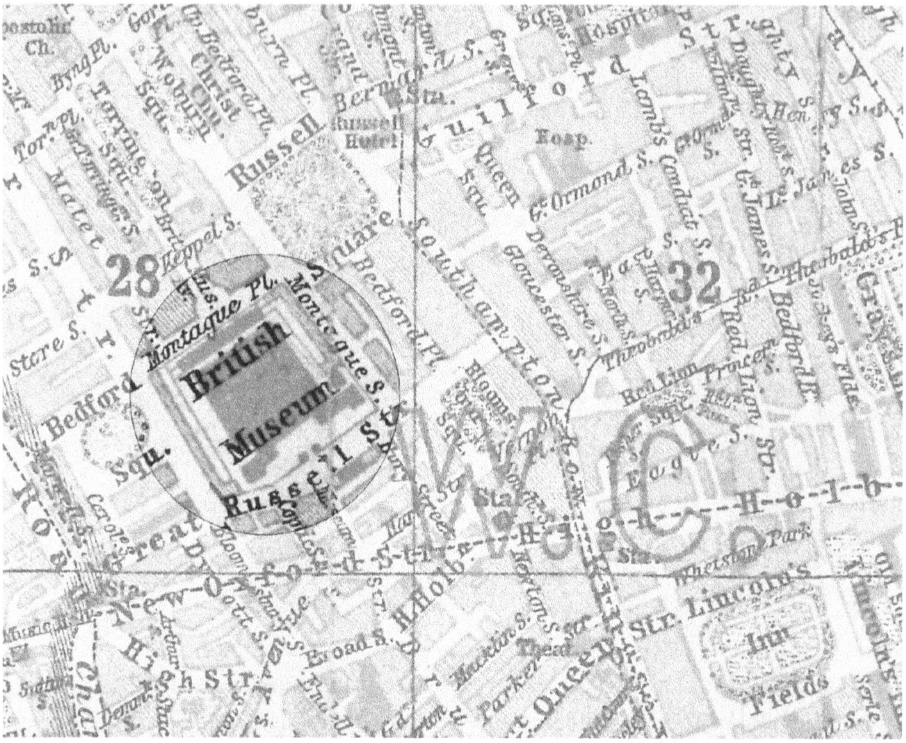

RESİM 1.7 British Museum, kentsel dokuyu gösteren yerleşim planı. Yoğun bir dokunun ortasında yer alan British Museum, hemen yanındaki iki açık kamusal alan olan Bedford ve Russell Meydanlarının varlığından yararlanır. (Baedeker, *London and Its Environs*, 1911)

öte yandan da "halkın yararı" ve "ulusun onuru" gibi kavramları gündeme getirmişti; heykellerin "ulusal karakterimizin yükselmesinde, [...] zenginliğimizde, [...] büyüklüğümüzde" oynayacağı rol üzerinde durulmuştu.[56] 1820'lerde koleksiyon artık Montagu House'a sığmaz hale gelmişti. 1823'te mimar Robert Smirke'e yeni bir bina için sipariş verildi; mimarın klasik canlandırmacı tarzını, yapıyı 1852'de tamamlayan kardeşi Sydney Smirke de paylaşıyordu. 19. yüzyılda yapılan diğer ekler Okuma Odası (1857) ve güneydoğuya yapılan Beyaz Kanat'tı (1879). Kuzeydoğudaki Russell Meydanı ile güneybatıdaki Bedford Meydanı ziyaretçileri karşılıyor, ikincisi müzenin bir cephesinin engelsiz olarak görülmesini sağlıyordu. Etkileyici toplu taşıma (1894'te kenti her yönde geçen iki yüzü aşkın omnibüs hattıyla) müzeye kolayca ulaşılabilmesini sağlıyordu; Paris'te olduğu gibi burada da şehrin içinde geniş bir yarıçaptan yürüyerek binaya ulaşmak da mümkündü[57] (RESİM 1.7, 1.8).

---

56 "House of Commons: Parliamentary Debate on the Purchasing of the Elgin Marbles" (1816); Siegel, *The Emergence of the Museum*, 54–5'ten alıntılandı.

57 1894'te Londra'daki toplu taşıma sistemi için bkz. Baedeker, *London and Its Environs*, 27.

Berlin'in merkezi müzeler yaratma deneyimi Paris ve Londra'dan farklı bir yol izledi. 1820'lerden yüzyılın sonuna kadar aşamalı olarak bir dizi müze kuruldu. Her biri farklı temaya sahip bu müzeler kentin son derece görülür bir "kültür merkezi" olmasını sağlıyordu. Bu merkez, bir kentsel planlama uygulaması olarak 19.

RESİM 1.8 British Museum, Londra, yak. 1903. (Library of Congress, Prints and Photographs)

yüzyıl modernleşme sürecine yeni bir unsur ekledi, hatta kurumsal imar alanı kavramını getirdi (RESİM 1.9). Müze Adası, Spree Nehri'nin iki kolu arasındaki bir toprak parçasında geliştirildi; çeşitli binalar arasında açık alanlar bulunuyordu. Karl Schinkel'in çok beğenilen Altes Museum'u [Eski Müze] (1823-30), bir kubbeyle kaplı yuvarlak bir avlunun etrafında düzenlenmişti, parka bakan uzun sütunlu cephesi bir Yunan *stoa*'sı tarzındaydı, sütunların önündeki açık merdiven sayesinde içerisi ve dışarısı arasında yenilikçi bir ilişki kuruyordu, koleksiyonları Yunan-Roma dönemi sanatından oluşuyordu (RESİM 1.10). Friedrich August Stüler'in tasarladığı neo-Rönesans tarzındaki Neues Museum [Yeni Müze] (1843-1855) Altes Museum'un kuzeyinde inşa edilmişti ve Bodestrasse'yi geçen bir köprüyle ona bağlanmıştı. Başlıca üç grup nesneye sahipti: dökme Yunan heykelleri; Mısır artefaktları ve gravür, ağaç baskı, litograf ve 1800 öncesi çizim ve kitaplardan oluşan zengin bir koleksiyon. Neues Museum'un doğusunda yine Stüler tarafından, bu defa "Korent tapınağı" şeklinde yapılan National Gallery [Ulusal Galeri] (1866-1876) 19. ve 20. yüzyıl başı Alman sanatçılarının eserlerine ayrılmıştı. Bunun ardından "iddiasız bir bina", yani Pergamon Museum [Bergama Müzesi] (1897-1901) geldi; Fritz Wolff'un yaptığı müze, kraliyet müzelerinin batı Anadolu'daki Helenistik Bergama (1878-86), Magnesia (1891-93) ve Priene (1895-99) yerleşimlerinde yaptığı kazılardan alınan parçaları barındırıyordu. Müze bu kentlerden ilkinin adını taşıyordu, bu "Büyük Friz"le birlikte Zeus Sunağı'nın tamamı kentten alınıp Berlin'e götürülmüştü. Wolff'un binası 1908'de yıkılarak yerine Alfred Messel'in tasarladığı daha süslü neoklasik Pergamon Museum yapıldı. Müzeler dizisine son olarak Ernst Eberhard von Ihne'nin Spree Nehri'nin iki kolunun birleştiği üçgen alana yaptığı Kaiser Friedrich

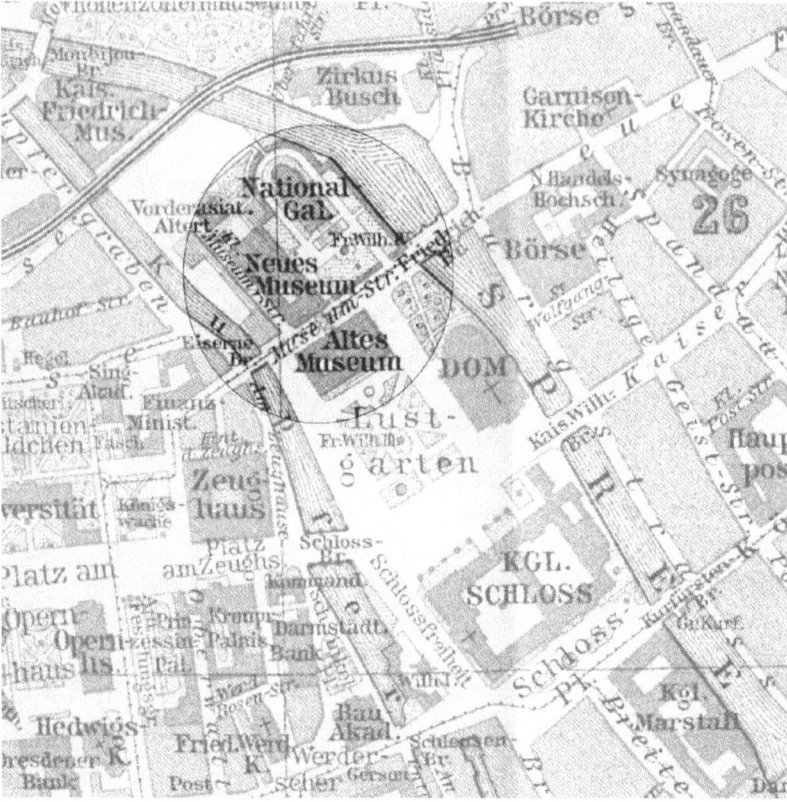

RESİM 1.9 Berlin Müzeleri, müze adasını ve şehir dokusunu gösteren plan. Berlin'deki ana müzeler tamamen kültürel bir bölge olarak ayrılmış bir "ada"da yer alır. Aralarındaki açık alanlarla birlikte, kentin genel görüntüsüne katkıda bulunurlar. (Baedeker, *Berlin and Its Environs*, 1908)

RESİM 1.10 Altes Museum, Berlin, yak. 1890–1900. (Library of Congress, Prints and Photographs)

Museum (1898-1904) eklendi. Müze Hıristiyan döneme ve erken Hıristiyan, Bizans Kopti, Roman ve "İran-Muhammedi" dönemlerine ait eserlere ayrılmıştı.[58] Belli koleksiyonların özel binalarla bağlantılandırılması, müze örgütlenmesine yeni bir sınıflandırma getirmişti, bu da bütün dönem ve uygarlıklara ait tüm nesnelerin aynı çatı altında bulunduğu Louvre ve British Museum'dan çok farklıydı. Yine de kraliyet müzelerinin birbirine yakınlığı aralarındaki ilişkileri vurgulamaktaydı.

Sıfırdan yaratılan Metropolitan Museum of Art'ın tarihi Central Park'ınkiyle iç içe geçmişti. Manhattan'da kamusal bir park için ilk girişim 1850'lere, peyzaj mimarı Andrew Jackson Downing'in reformcu fikirlerine kadar gidiyordu, Downing iki kilometrekarelik geniş bir parkın sınıfların kaynaşmasını sağlayacağına, "çalışan sınıftan insanları çalışmayan zengin sınıftan insanlarla aynı zevk düzeyine taşıyacağı"na, ayrıca "kentin akciğeri" işlevini de göreceğine inanıyordu.[59] Aralarında toprak sahipleri, tüccarlar, sendikacılar ve reformcuların bulunduğu çeşitli iktidar çevreleri arasında yıllarca süren pazarlık ve itirazlardan sonra, bir park kurmak üzere kamulaştırma yapılması için anlaşmaya varıldı ve 1857'de bir tasarım yarışması açıldı. Kamulaştırma düşük gelirli yaklaşık 1.600 İrlandalı, Alman ve siyahilerin oturduğu "köy"lere el koyulmasına izin verecekti. Bu köyler 59. ve 106. Sokaklar ve Beşinci Cadde ile batı Central Park arasındaki alana dağılmıştı (Park 1863'te 110. Sokak'a doğru genişledi). Çalışma, yarışmayı kazanan ve Downing'in reformcu geleneğinden gelen peyzaj mimarı Fredrick Law Olmsted ve mimar Calvert Vaux'nun çığır açıcı tasarımına dayanılarak başladı; ilk bölüm (güney bölümü) 1858'de halka açıldı, parkın tamamı da 1875'te bitti.[60]

Yeni parka hevesli gözlerle bakan müzenin mütevelli heyeti, yerleşmek için böyle büyük bir bölgeden daha iyi bir yer hayal edemezdi. Belediyeyle yapılan karmaşık pazarlıklardan sonra özel mülkiyete ait Metropolitan Museum of Art, Central Park'taki yerini garanti altına aldı. 5 Nisan 1871'de New York Kenti "Parklar Dairesi Komisyonu Kurulu'nun görev ve yetkilerine ilişkin bir yasa" çıkarıldı, bununla müze "Central Park'ta eski adıyla Manhattan Meydanı'ndaki bu bölümde veya başka herhangi bir park, meydan veya yerde inşaata, bina yapma ve yönetme"ye yetkili kılındı. Müzenin kalıcı yeri bir yıl sonra 79. Sokak ile 84. Sokak arasındaki alan olarak belirlendi (RESİM 1.11).[61]

58 Baedeker, *Berlin and Its Environs*, 70–72, 78, 82–83, 85–86, 96. Bergama Müzesi ile ilgili bir tartışma için bkz. Bilsel, *Antiquity on Display*, 117–138.

59 Burrows ve Wallace, *Gotham*, 790–791.

60 Central Park üzerine literatür geniştir. Derinlemesine bir bakış için örneğin bkz. Rosenzweig ve Blackmar, *The Park and the People*.

61 *The Metropolitan Museum of Art*, 7; Howe, *History of the Metropolitan Museum*, 138.

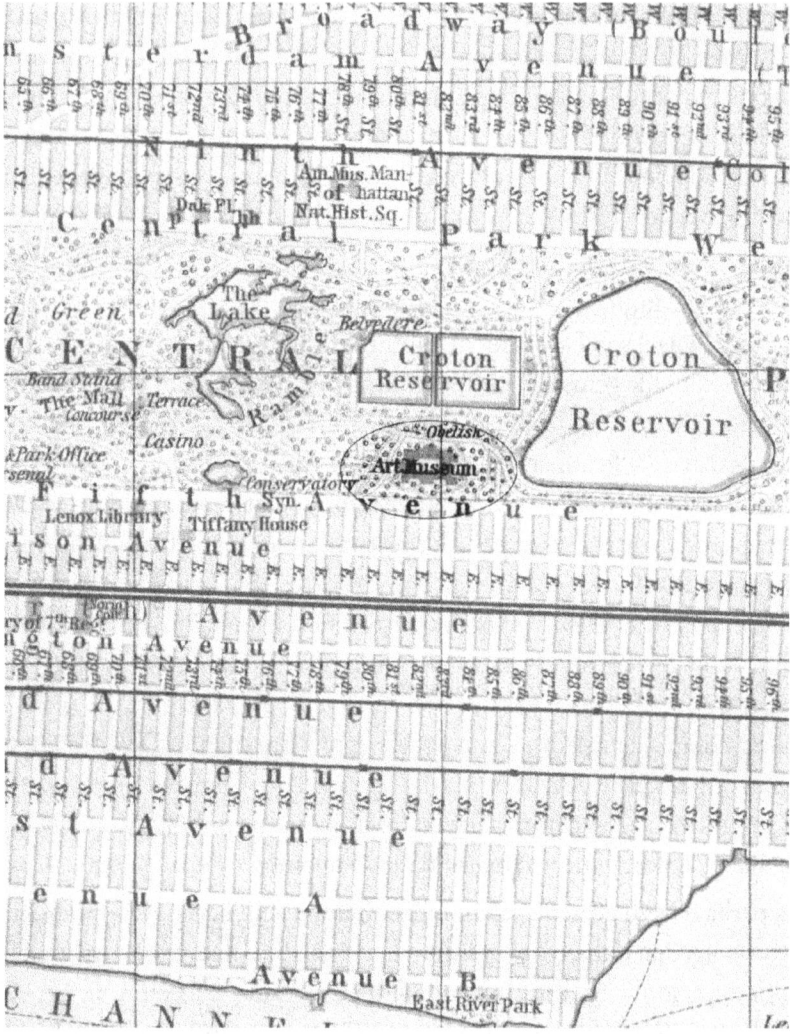

RESİM 1.11 Metropolitan Museum of Art, kent dokusunu gösteren yerleşim planı. Ana cephesi Beşinci Cadde'ye bakan Metropolitan Museum, Central Park'taki tek bina olarak kentte benzersiz bir yer işgal eder. (Baedeker, *The United States*, 1904)

Yeni binanın temeli 1874'te atıldı, inşaat 1879'da tamamlandı ve kalıcı Metropolitan Museum kapılarını halka Mart 1880'de açtı. Müze bu tarihe kadar iki geçici yerde bulundu. Bunların ilki 1871'de kiralanan 681 Beşinci Cadde adresinde bulunan (53. ve 54. Sokaklar arasındaki) Dodworth Binası'ndaydı. Kıbrıs'ta çıkarılmış eski eserlerden oluşan Cesnola Koleksiyonu'nun satın alınmasıyla birlikte bu yer yetmemeye başladığı için 1873'te müze daha ileri giderek 128 Batı 14. Sokak'taki Douglas Konağı'na doğru genişlemişti. Olmsead'in Central Park'taki ortağı mimar Calvert Vaux ve Jacob Wrey Mould tarafından inşa edilen, kırmızı tuğlalı Yüksek Victoria Çağı Gotik stilindeki yeni bina bitince koleksiyon bu kalıcı evine taşındı (RESİM 1.12).[62] *New York Times* binayı "iddiasız [...] ve [...] simetrik orantı kaygısından çok, ışığı tam olarak içeri alacak şekilde inşa edilmiş" diye tanımlıyordu. İçerisi "karanlık"tı. Özet olarak "eli yüzü düzgün, iyi, istenene uygun, bir müzenin bütün ihtiyaçlarına cevap veren" bir binaydı.[63]

RESİM 1.12 Metropolitan Museum of Art, New York, ana bina. (Kartpostal, yazarın koleksiyonu)

Metropolitan Museum'un sonraki otuz yıl içindeki gelişimi muazzam oldu. İlk eki Theodore Weston güneye doğru yaptı, 18 Aralık 1888'de açılan bu kanat özgün binanın bir buçuk misli büyüklüğündeydi. Açılıştan birkaç ay önce, 15 Haziran 1888'de yasal düzenlemeler kentin binanın büyütülmesi için gereken fonları ayırmasını sağlamıştı. Ekim 1894'te Arthur L. Tuckerman'ın yaptığı üçüncü ek, yani Kuzey Kanadı tamamlandı, böylece özgün yapı iki yandan kıskaca alındı. Ana yapı ve iki kanat, 1902'de Richard Morris Hunt'ın yaptığı bir ekle doğu tarafında tamamen kapatıldı: Beşinci Cadde'deki bu süslü Beaux-Arts cephe Manhattan'ın en çok göze çarpan simgelerinden biriydi (RESİM 1.13).[64]

---

62 Howe, *History of the Metropolitan Museum*, 138, 153, 156; *The Metropolitan Museum of Art*, 8–9.

63 "A Metropolitan Museum: The Opening of the Institution to Take Place Today," *New York Times*, 30 Mart 1880.

64 Howe, *History of the Metropolitan Museum*, 231, 265; *The Metropolitan Museum of Art*, 10–11.

RESİM 1.13 Metropolitan Museum of Art, Beşinci Cadde'den görünüş, yak. 1900-1910. (Library of Congress, Prints and Photographs)

İstanbul'daki Müze-i Hümayun, açık alanları büyük müzelerle birleştirme eğilimine paralel olarak yapılmıştı, tarihi ve gelişimi de diğer müzelerle benzer yönlere sahipti. Ancak evrimi farklı bir çizgiyi izledi ve bunun sonucu olarak kentle ilişkisi eşdeğerlerinden ayrıştı. Müze 1846'da bir silah ve eski eser koleksiyonu olarak Topkapı Sarayı surları içindeki Aya İrini Kilisesi'nde hizmet vermeye başlamıştı. 1869'da ilk eski eser nizamnamesinin çıktığı yıl, Mecma-ı Asar-ı Atika'ya Müze-i Hümayun adı verildi ve Sadrazam Ali Paşa, Galatasaray Sultanisi'nde öğretmen olan Edward Goold'u ilk müdür olarak atadı. Koleksiyon, ikinci müdür Alman Philipp Anton Déthier döneminde, özellikle de Kıbrıs'tan gelen yaklaşık 88 eski eser kasasıyla birlikte gittikçe genişledi; Cesnola'nın Kıbrıs'tan alıp sonunda Metropolitan Museum of Art'a götürdüğü eserler buna yol açmıştı. Aya İrini artık daha fazlasını barındıramayacağından, "askeri müze" olarak kaldı ve 1875'te eski eserler yakındaki, yine Topkapı Sarayı bahçesinde bulunan Çinili Köşk'e taşındı. Çinili Köşk bir müzenin gereklerini karşılamak üzere restore edildi; restorasyonun en önemli öğesi girişe yapılan sütunlu bir revaktı. Köşk 1880'de halka açıldı (RESİM 1.14).[65] Bir müze kompleksinin başlangıcı, imparatorluk toprağındaki kullanılmayan tarihsel yapıların uygunluğuna

---

65 Müze-i Hümayun'un gelişmesiyle ilgili olarak ayrıca bkz. Shaw, "From Mausoleum to Museum," 425–430.

RESİM 1.14 Müze-i Hümayun, Çinili Köşk. (Kartpostal, Edhem Eldem koleksiyonu)

ve kullanıma hazır olup olmamasına bağlıydı; gerçekten de modern Osmanlı kurumlarının en önemlilerinden birinin son yerleşimi seçilirken, uygunluk ve ulaşılabilirlik belirleyici faktör olmuştu. Yeni müze binalarının yeri, Çinili Köşk gibi eski eserlerin sergilendiği tarihsel binalarla ilişkili olarak seçildi ve Topkapı Sarayı'nın dış bahçelerinden biraz daha alan kopardı. Osman Hamdi'nin ikna edici ve kararlı önderliğinde, müze yönetimi gereken fermanları çıkartacak olan sultanla doğrudan görüştü, böylece özel mülkiyete ait toprakları kamulaştırmak ve yıkmak gibi çetrefil sorunlarla uğraşmak zorunda kalmadı.

1927'de Türkiye Cumhuriyeti'nin kuruluşundan dört yıl sonra yayımlanan Müze-i Hümayun'un inşaat öyküsüyle ilgili bir çalışma, bu kurumun dünyanın en büyük müzeleri arasındaki saygın konumuna bir "zulüm" ve "istibdat" döneminde, eski Osmanlı İmparatorluğu'nun son on yıllarında ulaştığını hatırlatıyordu. Binaları ve yerleşimi, başlangıçtaki siyasal ortamı gölgede bırakacak şekilde gururla tanımlıyordu. Çinili Köşk'ün karşısındaki 64 metre uzunluğundaki yeni yapı varlığını 1887'de Sayda lahitlerinin bulunmasına borçluydu, lahitler tarihi yapıya sığmayacaktı. İnşaat 1889'da tamamlandı ancak içerinin düzenlenmesi iki yıl daha aldı, böylece ancak 1891'de açılabildi.[66] O dönemde yabancı bir gözlemci zemin katın Sayda'dan çıkartılan tüm lahitleri alacak kadar geniş olduğunu, lahitlerin "doğru sırada" yerleştirildiğini ve geniş salonda ziyaretçi ve öğrencinin

---

66   "Müzemizin Kıymet ve Ehemmiyeti," 4472–4473.

RESİM 1.15 Müze-i Hümayun, kuzey kanadının inşaatı. Arka planda Topkapı Sarayı görülüyor. (İAMA, R509-8)

her bir lahdin etrafını rahatça inceleyebileceği kadar yer kaldığını bildirmişti.[67] Yorumlar Osmanlı basınında da tekrarlanıyordu: "Salonlar geniş ve ışık içinde. Her anıta, her heykele, her parçaya hak ettiği yer verilmiş." Üstelik "her salonda değeri vurgulanacak şekilde sergilenen bir şaheser var." Böylece önemli parçalar göz önündeyken, daha az önemliler onun çevresinde biçim ve zaman olarak ilişkilerine göre toplanmıştı.[68]

Müzenin bu genişliğine rağmen, Manisa bölgesindeki bir kazıda çıkartılan etkileyici "friz"lerin koleksiyona katılışı ciddi bir ekleme yapılmasını gerektirdi; ilk yapının kuzeyine 32 metre eklendikten sonra batıya dönülerek 64 metrelik bir kanat yapıldı. 1894'te başlatılan bu çalışma, birçok ertelemenin ardından dokuz yıl sonra

---

67 E.A. Wallis Budge, "The Imperial Ottoman Museum and the Fine Arts School at Constantinople," *The Athenaeum*, no. 3220 (13 Temmuz 1889): 72.

68 "Müzemizin Kıymet ve Ehemmiyeti," 4473.

tamamlandı (RESİM 1.15). "[İkincinin] duvarlarındaki boya kurumadan" bir sonraki eklentinin yapılması kararı, Osman Hamdi'nin doğrudan sultanla görüşerek attığı şaşırtıcı siyasal adım sayesinde verildi. Bunun sonucunda yapılan 1908 eklentisi ana binanın güneyinde 81 metre uzunluğundaydı ve batıya doğru yapılan 49 metre uzunluğundaki kanatla birleşti. İki kattan oluşan toplam alan 8.000 metrekareydi. 1918'de müze Sanayi-i Nefise Mektebi'nin işgal ettiği alanları da alarak buralara Mısır, Hitit ve Asur nesnelerinden oluşan "eski Şark" eserlerini yerleştirdi.[69]

Bütün büyük müzeler gibi Müze-i Hümayun'un da bir kütüphanesi vardı ve güney kanadında bulunuyordu. Raflara ve vitrinlere yerleştirilmiş yirmi bin kitaplık koleksiyon, eski eserlerle ilgili bilgisini genişletmek isteyen ziyaretçilere açık "mükemmel bir kütüphane" oluşturuyordu (RESİM 1.16). Ziyaretçiler burada "dünyanın en güzel manzarası" karşısında huzur içinde çalışabilirlerdi.[70]

Son şekliyle yeni müzenin "uzun ve güzel" cephesi "Çinili Köşk'ü kollarıyla sarmalayarak saygı ve sevgiyle korur gibi"ydi. Barındırdığı artefaktların tarihsel bağlamıyla uyuşan "Yunan ve Roma" üslubu, "zarfın mazrufa mütabeketi"ni sağlarken, bütün "medeni şehirler"deki müzelerde görülen genel mimari üsluba da ("klasik" veya "Rönesans") uyuyordu. Böylece dikkatini kendi üzerine çekmiyor, resmin güzelliğini vurgulayan bir çerçeve gibi, 15. yüzyıldan kalma köşkün "zarafet-i üslub"unu, renkli çinilerini ve mermerlerini öne çıkarıyordu (RESİM 1.17).[71]

Binalar bütünü 19. yüzyıl sonu müzelerinin ortak mimari dağarcığına katılmış olabilirdi, ama kentteki yeri eşdeğerlerinden farklıydı (RESİM 1.18). Saray bahçelerine gizlenmiş olduğundan kendini halka ilan etmiyor, sokaktan geçen varlığından habersiz insanları içine çekmiyor ve pek çok diğer 19. yüzyıl kurumsal binasının aksine kent imajına katkıda bulunmuyordu. 1910'da *Servet-i Fünun*'da yazan Mehmed Vahid bu sessizlik ve yalnızlığın müzelerin alışılmış özelliklerinden biri olmadığını belirtmişti. Yazar bunu olumlu bir özellik olarak görüyordu. Müze "Osmanlı devletinin başkentindeki en heyecan verici, en canlı ve en hoş yerde" bulunmasına rağmen, sokakların karmaşasından "uzak"ta, ağaçların koyu yeşil renkleri arasında huzurluydu.[72]

Müze-i Hümayun'un ulaşılabilirliği, müze kompleksinin batı ve güneyindeki, yine Topkapı Sarayı'nın dış bahçelerinde yapılan Gülhane (Sarayburnu) Parkı'nın

---

69 Agy., 4472–4473, 4475.

70 Agy., 4473.

71 Agy., 4475.

72 Düyun-ı Umumiye Mektupçusu [Medmed] Vahid, "Osmanlı Müzesi ve Tarihçesi," *Servet-i Fünun* 38, no. 984 (1 Nisan 1326/14 Nisan 1910): 343.

RESİM 1.16 Müze-i Hümayun'un yeni yapılmış olan kütüphanesi. Kitaplar raflara yerleştiriliyor. (İÜMK 90518-0008)

RESİM 1.17 Müze-i Hümayun, kuzey kanadının görünüşü, solda Çinili Köşk. (İÜMK 90518-0002)

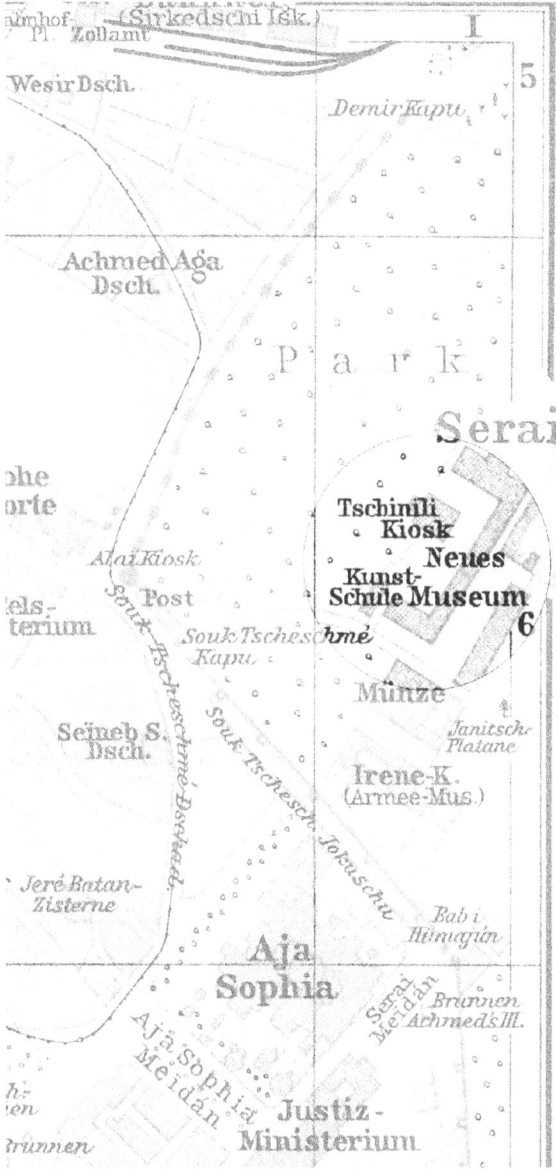

RESİM 1.18 Müze-i Hümayun, kent dokusunu gösteren yerleşim planı. Müze, çevresindeki kent dokusundan Topkapı Sarayı'nın dış surlarıyla ayrılır. (Baedeker, *Konstantinopel, Balkanstaaten, Kleinasien Archipel, Cypern*, 1915)

RESİM 1.19 Gülhane Parkı'ndaki yeni vapur iskelesi. (*Servet-i Fünun 47*, no. 1208 [17 Temmuz 1330/30 Temmuz 1914])

1913'te "İstanbul sakinlerinin yararına" açılmasıyla birlikte yeni bir aşamaya girdi. Bir yıl içinde, İstanbul'un girişimci Şehremini Cemil Paşa (Dr. Cemil Topuzlu) deniz kenarına kadar uzanacak ağaçlı bir park yapmaya karar verdi (RESİM 1.19).[73] Bu amaçla "Avrupa'dan" içlerinde güzel çamların da bulunduğu yirmi bin nadir ağaç getirterek başkentin en geniş kamuya açık parkını inşa etti.[74] Haliç'in güneyindeki tarihi yarımadada bulunan park, şehrin kamuya açık ilk parkları olarak 1860'larda Pera'da açılan Taksim ve Tepebaşı parklarından daha farklı bir kitleyi hedef alıyordu. Cemil Paşa'yı eleştirenler onu kentin kaynaklarını gösterişli projelere harcamakla suçlarken, destekçileri de kamu sağlığına verdiği önemi vurgulayarak ve "İstanbul'u [gerçek] bir şehre ve İstanbul halkını da medeni bir topluma çevirme" çabalarını överek onu savundu.[75] Gerçekten de yeni park, belediye reisinin başlattığı daha geniş kentsel planlama faaliyetinin bir parçasıydı; bu faaliyetler arasında sokakların genişletilmesi, altyapının iyileştirilmesi ve Ayasofya Meydanı ile Sultan Ahmed Camii arasındaki inşaat dokusunun yıkılarak buraya bir başka kamusal park açılması da vardı. Yol yapımı hizmetleri müdürü (*directeur des services de la voirie*) ve Lyon kentinin eski başmühendisi André Joseph Auric'in gözetiminde yapılan bu müdahaleler, 1860'ların sonunda Islahat-ı Turuk Komisyonu'nun önderliğinde

---

73 "Gülhane Parkı," *Servet-i Fünun 47*, no. 1208 (17 Temmuz 1330/30 Temmuz 1914): 181.

74 Topuzlu, *32 Sene Evvelki, Bugünkü, Yarınki İstanbul*, 132–134.

75 H.S. "İstanbul ve Şehremini Cemil Paşa: Cemil Paşa'nın İstanbul Halkını Medeni Bir Cemiyet Haline Getirmek için Çabaları," *İçtihad* 4, no. 87 (2 Kânunusani 1329/15 Ocak 1914): 1931–1933.

başlatılan ilk geniş ölçekli modernleştirme projelerinin izinden gidiyordu.[76] Yine Cemil Paşa'nın bu faal döneminde elektrikli tramvaylar da 1912'de atlı tramvayların yerini almıştı.

Galata Köprüsü'nü tarihi yarımadanın kalbine bağlayan başlıca tramvay hattı, Ayasofya Meydanı'na varmadan önce Gülhane Parkı'ndaki durağa uğruyordu. Bu duraktan Müze-i Hümayun'a dar, yapraklarla örtülü kısa bir yoldan yürümek mümkündü. Böylece müze, başlıca toplu taşıma hattından kolaylıkla ulaşılabilir hale geldiği gibi, kentin birçok kalabalık merkezinden de yürüme mesafesindeydi. Bu merkezler arasında Galata Köprüsü, Eminönü vapur durağı ve iskeleleri, merkezi pazarlar, Ayasofya Meydanı ve bitişiğindeki yeni Sultan Ahmed Parkı, eski kentin başlıca caddesi olan Divanyolu bulunuyordu. Bir kent rehberine göre, turistler buraya Topkapı Sarayı'nın dış surlarındaki Soğuk Çeşme Kapısı'ndan geçerek geliyor, sonra sağdaki yola sapıyorlardı. Soldaki yol güzel bir manzaranın seyredilebileceği Sarayburnu'na gidiyordu.[77]

Merkezi konumuna ve kolayca ulaşılabilir olmasına rağmen, civardan geçenlere müzenin varlığını belirtecek hiçbir işaret yoktu. Bir ziyaretçinin anlattığına göre, "çınar ağaçlarının gölgesindeki serin bir yoldan giden" ziyaretçiler müze binalarının önündeki meydana ulaşıyordu; meydan "sadece kuşların şakıması ve uzak mesafelerden gelen seslerle kesilen bir sessizlik" içindeydi.[78] Etkileyici kompleks buradan görülebiliyordu. Ancak bu gösterişli bir cephe görüntüsü değildi, çünkü binalar eski eser parçalarının sergilendiği bir başka sessiz bahçenin çevresinde içe dönük bir birim oluşturuyordu. Avrupa başkentlerindeki başlıca müzelerle kıyaslandığında İstanbul'un Müze-i Hümayun'u alışılmadık bir yerleşime sahipti ve onların tersine kent imajına görülür bir katkıda bulunmuyordu. Bu haliyle "halk"la muğlak bir ilişki içinde, daha ziyade yalıtılmış ve seçkin bir kuruma benziyordu; yarattığı sakin ve akademik ortam, Osman Hamdi'nin asıl niyetinden çok da uzak sayılmazdı.

76 Auric için bkz. Pierre-Yves Saunier, "La ville et la ville: les hommes et les organismes municipaux de l'aménagement urbain 19e et 20e siècles," *Recherches contemporaines*, no. 3 (1995–1996): 131. 1860'ların kentsel müdahaleleri için bkz. Çelik, *The Remaking of Istanbul* 55–67 [*Değişen İstanbul*].

77 *Guide to Greece*, 122.

78 "Müzemizin Kıymet ve Ehemmiyeti," 4472.

Bilim Dünyası ve Müze-i Hümayun

Hoşnutsuzlar

Yabancı biliminsanları Müze-i Hümayun'a çelişkili duygularla yaklaşıyordu. Bir yandan Birinci Bölüm'de gördüğümüz gibi müzeyi çokça övüyor, öte yandan da müzeye içerliyorlardı; ikisinin arasında kalan üçüncü ikircikli bir yaklaşım da müzenin varlığını kabul etmek ama misyonunu onaylamamaktı. Batılı bilim ve arkeoloji çevreleri sonunda Müze-i Hümayun'un ortadan kalkmayacağını kabul ettiler, ancak buranın büyük bir eski eserler müzesi haline dönüşmek üzere büyümesi haberlerini hoş karşılamadılar. Klasik antik eserlerin Osmanlı İmparatorluğu kültür ve tarihine ait olmadığı ancak Avrupa uygarlığının temel taşları olduğu ısrarla vurgulanarak, projeyi durdurma umuduyla kampanyalar açıldı. Bu iddialar mesleki yayınlardan gazetelere ve popüler süreli yayınlara sıçradı, imparatorluktaki yabancı diplomatik kurumlar üzerinde Osmanlı yetkilileriyle pazarlık yapmaları için baskı uygulandı. Tartışma Avrupa'da başladı ve özellikle 1884 nizamnamesinin çıkarılmasının ardından alevlendi, Amerikalı arkeologlar Osmanlı topraklarında gittikçe daha çok sayıda kazıya girişince kısa süre sonra Birleşik Devletler'e de sıçradı.

Daha önce belirtildiği gibi, büyük bir müze kurulmasına karşı itiraz Osmanlı'nın 1884 nizamnamesini çıkarmasıyla alevlenmişti. Ancak tepkiler daha önceki yasal düzenlemelere, 1869 nizamnamesine göre bir dönüm noktası olarak çıkarılan 1874 nizamnamesine kadar uzanıyordu. British Museum tarafından düzenlenen Nemrut ve Ninova kazılarının başındaki George Smith, çalışmasının ortasında bu yeni yasal düzenlemeyle karşılaşmıştı. Yerel yetkililer kendisine artık bulgularının yarısını Müze-i Hümayun'a vermekle yükümlü olduğunu bildirince, protesto ederek "koleksiyonunu bozmadan yarısını veremeyeceğini" söyledi. Musul Valisi'ne itiraz etti: "Bir yazıtın yarısı İstanbul'da, diğer yarısı da Londra'da olursa ne işe yarayacak?" İtirazı dikkate alınmayınca Smith daha da kızdı ve Osmanlıların yerel kültür üzerindeki iddiasına karşı alaycı bir tutum takındı.[1]

---

1   Smith, *Assyrian Discoveries*, 138.

Osman Hamdi'nin 1874 nizamnamesini değiştirme planlarına giriştiği sırada, Salomon Reinach 1883'te yazdığı bir yazıda Osmanlıların antik eserler konusundaki tavrını değiştirmesi konusunda sert iddialarda bulundu, bu düşünceler Batılı biliminsanları tarafından da geniş ölçüde paylaşılıyordu. Yüksek tirajlı *Revue des deux mondes* dergisinde "Le vandalisme moderne en Orient" [Doğu'da Modern Vandalizm] gibi çekici bir başlıkla yayımlanan yazının ana iddiası "Yunan-Roma Doğusu'nun eski eserleri buraların yeni efendileri [Türkler] açısından önemsizdir" ve "Yunan uygarlığının mirasçısı olan Avrupa, onların elinden anıtları geri alma sorumluluğuna ve şerefine sahip olmalıdır" deniyordu. Reinach'a göre Osmanlı yasaları Avrupalı araştırmacılar için adil değildi, Osmanlı devleti antik eserleri koruyacak ve saklayacak olanaklardan yoksundu, zaten onlarla bir ilgisi de bulunmuyordu; "Türk ırkı"nın kendi "ulusal sanat"ı vardı ve bu sanatın Yunan-Roma geçmişiyle alakası yoktu. İddiasına dayanak olarak Çinili Köşk'teki müzeyi Türklerin çok nadir olarak ziyaret ettiklerini ve "paranın heykelleri saklamak için harcanması karşısında haklı bir hoşnutsuzluk" hissettiklerini söylüyordu. Reinach, Osmanlı kaynaklarının antik eserlerden harabe halinde terk edilmiş halde bulunan ama "Türk ırkının tarih karşısındaki onuru"nu temsil etme potansiyeli olan İslami anıtlara yönlendirilmesini önerecek kadar ileri gidiyordu. Osmanlılara, "hayali engelleme" yasaları çıkarmaktansa sanat ticaretini serbest bırakmalarını ve ihracata izin vermelerini tavsiye ediyordu. Ellerindeki eski eserleri için her iki veya üç yılda bir, bütün Avrupa müzelerinin temsilcilerinin katılacağı ve resmi mekânlarda yapılacak satışlar düzenlemeleri daha akıllıca olurdu. Sonra da bu parayı kendi anıtlarını restore etmek ve Avrupalılardan silahlar, Kütahya ve Bursa çinileri gibi ülke dışına çıkarılmış "eski Türk sanatı"nın artefaktlarını geri almak için kullanabilirlerdi. Çinili Köşk "dünyadaki tek Osmanlı sanatı müzesi" haline gelebilirdi.[2] Reinach ayrıca müze çalışanlarının narin eski nesneleri ele almaktaki yetersizliği konusunda da ısrarcıydı. Artemis'e atfedilen bir heykelin "sertçe" temizlenip kazınması sonucu patinanın kaybolmasından şikâyet ediyordu. "Türk Müzesi'nde sıklıkla karşılaşılan" bu uygulamanın "mermer heykellere kirli taş duvarlarmış gibi davranan memurların umursamaz aptallığı"nın bir örneği olduğunu ekliyordu.[3]

Bir yıl sonra *Revue archéologique*, 1884 nizamnamesini Salomon Reinach'ın yazdığı kısa bir giriş yazısıyla birlikte yayımladı. Reinach, okurlara "vandalizm"le ilgili makalesini hatırlatarak ve eğitimli Avrupa çevrelerini miraslarını koru-

2 Salomon Reinach, "Le vandalisme moderne en Orient," *Revue des deux mondes* 56 (1 Mart 1883): 155, 161, 163–166.

3 Salomon Reinach, "Marble Heads in Tchinly Kiosk Museum," *American Journal of Archaeology* 2, no. 3 (Temmuz-Eylül 1886): 320.

maya çağırmak için verdiği eski mücadeleden söz ederek, Osman Hamdi'nin nizamnamelerine karşı diplomatik dünyada ve akademik yayınlarda hiçbir itiraz yükselmediğini belirtiyordu. Yine de geçmişin keşfine adanmış dergide belgenin tamamını yayımlamanın kendisi için bir sorumluluk olduğunu hissetmişti. Elli yıllık Yunan kanunlarından esinlenen "kısıtlayıcı ve yasaklayıcı" nizamnamenin hiç kuşkusuz arkeoloji ve sanatın aleyhine işleyeceğini vurguluyordu.[4] Aynı yıl sol eğilimli Amerikan dergisi *The Nation*'ın editörüne de bir mektup yollayarak *Revue des deux mondes*'da çıkan makalesinin Osmanlı yetkililerini kızdırdığı ve "medeni dünyaya misilleme yapmak" ve "Avrupa bilim dünyasını Doğu arkeolojisinin dışına atmak" için yasalarını daha da sertleştirmelerine yol açtığı iddiasıyla kendisine yapılan saldırılara cevap verdi. Nizamnamenin kendi makalesi yayımlandığı sırada zaten geliştirilmiş olduğunu ve bu barbar düzenlemelere tek bir arkeoloji dergisinin, *Revue archéologique*'in karşı çıktığını belirtti. Fırsattan yararlanarak "hasarın niteliği ve boyutu"nu *The Nation*'ın "liberal düşünceli okurlar"ına duyuruyor ve bu "anlamsız yasaklamalar"ın sonucu olarak Avrupa'da eski eser fiyatlarının yükseleceğini, gizlice yurtdışına çıkarılmalarının engellenemeyeceğini ancak daha kolay kaçırmak için parçalanacaklarını bildiriyordu.[5] Birkaç yıl içinde Reinach eski eserlerin ülke dışına çıkarılmasını yasaklayan Yunan ve Türk yasalarına dikkat çekerek "arkeolog gezginler"e bir dizi öğütte bulunmayı görev bildi. Bir "Milo Venüsü"ne rast gelip onu cesur ve akıllıca "güvenli bir yer"e götürmeyi başaran bir gezgini kutlayacağını kabul ederken, kaçakçılık faaliyetlerini kolaylaştırmayı veya teşvik etmeyi tercih etmedi.[6]

Salomon Reinach'ın duygularını bazı Amerikalılar da –hem de tutkuyla– paylaşıyordu. Arkeolog James Theodore Bent, Reinach'ın "Vandalisme"sinden beş yıl sonra kaleme aldığı yazıda sözlerine Osman Hamdi'nin olağanüstü özelliklerini överek başlıyor, ancak metni onun eserleri ülkesinde tutma konusundaki inatçılığına duyulan kızgınlıkla bitiriyordu. Osman Hamdi bu yazıda "bütün anormalliklerin en büyüğü" (diğer pek çok 19. yüzyıl sonu Osmanlı anormalliğinden biri) olarak tanımlanıyordu, "çünkü Kaffirler ve Hotantolar arasından bir sanatçı ve arkeolog çıkacağını beklemek Türkler arasından böyle birinin çıkmasını beklemekten farksızdır." Yazar, Osman Hamdi'nin "işler[in] artık değişti"ğini, müzenin müdürü

---

4   Salomon Reinach, "Loi sur les antiquités," *Revue archéologique* 1 (1884): 335–336. Yasa için bkz. s. 336–345. Bu dergide de belirtildiği gibi, Fransızca çeviri zaten İstanbul'da çıkan Fransızca *La Turquie* adlı gazetede yayımlanmıştı.

5   Salomon Reinach, "Archaeology and the Turkish Officials," *The Nation* 39, no. 993 (10 Temmuz 1884): 30–31.

6   Reinach, *Conseils aux voyageurs archéologues*, 85–86.

olduğunu ve o "yaşadığ[ı] sürece artık hiçbir şeyin ülke dışına" çıkarılamayacağını söylediğini yazıyordu. Onu "çok kemiği olan ama yemediğini bile çevresine toplanmış aç arkeologlarla paylaşmayan bir köpek"e benzeten Bent, şu sözleri de Osman Hamdi'ye atfediyordu: "Siz zengin İngiliz, Fransız, Amerikalılar kazı yapabilirsiniz ama bu, benim müzemi süslemek için olacak." Yine de yazar müzenin Osman Hamdi'nin kariyeri sona erdikten sonra ayakta kalabileceğinin bir güvencesi olmadığını yazıyor, sözlerini şöyle bitiriyordu: "İstanbul şu anki rejimde bir müzenin bulunacağı yer değil; burası başkalarının egemenliğine geçinceye ve daha mutlu bir arkeolog ırkı çabalarının sonuçlandığını görene kadar, toprak şimdilik servetini kendi elinde tutsun."[7] 1884 nizamnamesinin arkeoloji bilimi üzerindeki olumsuz etkisi Amerika basınında tekrarlanmaya devam edildi, çoğu zaman "mantıklı" 1874 nizamnamesi özlemle anıldı.[8]

Herkes aynı görüşte değildi. Athenaeum Kulübü üyesi T. Hayter Lewis, yeni keşfedilen Sayda lahitleri konusundaki bir yazısında, anıtların bulundukları yerde tutulmasıyla İstanbul'a taşınması arasındaki tartışmayı ele alarak meseleye farklı bir bakış açısı sunuyordu. Osmanlı başkentinde Osman Hamdi rehberliğinde bir müzenin bulunması fikrine karşı çıkmıyor, ancak antik eserleri orijinal yerlerinde bırakmanın daha iyi bir seçenek olduğunu iddia ediyordu; bu tutum Elgin Mermerleri'nin İngiltere'ye taşınması zamanındaki tartışmalara kadar gidiyordu. Lewis yine de sözlerini şöyle sürdürüyordu: "Doğu'daki tecrübeme göre, böyle bir hareket [eski eserleri *in situ* bırakmak] bu muhteşem anıtların Müslüman fanatikler ve Arap tacirler tarafından yok edilmesiyle sonuçlanacaktır."[9] Böylece İstanbul'daki "medenileşmiş" Osmanlılarla imparatorluğun doğu vilayetlerindeki ilkel nüfus arasında, Osman Hamdi'nin kendi duygularıyla da büyük ihtimalle uyuşacak bir ayrım yapıyordu.

Osmanlıların kendi topraklarında bulunan eski eserleri tutup kendi müzelerinde sergileme hakkını savunan başkaları da vardı; onların tutumu özellikle yeni müzenin yapılmasından sonra sahada olup bitenleri gerçekçi olarak kabul etmelerinden ileri geliyordu. F. Max Müller bunlardan biriydi. "Türk toprağı"ndaki servetin

---

7   J. Theodore Bent, "Hamdi Bey," *The Living Age* 64, 5. dizi (Ekim, Kasım, Aralık 1888): 616–618.

8   Örneğin bkz. Emerson, *An Account of Recent Progress*, 18. Peters'in *Nippur*'un ekinde "Arkeolojik Kazılarla İlgili Türk Yasasının Çevirisi"ni tam metin olarak yayımlaması, ayrıca ekibe kazı yapma yetkisi veren iznin tam metnini de buna eklemesi dikkate değerdir; bkz. Peters, *Nippur*, Appendix C ve Appendix D, 1:301–309.

9   T. Hayter Lewis, "The Sarcophagi of Sidon," *The Builder* 53, no. 2240 (10 Aralık 1887): 803.

büyüklüğüne ve bugüne kadar bu değerlerin "çok azının keşfedilmiş olması"na dikkat çeken Müller, 1894'te *New Review*'da, eğer Osmanlılar, Osman Hamdi'nin başlattığı ümit verici yoldan gidip daha sistematik çalışırlarsa müzelerinin en iyi Avrupa müzeleriyle rekabet edebileceğini iddia ediyordu. Türklerin "klasik antikçağın hazineleri", özellikle de Sayda'da bulunan lahitlerle ilgili iddialarını "çok haksız" bulan Avrupa zihniyetiyle alay ediyor ve her fırsatta Osmanlı yasalarını çiğneme eğilimini eleştiriyordu. "Türk toprağı[ndan] çıkarılan eski eserleri […] alıp götüren" Avrupalıların eylemlerini hırsızlık olarak nitelemekten de çekinmiyordu. Okurlara benzer yasaların pek çok ülkede var olduğunu hatırlatarak, "sadece Türkiye'de bunlara karşı çıkmanın, hatta bunlara meydan okumanın haklı ve arkeoloji biliminin yararına olduğu düşünülüyor" diyordu.[10] Bu tutumu benimseyen başkaları da vardı; örneğin *Literary News*'ta çıkan bir haberde Müller'in yazısına atıfta bulunularak Osman Hamdi'nin çabaları ve "topladığı hazineler" takdir ediliyor, "bu önemli bulguların toplandığı yeri gülünç bulan ve asıl yuvalarının British Museum ve Louvre olması gerektiğine inanan Avrupalı arkeologlar" eleştiriliyordu.[11]

Batılı "ansiklopedik" ve "hümanist" müzelerin antik eserler üzerindeki iddialarını savunan bu tartışmalardan yüz yıl önce, Osmanlı tarafında 1874 nizamnamesinde uygulanan radikal değişiklik ve bunun Müze-i Hümayun açısından taşıdığı önem konusunda bir değerlendirme yapılmıştı; bu değerlendirme, sorunu "öteki" taraftan ele alıyordu.[12] Bir kazıda bulunan eski eserlerin üçe bölünmesi (1874 nizamnamesinde belirlendiği üzere toprağın sahibi, kazıyı yürütenler ve Müze-i Hümayun arasında paylaşılması) ilkesinden vazgeçerek buluntuların tamamen müzeye ait olduğuna hükmeden yeni yasaya geçilmesindeki amaç, her şeyden önce tarihi mirası korumaktı. Düyun-ı Umumiye raportörü olan bir yazar, Avrupalıların eleştirilerinin "anlaşılabilir" olduğunu söylüyordu, yani artık buluntuları Avrupa müzelerine götürmelerine izin verilmeyen yabancılar açısından "anlaşılabilir"di. Değişimin bilime hizmet edeceğini kabul etmek istemiyorlardı. Araştırmacılar, bir yerden çıkan parçaların peşinde "bir ülkeden diğerine koşturacakları" yerde, artık kolaylıkla ulaşılabilir hale gelen İstanbul'da bunları orijinal eksiksiz gruplar halinde inceleyebilirlerdi. 1874 nizamnamesi eserlerin rastgele dağılmasına yol açmıştı, eğer nizamname yürürlükte kalsaydı, bunlar yalnızca Avrupa değil Amerika, hatta Avustralya koleksiyonlarına kadar gidecek, daha da çok dağılacaktı. İstanbul'daki

---

10 F. Max Müller, "The New Museum and the Sidon Sarcophagi," *The New Review* (Londra) 10, no. 56 (Ocak 1894): 19.

11 "Letters from Constantinople," *The Literary News* 18, no. 4 (Nisan 1897): 104.

12 Bu tartışmaların bir derlemesi için bkz. bu kitaptaki Sonsöz

yeni müze, sorunu "Osmanlıların büyük devletinin onuruna yakışacak şekilde" çözmüştü.[13]

Osmanlı başkentinde bir antik eserler müzesi kurulması fikrine karşı çıkan ateşli tartışmalara rağmen, başlıca parçası Sayda lahitleri olan Müze-i Hümayun yeni binalarında kapılarını açtığı zaman, uluslararası akademik topluluk bu mekânın bilime yaptığı katkıyı selamlamak zorunda kaldı. Müze-i Hümayun uluslararası çapta saygın bir kuruma dönüştü. Abigail G. Radcliffe, heykeller üzerine çalışmasında Avrupa müzeleriyle ilgili bölümü İstanbul Müzesi'ndeki heykelleri ele alarak şu zarif sözlerle bitiriyordu:

> Her müze sayısız alana yayılmış hazineleri gün ışığına çıkarır; ziyaretçilerin tarihin başlangıcından itibaren kendilerini en yabancı iklimlerin yurttaşı ve düşüncelerini, çalışmalarını onlara miras bırakmış her çağdan sanatçının soydaşı gibi hissetmesinine neden olur.

Aralarında British Museum, Louvre, Berlin Müzeleri, Münih Glyptothek'i, Vatikan ve Atina Müzelerinin de bulunduğu önde gelen müzelerle birlikte, "Avrupa'nın en uzak kıyısı"ndaki bu yeni müze "19. yüzyılın ruhunu ortaya koymakta"ydı. "Canlı renkli kabartmalar"ıyla İskender Lahdi başta olmak üzere, müzenin koleksiyonu "hem Doğu sanatının hem klasik sanatın en iyi dönemlerine ait örneklerden bazıları"nı içeriyordu.[14]

Başka bazı isimler Müze-i Hümayun'u değişen derecelerde bir kızgınlıkla kabul etti. İçlerinden biri, biliminsanları arasında geçerli olan duyguları tekrarlayarak, "kadim halklardan kalma eski kalıntılara karşı nefretin İslamcılığın doğasında var olduğu" için "antik eserlerden nefret eden bir halkın ortasında kurulan" müzenin "barındırdığı muazzam lahdin ihtişamı karşısında bütün eğitimli dünya tarafından bir şaşkınlık çığlığı"yla karşılandığını yazdı.[15] *New York Times*'ta yayımlanan bir haberde "İstanbul'daki yeni müzenin koleksiyonuyla kıyaslanacak bir lahit koleksiyonu dünyanın başka hiçbir yerinde yok [...], şu anki koleksiyonun daha da genişlemesi ihtimali çok yüksek" deniyordu.[16] Osman Hamdi'nin (yazı boyunca "Hamid" yazılmıştı) ölümü üzerine yayımlanan bir yazıda, onun yorulmak bilmez çalışması sayesinde müzenin "arkeoloji ve sanat açısından Roma, Paris, Berlin ve Londra'daki müzelerde örnekleri bulunmayan mermerleri" barındırdığı ve yarat-

---

13 Vahid, "Osmanlı Müzesi ve Tarihçesi," 346.

14 Radcliffe, *Schools and Masters of Sculpture*, 498, 532–533.

15 15. Professor J.P. Mahaffy, M.A., Dublin Üniversitesi, İrlanda, "Constantinople," *The Chautauquan* 21, no. 6 (Eylül 1895): 722.

16 "The Museum of Constantinople," *New York Times*, 24 Nisan 1897.

tığı etkinin "Osmanlı Müzesi ve harika koleksiyonuyla ilgili yazılar yayımlamaya başlayan Avrupa'daki sanat dergileri"nde izlenebileceği söyleniyordu.[17]

Sayda Lahitleri

Osman Hamdi'nin *Revue Archéologique*'te yayımladığı kazı raporundan sonra, Yunan sanatının özellikleriyle ilgili tartışmalarda Sayda lahitleri çok önemli bir yer işgal etmeye başladı. Osman Hamdi bu makalesinde kazının günbegün ayrıntılarını vermiş, bulguları soğukkanlı bir şekilde betimlemiş ve mezarların çizimlerini eklemişti.[18] Makale aynı yıl farklı bir okur kitlesine yönelik olarak *Revue d'ethnographie*'de yayımlandı.[19] Bulunuşlarını izleyen birkaç onyıla ait literatür hızla tarandığında, lahitlerin yarattığı etki anlaşılır. Osman Hamdi'nin makalesinin yayımlandığı 1887 yılı bir rapor, yorum ve spekülasyon sağanağına tanık oldu. Théodore Reinach'ın özetlediği gibi, "Lahitlerin bulunuşu antik sanatla ilgili çalışmaların dönüm noktası oldu."[20] Söylemin merkezinde çokrenklilik konusu vardı; her zaman iyi karşılanmasa bile çığır açıcı olan bu tartışma 19. yüzyıl sonunda kazılarda renk izleri taşıyan eserlerin bulunmasıyla alevlenmişti. İlk bulgu 1811'de Charles Robert Cockerell ve Carl Haller von Hallerstein tarafından incelenen Aigina'daki Aphaia Tapınağı'nın boyalı alınlıkları olmuştu.[21] Birkaç yıl sonra sanat ve mimarlık kuramcısı Antoine-Chrysostome Quatremère de Quincy, Parthenon'un dış revaklarında betimlenen Athena kültüne özgü tören alayının, özellikle de kıyafetlerin renk kullanılarak yapıldığını iddia etmişti.[22] Yazar buna ek olarak birçok renkli canlandırma sunmuştu; içlerinde en ünlüsü Yunanistan'da, Olympia'daki Zeus heykeliydi ("Jupiter à Olympie") (RESİM 2.1).

Akademik camia kısa süre sonra keskin fikirlere sahip iki kanada ayrıldı: Bazıları (en başta Gottfried Semper), "topyekun çokrenklilik"i savunuyor ve yalnızca heykeller değil binaların da tamamen boyalı olduğunu söylüyordu, diğerleri ise bu düşünceyi tamamen reddediyordu. Üçüncü bir grupsa eserlerin kısmen

---

17 "The Late Hamid [*sic*] Bey, the Ottoman Museum He Founded and One of Its Own Greek Treasures," *New York Times*, 18 Aralık 1910.

18 Hamdy-Bey, "Mémoire sur une nécropole royale découverte à Saïda," *Revue archéologique*, 3rd series, 10 (Temmuz–Aralık 1887): 138–150.

19 Hamdy-Bey, "Sur une nécropole royale découverte à Saida," *Revue d'ethnographie* 6 (1889): 444–456.

20 Théodore Reinach, "Les sarcophages de Sidon au Musée de Constantinople," *Gazette des Beaux-Arts* 7, 3e période (1892): 104.

21 Brinkmann, "The Prince and the Goddess," 71.

22 Quatremère de Quincy, *Le Jupiter olympien*, 31–32.

RESİM 2.1 Quatremère de Quincy'nin yaptığı Olimpia'daki Jupiter'in rekonstrüksiyonu. (Quatremère de Quincy, *Le Jupiter olympien*, 1814, ön kapak)

boyalı olduğu düşüncesindeydi. Eski metinler heykellerin boyasından söz etmekteydi ancak bu metinlerin anlamları çeviri sırasında saptırılmıştı; Quatremère de Quincy gibi çokrenkliliği savunanlar iddialarını kanıtlamak için filolojiye, klasik metinlere dönmek zorunda kalmıştı. Quatremère de Quincy, çokrenkliliğin pek çok klasik metinde sık sık konu edilmesine rağmen "modern analiz"de ve bunun sonucu olarak mimarlık uygulamasında tamamen yok sayılması karşısında şaşınlık duyuyordu.[23] Mimar Jacques-Ignace Hittorff çokrenkliliğin en sıkı savunucuları arasındaydı. Helenistik dönemde genel çokrenkli mimarlık sistemi konusunda bir kuram geliştirmeye çalışan Hittorff başkalarının iddialarını bir araya getirirken "mantık yürütme ve tümevarıma" dayanmıştı ama tek bir binanın, Sicilya'daki Selinunte akropolünde bulunan basit bir tapınağın derinlemesine analizini de yapmıştı. Sicilya'yı seçmesinin nedeni olarak, bu bölgede Helen uygarlığının bütün farklı dönemlerinden kalma çok sayıda (belki Yunanistan'dakinden de fazla) anıt olmasını gösteriyordu. "Çokrenklilik sistemi"ni somut ve derli toplu bir şekilde kanıtlamak için mimarlık, heykel ve resmin ortaklığını ve birbirine bağımlılığını ortaya koymanın aracı olarak tek bir binaya yoğunlaşmanın yararlarını açıklamıştı.[24] Hittorff'un araştırması, sistemin 19. yüzyıl yapıları için yararlarını ve sınırlarını göstererek "modern mimarlık uygulaması"na katkıda bulunmayı amaçladığı halde arkeolojik söylem üzerindeki etkisi büyük oldu; on yıllar sonra Sayda lahitleriyle ilgili tartışmalara da yansıdı. Sayda'daki bulgular akademik dünyanın gündemine girdiği sırada, çokrenklilik kuramı kendi taraftarlarını bulmuştu; bunların etkisiyle aralarında Ludvig Peter Fenger'in Aigina Tapınağı ve Parthenon çizimlerinin de bulunduğu, spekülasyona dayalı temsili çizimlerden oluşan zengin bir portföy ortaya çıkmıştı (RESİM 2.2).[25]

Başlangıçta sadece birkaç seçilmiş kişinin ulaşabildiği Sayda bulguları çokrenklilik tartışmalarında yeni bir platform oluşturdu. Tartışmaya farklı bağlamlardaki bir dizi dergi katıldı. The British Architect'in yazarlarından biri, Sayda'daki lahitleri görmüş olan bir meslektaşından alıntı yaparak, heykellerin Yunanların doğayı temsil ederken yalnızca şekil açısından değil canlı renkleriyle de "doğru"yu aradıklarını ortaya koyduğunu belirtiyordu. Lahitler "kompozisyon ve küçük ayrıntılarda yalınlık isteğiyle" yapıldılarsa Parthenon frizine göre daha aşağı seviyede olabilirlerdi, ancak

---

23 Agy., xxii.

24 Hittorff, *Restitution du temple d'Empédocle*, ix, xvi, xxi ve 4. Hittorff rekonstitüsyon çizimlerinin yeni çıkan kromolitografi tekniği sayesinde basıldığını belirtir, bu teknik mimari ve heykelde uygulamalı çokrenkliliğin kullanımı için icat edilmiş gibidir. Bkz. Hittorff, *Restitution*, xvii.

25 Fenger, *Dorische Polychromie*.

RESİM 2.2 Fenger'in yaptığı Parthenon'dan ayrıntıları gösteren rekonstrüksiyon. (Fenger, *Dorische Polychromie*, 1886)

"Yunan çokrenkliliğinin örnekleri olarak [...] son derece değerliydiler."[26] Osman Hamdi'nin lahitlerin fotoğraflarını gösterdiği Hayter Lewis, bu eserlerin üslup olarak karmaşıklığıyla ilgili bir sorun bulamamış, *The British Architect*'teki makaleye karşı çıkmıştı; ona göre bu "katıksız Yunan" anıtlar, "muhteşem kabartmalar"la süslüydü, özellikle de en büyüğünün kenarları "harikulade ince bir işçilikle çalışılmış kabartmalarla dolu"ydu. Bütün lahitlerin mimari ayrıntıları "hiçbir Roma etkisinin görülmediği iyi döneme ait Yunan işi"ydi; kabartmalar "en üst sınıf"tı, "Parthenon frizinin son derece güzel nazik oyma işleri"ni andırıyorlardı ve Bergama'da bulunan örneklerden çok farklıydılar. Ancak, lahdi "Yunan heykelinin en iyilerinden biri" yapan, "büyük bir incelikle farklı ton ve derecelerde kırmızı, erguvan, mor vb." boyalarla işlenmiş "son derece özenli ve sanatsal [...] renklendirme"ydi.[27]

Taşocağında çalışan işçilerin bulduğu mezarları gözleriyle gören tek Batılı olmakla övünen Sayda'daki Amerikan Presbiteryen Misyonu'nda görevli rahip W.K. Eddy, lahitleri *American Journal of Archaeology*'de kapsamlıca betimlemişti. Yetkililerin keşifle ilgili haberleri duyar duymaz odaları hemen "kapatıp mühürlediğini" ve bekçiler yerleştirip İstanbul'dan gelecek talimatı beklediklerini de sözlerine eklemişti. Ağlayan Kadınlar Lahdi'nin "ince işçiliği ve cilası"nı övüyor, figürlerin gözlerindeki ve daha küçük figürlerin giysilerindeki boyadan söz ediyordu; ne yazık ki bunlar nem nedeniyle neredeyse tamamen yok oldu. Yine de yazarın ancak "aceleyle şöyle bir bakabildiği" "baş lahit", "sahnelerin bütünlüğü ve çeşitliliği, türlü tutkuların çizgilerdeki ifadesi, ayrıntılardaki özen ve boyalı bölümlerindeki renklerin korunması" açısından göz kamaştırıyordu. W.K. Eddy, Yunan sanatında çokrenkliliğin anlamı üzerine kuramlara girişmeden, renk kullanımını doğrudan doğruya belgelemişti; örneğin savaşçıların mavi gözlerinden, koyu kırmızı pelerinlerinden, mavi tüniklerinden ve canlı renklerdeki eyer örtülerinden söz ediyordu.[28]

---

26 "The Sepulchral Chambers and the Sarcophagi of Sidon," *The British Architect* (29 Temmuz 1887): 94. Osman Hamdi'nin lahitler konusundaki sahiplenici tutumu ve bunları Avrupalı meslektaşlarına göstermekteki isteksizliği hassas bir konuydu. Örneğin, Filistin Araştırma Fonu'nun "Yönetim Kurulu Raporu"na göre, Osman Hamdi "eşyalara Müze-i Hümayun adına el koymak için bir Türk savaşçı" gibi davranmıştı. Yönetim kurulu, "dünyadaki en güzel lahitler olarak tanımlanan bu nesnelerin planları, çizimleri, figürleri, ölçüleri ve betimlemesi için kendisine izin verileceği"ni umut ediyordu. Bkz. *Palestine Exploration Fund Quarterly Statement for 1886*, 254.

27 Lewis, "The Sarcophagi of Sidon," 802–803.

28 W.K. Eddy, "Letters from Sidon, Phoenicia," *American Journal of Archaeology* 3, no. 1–2 (1887): 97–101.

Osman Hamdi'nin Sayda lahitleriyle ilgili "kıskançlık"ının zekice bir planın parçası olduğunu düşünmek cazip. Yunan sanatı üzerine güncel tartışmaları artıracak benzersiz bir eski eser koleksiyonunu himayesi altına aldığını çok iyi bildiğinden, bunları akademik topluluğa ilk kez sergilemek üzere gösterişli bir yer tasarlamış olmalıydı. Yeni müze binasının tamamlanmasını beklerken dramatik bir atmosfer yaratarak merak uyandıracak bilgi kırıntılarını etrafa sızdırmış, söylentilerin yayılmasını sağlamıştı. *Revue archéologique*'teki makalesinden Hayter Lewis'e fotoğraf göstermesine kadar, yaptığı her şey, büyük açılışa doğru giden adımları kurnazca tasarladığını gösteriyordu; açıldıktan sonra Müze-i Hümayun'un dünya haritasında yerini bulacağından emin olmalıydı. *American Architect and Building News*'te yayımlanan haber, bekleyişin hazzını hissettiriyordu. İstanbul'dan yazan muhabir, Osman Hamdi'nin dört Fenike lahdiyle ilgili olarak Fransız dergisinde yayımladığı makaleden söz etmiş, ayrıca yedi lahdi de yazacağı kitap için "ayırdı"ğını bildirmişti. Bu arada on bir lahdin hepsi sandıklarda sergilenmeyi bekliyordu. Yunan lahitlerinden birinin "dev oranları, kabartmalarının ve renklerinin görkemi" ile ilgili dedikodular çıkmıştı. İddiaya göre renkler o kadar alışılmadıktı ki, mezarın önce bir Asur kralına ait olduğu düşünülmüştü.[29] *Une nécropole royale à Sidon: Fouilles de Hamdy Bey* [Sayda'da Bir Kraliyet Nekropolü: Hamdi Bey'in Kazıları] kitabına dair beklenti *The Athenaeum*'un sayfalarında da yer buldu; burada "Hamdi Bey'in bu çarpıcı nesnelerle ilgili yayımlanacak olan çalışması arkeoloji araştırmalarında yeni bir çığır açacak" deniyordu. Bu tür bir kitap yazmanın zorluğunu açıklayan yazar, müze müdürünün şimdiye kadar tamamladığı işleri sıralıyordu: Lahitlerin her yönden fotoğrafları çekilmiş, nesnelerin bulundukları yerlerin planları ve kitabın birkaç bölümü hazırlanmıştı. "Boyalı mezarların tıpkıbasımları tamamen renkli olacak ve kuşkusuz büyük bir keşfin büyük bir öyküsü olan bu kitap için hiçbir zahmetten kaçınılmayacak."[30]

Bütün bu bekleyişlerden sonra arkeolog John Punnett Peters, Aralık 1891'de lahitlerin "onlar için yapılan yeni müzede halka açıldı"ğını bildirdi; çarpıcı keşiflerinin tamamını yayımlamayı reddeden, hiç kimsenin de eserleri görmesine veya incelemesine izin vermeyen Osman Hamdi'nin yarattığı gizemli havayı hatırlattı. Süreç zirve noktasına ulaşmıştı, "bina artık tamamlandı, lahitler sergilendi ve aynı anda Hamdi Bey'in çalışması da [*Une nécropole royale à Sidon*] çıktı." Açılıştan

---

29   "The Sarcophagus of Alexander," *The American Architect and Building News* 23, no. 638, 132.

30   E.A. Wallis Budge, "The Imperial Ottoman Museum and the Fine Art School at Constantinople," *The Athenaeum*, no. 3220 (13 Temmuz 1889): 72.

önce, iki arkeolog arasındaki dostluk, Osman Hamdi'nin Peters'ı Eylül ve Ekim 1891'de yapımı devam eden müzenin bodrumunda depolanan lahitleri görmek üzere davet etmesine yol açmıştı. Gerçi Peters lahitlerin "dünya sanat hazinelerinin zirvesinde yer aldığı ve onları görüp incelemenin bir hac yolculuğuna değeceği" söylentilerini duymuştu ama "Büyük İskender'in lahdi"nin karşısında, "bu kadar harika bir sanat hazinesi görmeye hazır olmadığı" için, "nutku tutulmuş ve kendinden geçmişti" (RESİM 2.3).[31]

Müze-i Hümayun açılıp yabancı ziyaretçileri çekmeye başladığında, Théodore Reinach da 1892'de "tek başına Konstantinopolis'e gitmeye değecek bir şaheser" olarak İskender Lahdi'nin "çekiciliği"nden aynı sözlerle bahsetmişti.[32] Bu gezinin ardından yazdığı iki makalede, eserin Yunan özelliğini vurgulayarak bugüne kadar Yunan sanatının *"plus belle époque"*una [en güzel çağına] ait bir başka lahdin bulunmadığını belirtmişti. Kabartmaları tarif ederken bunların daha düşük bir nitelikte olsa da Parthenon'la aynı dönemden kalma olduğunu iddia etmişti.[33] Boyutu, süslemeleri ve özellikle boyalı kabartmaları, İskender Lahdi'ni Helen lahitleri arasında biricik kılıyordu. Genel uzun formu ve İyon tarzı unsurları nedeniyle aynı sınıfa aitti ama aynı zamanda prototipten ayrılan, serbestçe geliştirilmiş özelliklere sahipti. Çeşitli renkleri, sanatçıları heyecanlandıracak ve arkeologların merakını uyandıracak kadar canlıydı. Bu keşif sayesinde antik kabartmalardaki çokrenklilik sorununun çözülmüş olacağını kabul etmek gerektiğini söyleyen Reinach, renkleri ayrıntılı bir biçimde dört sayfada anlatıyordu.[34] Aynı yıl Reinach'ın tezi daha popüler bir dergi olan *Revue des deux mondes*'da Yunan heykelinde renk kullanımıyla ilgili genel bir tartışmaya dahil oldu, dergide Maxime Collignon ünlü lahdin yalnızca renk kullanımını kanıtlamakla kalmayıp cesur renklerden oluşan zengin bir palet sunduğunu ve böylece o güne kadar bilinen 6. yüzyıl örneklerindeki üç veya dört tonla bir tezat oluşturduğunu vurguladı.[35]

Hellas mezarları üzerine bilgi dolu incelemesini Sayda lahitlerini tartışarak bitiren Oxford Üniversitesi klasik arkeoloji ve sanat profesörü Percy Gardner, bunların "saf Yunan tarzı"na ait olduğu iddiasını tekrarladı; Doğu'da Yunan sanatının daha belirgin hale geldiği bir zamanda bunun mantıklı olduğunu belirtti. Gardner

31   John P. Peters, "The Sidon Sarcophagi – I," *The Nation* 52, no. 1332 (8 Ocak 1891): 28–29.

32   T. Reinach, "Les sarcophages de Sidon au Musée de Constantinople," 178.

33   Agy., 101–102.

34   Agy., 178, 186–190.

35   Maxime Collignon, "La polychromie dans la sculpture grecque," *Revue de deux mondes*, no. 2 (1895): 835.

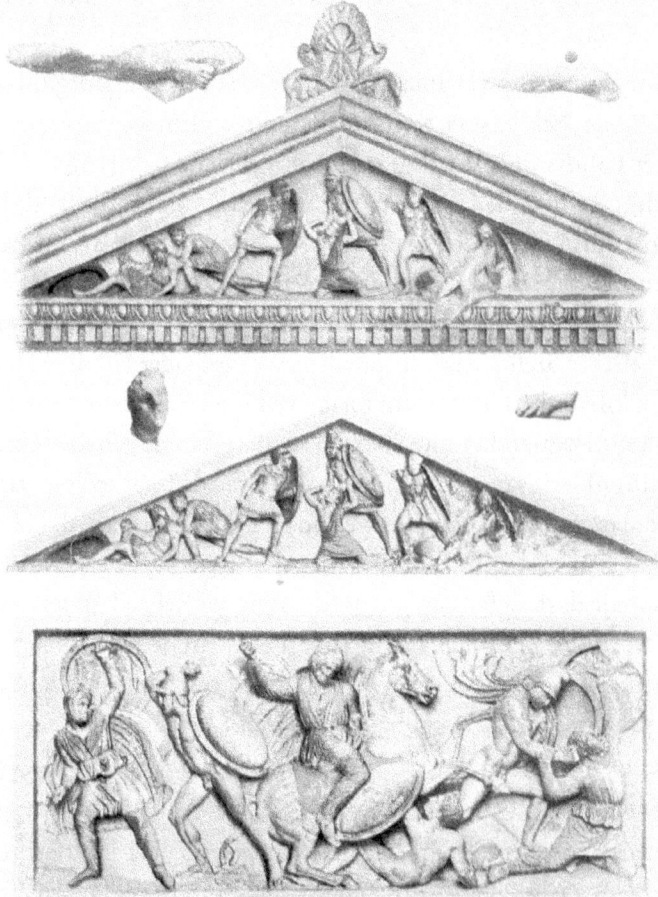

RESİM 2.3 "Büyük Lahit," kuzey timpanumun ayrıntıları, çizim. (O. Hamdy Bey ve Théodore Reinach, *Une nécropole royale à Sidon*, Planche XXXVI)

çokrenklilikten öylesine söz ediyor, düz yüzeylerdeki süslemenin "tümüyle Yunan" üslup özelliklerine yoğunlaşıyordu, bu da Yunan sanatının Doğu'ya nasıl yayıldığını kanıtlıyordu. Ancak konuların çoğunlukla Yunan temalarından ayrıştığını da belirtiyordu. Örneğin Satrap Lahdi, ele aldığı konuyla klasik Yunan ve Asur arasında duruyordu:

> Lahdimiz, abartılmış ve ideal bir tarihi kayıt olarak kralların büyük işlerini gösteren Asur Krallığı kabartmaları ile [...] Yunanlarla Amazonların savaşlarının [...] sıradan insanların mücadelelerinin yerini aldığı [...] saf Yunan anıtlarının heykelleri arasında yer alır.

Gardner, Sayda lahitleriyle klasik heykelin üslup özellikleri arasındaki paralelliklere dikkat çekiyordu. "Çok sayıda mısrayla yazılmış ve farklı anahtarlarda bestelenmiş sanatsal bir ağıt" olan Ağlayan Kadınlar Lahdi, özellikle Atina aile gruplarında görülen, matemdeki kadınların düşünceli ve kederli ifadeleri nedeniyle, ona MÖ 370 civarındaki ikinci Atina okulunu hatırlatmıştı. Gardner, "dünya şaheserlerinden biri" olarak tanımladığı İskender Lahdi'ninse "heykellerin gruplaşmasındaki enerji ve uygulamadaki beceriyi" yansıtan bir tarza sahip olduğunu söylüyordu, ancak onu herhangi bir döneme yerleştiremediğini belirtiyordu. Burada yepyeni bir şeyle karşı karşıya olduğunu kabul ediyordu: "Bazı açılardan, Yunan heykeltıraş kaleminden çıkma çalışmalar arasında bildiklerimize kıyasla daha ustalıklı bir eser." Sanatçı, "ustaca bir cesaretle", Yunan kabartmasının üslup olarak birbirinden kesin çizgilerle ayrı olan yüksek, yarım ve alçak kabartmasını bir araya getirmiş, bu da araştırmacının sanatsal soyağacını çıkarmasını imkânsızlaştırmıştı.[36]

Sayda lahitleri yalnızca bilimsel yayınlarda tartışılmıyordu, daha geniş bir kitleye seslenen genel antik sanat yayınları ve okul kitapları da repertuvarlarına bu lahitleri katarak kabartmaları betimliyordu. Yunan uygarlığıyla ilgili bir derleme, bunların "en saf Yunan üslubu"nu taşıdığını belirtiyor ve bulundukları mezarın İskender'e ait olmamakla birlikte onun döneminden kaldığını ve gömülmek üzere Sayda'ya götürüldüğünü iddia ediyordu. Lahitler "Helen sanatının ve dolayısıyla Helen kültürünün, İskender tarafından Asya'nın geniş kesimlerine yayıldığı çağa ait" olduğunu kanıtlamaktaydı.[37] Yunan arkeolojisi eğitimi alması beklenen öğrencilere yönelik bir el kitabı lahitleri tanıtıyor, İskender Lahdi'nin bunlar arasındaki özel yerini vurguluyordu; "çünkü lahdin boyaması herhangi bir eski dönem heykeline göre çok daha eksiksiz olarak korunmuştur" deniliyordu. Ancak, Gardner'ın "saflık" konusuyla ilgili sorgulamasını yansıtan kitap, okurları uyarıyordu: Lahit "hâlâ Atina

---

36 Gardner, *Sculptured Tombs of Hellas*, 244–259.
37 Mahaffy, *A Survey of Greek Civilization*, 235–237.

idealizminin ruhu"nu taşıyordu ama "başka şeylerin başladığını da" gösteriyordu; "Yunan sanatının artık Helen tanrıları veya atletlerini değil, Asya, Mısır ve İtalya krallarını yüceltmeyi misyon edindiği bir zamana" aitti.[38] Lahdin kopyalarını sergilemek çok önemli bir işti. Museum of Fine Arts, Boston'daki "orantılarının güzelliği" ve "süslemelerinin inceliği ve yalınlığı" nedeniyle hayranlık uyandıran "Sayda'da bulunmuş mermer lahitlerden birinin alçı kopyasını" edindiğini bildiriyordu.[39] Yunan heykellerine adanmış koridorda sergilenen kopya, aynı zamanda Müze-i Hümayun'u selamlamaktaydı.

Sayda lahitleri, özellikle müzenin açılışından sonra Osmanlı basınında da kısa haberlerde yer aldı. *Servet-i Fünun* konuyu en sistematik işleyen yayındı. Örneğin, yeni binanın açılışını haber veren dergi, ana girişin iki tarafında bulunan sergi salonlarının Avrupalı eşdeğerlerinin ilkelerine göre tasarlandığını belirtiyordu; buradaki lahitler en zengin Avrupa müzelerinde eşine nadiren rastlanan bir öneme sahipti.[40] Bir başka haberde, "Plürüz" (Les Pleureuses, Ağlayan Kadınlar) olarak bilinen önemli lahdin müzeye gelişi bildiriliyordu.[41] 1904'te arka arkaya yayımlanan üç sayı, Sayda lahitleri başta olmak üzere, müzenin bütün koleksiyonuyla ilgili ay-

RESİM 2.4 Ağlayan Kadınlar Lahdi, güney ve kuzey yüzeyleri. (O. Hamdy Bey, Théodore Reinach, *Une nécropole royale à Sidon*, Planche IX)

---

38   Fowler ve Wheeler, *A Handbook of Greek Archaeology*, 274–276.

39   *Museum of Fine Arts Bulletin* (Boston) 1, no. 3 (Temmuz 1903): 13.

40   "İstanbul Postası: Müze-i Osmaniye," *Servet-i Fünun* 1, no. 13 (30 Kânunusani 1306/30 Kasım 1890): 84–85.

41   "Asar-ı Atika," *Servet-i Fünun* 2, no. 90 (19 Teşrinisani 1308/2 Aralık 1893): 42.

rıntılı betimlemelere yer veriyordu. Bunlar arasında, İskender ile ilgisi olmadığının bilinmesine rağmen hâlâ onun adıyla anılan İskender Lahdi tek başına dünyanın en ünlü müzelerine eşdeğerdeydi. İnce ince oyulmuş ve boyanmış güzel kabartmaları, onu heykel sanatının mucizelerinden biri yapıyordu. Eski Yunan sanatının diğer şaşırtıcı eseri de "Nevhakeran Lahdi", yani Ağlayan Kadınlar Lahdi'ydi. Kapağındaki "bazı hantal ve gayr-i zarif" özellikleri nedeniyle Atina okuluna ait olmadığının anlaşılmasına rağmen, "maharet-i mükemmeliye" ile işlenmiş kabartma ve süslemeleri, lahdi büyük bir sanat eseri yapıyordu (RESİM 2.4).[42]

Servet-i Fünun'un bir sonraki sayısı, artık İslam, Mısır ve Asur sanatının eserlerini barındırmaya başlayan Çinili Köşk'ün içeriğine adanmıştı.[43] Dergide binaya yapılan ekleri kronolojik sıraya göre belirten bir müze planı da veriliyordu (bkz. RESİM 1.2). İmparatorluk sınırları içindeki kazıların özeti, müzedeki koleksiyonların arka planını ortaya koyuyordu. Beklenebileceği gibi, Sayda kazısına "dünyanın her tarafında ihraç edilen bunca hafriyatın ve tahriyatın hiç birisinde misli görülmeyen Sayda keşfiyatı" nedeniyle özel bir yer ayrılmıştı. İnce işli oymaları ve çokrenkli kabartmaları nedeniyle gözalıcı İskender Lahdi, şimdiden pek çok Amerikalı ve Avrupalı uzmanı buraya çekmişti.[44]

Osmanlı basını, müzenin içeriğini tekrarlarla dolu bir şekilde anlatan makalelerin yanı sıra Batılı muadilleriyle aynı yıllarda Sayda lahitlerine daha akademik bir dille de yer ayırmıştı. Örneğin 1892'de *Servet-i Fünun* Théodore Reinach'ın *Gazette des Beaux-Arts*'ta yayımlanan makalesinin bir özetini yayımladı; giriş metninde arkeoloji disiplini anlatılıyor, arkeolojinin uygarlık için önemi vurgulanarak nihayet Osmanlı bilimleri arasına girdiği söyleniyor ve Osmanlıların bu alana katkılarının Avrupalılar tarafından da kabul edildiği belirtiliyordu.[45] 1895'te *Malumat*, İskender Lahdi'ni özel bir fotomontajla sundu; antik dönemin en çok sevilen eserleri, fotoğrafı daha büyük olan ortadaki İskender Lahdi'nin etrafında bir çerçeve oluşturuyordu (RESİM 2.5). Metin, MÖ 4. yüzyıla tarihlediği anıtı Yunan antik çağının "en önemli eserlerinden biri" olarak tanımlıyor, boyutlarını belirtiyor ve kabartmaları ayrıntılarıyla betimlerken renklerin biraz "soldu"ğunu söylüyordu. Daha sonra lahdin çevresindeki diğer eserleri listeleyerek onlarla ilgili temel bilgileri veriyordu. Çerçevenin iki yanını oluşturan nesnelerin çoğunun nerede bulunduğu ve o esnada nerede oldukları belirtilmişti. Örneğin Theseus Tapınağı'nın alınlığından alınan

---

42   "Cümle-i Müessesat-ı İlmiye-i Cenab-ı Padişahiden Müze-i Hümayun," *Servet-i Fünun* 26, no. 673 (4 Mart 1320/17 Mart 1904): 358.

43   Agy., no. 674 (11 Mart 1320/24 Mart 1904): 375–378.

44   Agy., no. 676 (25 Mart 1320/7 Nisan 1904): 411.

45   "İstanbul Osmanlı Müzesinde Sidon Taş Lahidleri," *Servet-i Fünun* 1, no. 49, 266–269.

mermer heykel Atina Merkez Müzesi'ndeydi; Olympia'daki Zeus Tapınağı'nın metopundan alınmış bir parça Louvre'da, Epidaurus Afrodit'i (Epudaurus'da bulunmuş Afrodit heykeli) Atina Ulusal Arkeoloji Müzesi'nde, Bergama'dan alınan heykeller Berlin'de, Tralles Venüsü Viyana'daki Belvedere'de, Milo Adası'nda bulunmuş olan Milo Venüsü Louvre'daydı; Parthenon'un doğu alınlığından gelen Herakles heykeli ve at başı şimdi British Museum'a aitti. Çerçevenin üst noktasında Atina'dan iki genel sahne, Helen yerleşimlerini mükemmel bir şekilde yakalıyordu: Atina akropolü ve arkasında Aegaleo Dağı'yla agoraya bakan Theseus Tapınağı. Roma'da bulunmuş bir lahitteki iki Dionysos sahnesi çerçevenin en altında yer alıyor, bu sahnelerin ortasında tuhaf bir şekilde Osmanlı Bankası'yla bağlantıları olan ve Osmanlı İmparatorluğu'nda demiryolu yapımına katılan bir mühendisin, Kont Philippe Vitali'nin (1830-1914) monogramı bulunuyordu. Tivoli'de bulunmuş, Bonaparte'a verilmiş, şu anda Louvre'da sergilenen bir İskender büstü kolajı tamamlıyor ve İskender'in "tek hakiki portresi" olarak Sayda lahdiyle bu büst arasında bir bağlantı kuruluyordu. İskender döneminden kalma sikkelerden oluşan bir zincir de lahdi kralın yukarıdaki büstüne bağlıyordu.[46]

Bu kompozisyon, çelişkileri ortaya koyarken Osmanlıların antik eserleri nasıl algıladığına ve siyasal amaçlarla nasıl kullandığına işaret eden bilgiler de içeriyordu. En belirgin ikilem, lahdin belirlenmesi konusunda yaşanıyordu. İsimsiz yazar, makaleye "İskender'e Atfedilen Lahid" başlığını atarak, uluslara-

RESİM 2.5 Antik dönemin en sevilen hazineleri arasında merkezi bir yer işgal eden İskender Lahdi. (*Malumat* 1, no. 5 [1311/1895])

46 "Sarcophage dit 'd'Alexandre,'" *Malumat* 1, no. 5 (1311/1895): 98, 113–114.

rası akademik çevrelerin görüşünü kabul etmiş oluyordu. Yine de, İskender'le ilişkilendirilmesinin lahde sağladığı büyük önem nedeniyle başlangıçtaki yanlış bilgiyi korumaya çalışarak, imparatora birkaç kere atıfta bulunuyordu. Bir başka ilginç sorun da makalenin diliydi (Fransızca). *Malumat* Türkçe yayımlanan bir dergiydi, Fransızcayı bazen Türkçeye ek olarak resimaltı yazılarında kullanırdı. Bu makale için Fransızcanın seçilmesi, hedeflenen kitlenin kim olduğu konusunda belirsizlik yaratıyordu.

Yapı gruplarından yapı ayrıntılarına, heykellere ve başka lahitlerden kabartmalara kadar Helen sanat ve mimarlığının iyi bilinen eserleriyle bağlantılandırmak yoluyla lahdin bu döneme ait olduğu belirtilmiş oluyordu. Klasik antikitenin en değer verilen dönemiyle ilişkilendirilmesi, bu anıtın tarihsel önemini vurguluyor ve sanat hazinelerinin en tepesine yerleştirilmesini sağlıyordu. Anıta atfedilen güç, kurumsal bir düzeye çıkarılmıştı. Dünyanın en büyük müzelerinden artefaktların fotoğraflarıyla yapılan kolaj, bunları çerçevenin içinde ikinci düzeye indiriyor ve partizanca rekabette Müze-i Hümayun'u kompozisyonun merkezinde en yüksek noktaya yerleştiriyordu. Böylece üst üste yüklü görüntü, Osman Hamdi'nin bitmek bilmeyen çabalarıyla uyumlu, çokkatmanlı bir güçlendirme aracı olarak işlev görüyordu.

Ancak lahdin kapsamlı bir analizinin Türkçe olarak yapılması için otuz yıl daha beklemek gerekti. *Darülfünun Edebiyat Fakültesi Mecmuası*'nda arka arkaya iki sayıda sanat tarihçisi Mehmed Vahid'in kaleminden yayımlanan makale, Sayda lahitleriyle ilgili literatüre referans veriyor, bazen Avrupalı yazarlarla aynı görüşleri savunurken bazen de onların tezlerine karşı çıkıyordu. Mehmed Vahid lahitlerle, özellikle de İskender Lahdi ile ilgili önceki yazıları andıracak şekilde "klasik Yunan sanatı"nın bu eserlerindeki alışılmadık güzelliğin ne kadar önemli olduğunu vurguluyor ve akademisyenlerin genellikle Atina, Olympos, Roma ve Londra'dan oluşan güzergâhlarına İstanbul'u da eklemelerini zorunlu hale getirdiğini tekrarlıyordu. Sonra Sayda'daki araştırmanın uzun öyküsünü ve eski eserlere ciddi zarar veren hazine avcılarının alana yaptığı saldırıları anlatıyordu. Fransızların 1855'te II. Eşmunazar'ın lahdini bularak Louvre'a taşımasının, Sayda'yı Fenike kültürü üzerine ciddi bilimsel araştırmalarda ön plana çıkaran bir dönüm noktası olduğunu iddia ediyordu. Fransız hükümeti bu keşiften sonra Ernest Renan'ı Sayda'ya yollamış, o da Sayda'da insan figürü şeklinde bir dizi lahit bulmuştu. Mehmed Vahid'e göre bu antropoidler (terim Renan tarafından geliştirilmişti ve Türkçeye "şeb-i insan" yani "insan benzeri" diye çevrilmişti)

(سَيِدُونَ) مَدْفَنْ قَرَالِيسْيَنْ

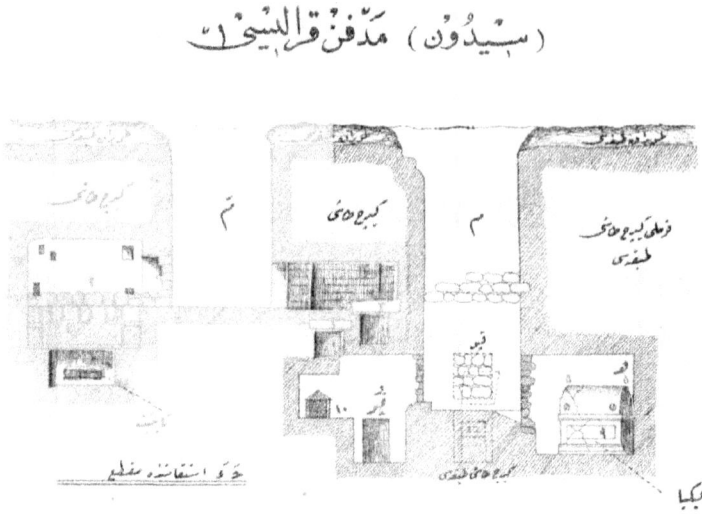

RESİM 2.6 Mezarlar, Sayda kazısı, kesit çizimi. (*Darülfünun Edebiyat Fakültesi Mecmuası* 1, no. 2 [1925])

fazla bir sanatsal değere sahip değildi ama Yunan sanatının Doğu'da yarattığı etkinin daha iyi anlaşılmasını sağlamışlardı.[47]

Mehmed Vahid sözü alanın Osmanlılarca sahiplenilişine getirirken Mehmed Şerif Efendi'nin tarlasında çalışan işçilerin bir kuyuya rastgelmesiyle ilgili unu-tulmaz olaydan söz ediyordu. Milo Venüsü'nün bir köylü tarafından bulunuşuna dair efsanevi öyküyle benzerlik kurarak, yerel yetkililerin 1887'de alanı kontrol altına almasından söz ediyordu; dört ay sonra da Osman Hamdi'nin kazıları baş-lamıştı. Mezarlığı betimliyor, hangi lahdin nerede bulunduğunu belirtiyor, farklı nesnelerin ortaya çıkarılış tarihlerini vererek verileri planlara ve kesitlere işliyordu (Verileri Osman Hamdi'nin ve Thédore Reinach'ın *Nécropole royale à Sidon*'u gibi çeşitli kaynaklardan almıştı; **RESİM 2.6**). Bilgiyi, nesnelerin kronolojisine göre MÖ 5. yüzyılın başlarından MÖ 4. yüzyılın sonlarına kadar giden beş aşamada özetleyen bir çizelge yapmıştı. Makalenin ilk bölümünün sonunda, araştırma sonuçları tar-tışılıyor ve varsayımlarda bulunuluyordu. Mehmed Vahid'in yoğunlaştığı nokta, lahitlerin bir askeri sefer sonucu ikinci elden mi edinildiğini yoksa özel olarak mı ısmarlandığını saptamaktı. Bu tezlerden ilki çok yaygındı. Mehmed Vahid buna karşı çıkıyor, nesnelerde herhangi bir yıpranma belirtisi görülmemesine dayanarak bunların özel siparişler olduğu sonucuna varıyordu. İddiasını lahitlerin sanatsal

---

47   [Mehmed] Vahid, "Müze-i Hümayun'da İskender Lahdi," *Darülfünun Edebiyat Fakültesi Mecmuası* 1, no. 2 (1925): 155–158.

olarak belirgin şekilde dört grupta toplanabilmesine dayandırıyordu: "Mısırlı", antropoid, teka (kutuya benzer, kapaklı) ve teka türü ama üzerinde kişisel bir tarif bulunmayan (İskender Lahdi bu dört gruptan sonuncusuna giriyordu). Kuramını somut kanıtlarla geliştiriyordu: "Mısırlı" lahitler bitmemişti, dolayısıyla yeniden dolaşıma sokulmaları söz konusu değildi ve İskender Lahdi'ndeki ince heykelsi ayrıntıların zor taşıma koşullarına dayanması mümkün değildi.[48]

Derginin sonraki sayısında yayımlanan makalenin devamı, tamamen İskender Lahdi'ne odaklanmıştı. Lahdin her bir cephe ve alınlığını fotoğraf kullanarak inceleyen yazar, sahnelere "Yunanlarla İranlılar arasında savaş" ile "aslan ve geyik avı" gibi başlıklar veriyor, hareketleri, kıyafetlerin ayrıntılarını ve yüzleri betimliyordu. Ana sorun şuydu: Olağandışı yetenekli bu sanatçı nereliydi? Atinalı mıydı yoksa Atinalı ustaların etkisiyle çalışan bir İyonyalı mı? "İkinci Attika" okuluna mı dahildi? Mehmed Vahid, klasik Yunan sanatının son dönemine tarihlediği bu lahdin benzerleri arasında bütün dünyada bulunabilecek en ince, en iyi işlenmiş sanat ürünü olarak öne çıktığını söylüyordu. Renklerin skalası geniş olmayabilirdi ama değerlerini ortaya çıkaracak ve beklenmedik sonuçlar yaratacak şekilde seçilmişlerdi. Kısacası, kabartmaların güzelliği ve mükemmelliği o kadar çekiciydi ki, insanın içinden onları nazikçe okşamak geliyordu.[49]

Bu makale, Türkçede Sayda lahitleriyle ilgili akademik çalışmalar arasında çığır açıcıydı. Yazar övgü tonunu düşük tutmuş ve döneminin sanat tarihi yazımında geçerli üslup kurallarına (kuru ve uzun betimlemeler) uymuştu. Kendisinden önceki biliminsanlarına referans vermiş, onların araştırma ve iddialarını sentezlemiş ve onlarla uyuştuğu veya uyuşmadığı noktaları belirtmişti. Anlatısına nesnelere ve bu nesnelerle ilgili söyleme olan aşinalığına dayanarak kişisel, kendinden emin sesini eklemişti. Makale, tarihsel bağlamına oturtulduğunda ve yazarının Darülfünun ve Sanayi-i Nefise Mektebi'ndeki hocalık kariyeri göz önüne alındığında, Osmanlı döneminden Türkiye Cumhuriyeti dönemine geçiş sırasında akademik bir konu olarak sanat tarihinin güzel sanatlar ve insani bilimler müfredatına girişine de işaret ediyordu.

Ortadoğu Antikitesinin Oryantalizmin Pençesine Düşmesi

Sayda lahitlerinin önemini kabul eden Avrupalı biliminsanları, aynı zamanda bunların Yunan sanatının saf ve hakiki örneklerinden ayıran bir süsleme sergilediğini

---

48   Agy., 158–169.

49   [Mehmed] Vahid, "Lahd-i İskender," *Darülfünun Edebiyat Fakültesi Mecmuası* 1, no. 3 (1925): 281–285.

öne sürdü. Dolayısıyla bu lahitler, antik sanat eserleri hiyerarşisinde yeterince yüksek bir düzeyde yer almayı hak etmiyor, Parthenon heykellerinin sakin güzelliğinin yanına bile yanaşamıyorlardı. Kompozisyonlarındaki "büyük özgürlük" karşısında gösterilen hayranlık, "dekadans"la eş tutulan "karışık" özellikleri konusundaki eleştirilerle dengelenmişti.[50] Théodore Reinach, İskender Lahdi konusunda sanat ve mimarlık tarihçilerinin çekincelerini "şatafatlı dekoru [...] gelecekteki dekadansın tohumlarını ve semptomlarını ilan ediyordu" diyerek özetliyordu.[51]

"Dekadans," 19. yüzyıl sonunda, "tarih" ya da daha doğrusu tarihsel değişimin "büyük anlatısı" konusunda kullanılan popüler ve esas olarak estetik alanına ait bir terimdi. Bu tarihselleştirici kavram, tıpkı "gerileme" gibi, başka dönemlerle bağlantılı olarak bir toplumun zamansal bağlamını tanımlıyordu.[52] 19. yüzyıl Avrupalı biliminsanları filolojik ve tarihsel okumalara dayanarak, Perikles dönemi Atina'sını (MÖ 5. yüzyıl), Yunan dehasının zirvesini bulduğu yer ve Yunan yaratıcılığının en yüksek aşaması, bütün diğer dönemleri değerlendirmeye yarayan bir denek taşı olarak görüyordu. Ayrıca, kendi dönemlerinin siyasal kaygılarına da cevap vermek amacıyla, bu düşünce tarzını sanatın gelişimi açısından ulusal sınırların çizilmesinde toplumsal ve iklimsel koşulların etkisine bağlıyorlardı.[53] Yüzyılın sonuna doğru geç dönem antikitesinin eserlerini incelemeye yönelen sanat tarihçileriyle birlikte bu eğilim değişmeye başlamıştı ama özellikle Ortadoğu'da "dekadan" terimi söylemdeki yerini koruyordu.

Josef Strzygowski'nin 1901'de *Orient oder Rom: Beiträge zur Geschichte der spätantiken und frühchristlichen Kunst* [Doğu ya da Roma: Geç Antik ve Erken Hıristiyan Sanatının Tarihine Katkılar] adlı eserinin yayımlanmasıyla birlikte sanat tarihi düşüncesinde önemli bir kayma meydana geldi. Strzygowski sanat tarihinin taraflı olarak geç antikiteyi Yunan-Roma geleneklerinden koparmasına karşı çıkıyor, sanatın sadece eserlere yoğunlaşılarak yorumlanması gerektiğini belirterek, dikkatini "Doğu"nun erken Hıristiyan ve Ortaçağ Avrupa sanatının temelleri üzerindeki etkisine çeviriyordu. Onun bu hipotezi "Doğu"daki yerleşimleri ön plana çıkararak sanat tarihi söyleminde önemli bir etki yarattı. Bir bütün olarak görülen Baalbek, Palmira ve "Ürdün'ün doğusundaki kentler", "kendilerine has

---

50 "The Sepulchral Chambers and the Sarcophagi of Sidon," *The British Architect* (29 Temmuz 1887): 94.

51 T. Reinach, "Les sarcophages de Sidon au Musée de Constantinople," 178–179.

52 Kavramla ilgili bir analiz için bkz. Neville Morley, "Decadence as a Theory of History," *New Literary History* 35, no. 4 (Sonbahar 2004): 573–585, özellikle 574–577.

53 Söylemin Almanya'da derinlemesine bir analizi için bkz. Marchand, *Down from Olympus*, özellikle 104–115.

özellikleriyle" ve "cömertçe barock (özgün metinde böyle) süslemeleriyle" tanımlandı. Bu yerlerin sanatı ve mimarisi, "kuşkusuz sanat tarihinde en geniş etkiye sahip" Roma sanatıyla ilişkileri nedeniyle yeni ve önemli bir sorunun ortaya çıkmasına yol açıyordu: "Burada kıpırdanan [...] Doğu'nun eski sanat gücü müydü?"[54] *Revue de deux mondes*'da yayımlanan bir yazı, Strzygowski'nin tavrını paylaşarak, "Helenleşmiş Arap hanedanları" tarafından kurulan Baalbek ve Palmira anıtlarında "Oryantalizme geri dönüşün" kaçınılmaz olduğunu belirtiyordu.[55] "Klasik Şark mimarisi"nin son temsilcileri olarak bu anıtlar "tuhaf büyüklükleri"yle yükseliyor, "Şark ruhunun idealleri"ne bağlanıyordu.[56] Böylece tartışma ırksal bir ton kazanmış, sömürgeciliğe özgü hiyerarşik düşüncenin izlerini taşımaya başlamış, vazgeçilmez ortakları Oryantalizm de onlara eklenmişti.

Müzelerin Birbirine Bağlı Dünyası

Sayda keşifleri Müze-i Hümayun'u uluslararası bilim haritasına eklemiş, eski eserlere ilişkin nizamnameler de müzenin üzerindeki dikkati artırmıştı. 19. yüzyıl sonunda dergiler İstanbul müzesiyle ilgili çok sayıda kısa makale ve haber yayımlayarak bazı nesneleri kısaca, bazılarını da ayrıntılarıyla tanıtmaya başlamışlardı. Bu literatüre ilişkin kısa bir tartışma, coğrafi olarak dağınık kurumların birbirine bağlı özelliği –Müze-i Hümayun'u da içine almak zorunda kalan bir sistem– konusunda genel bir fikir verir. Mülkiyet iddialarını ve kültürel hiyerarşileri bir kenara koyan bu müzeler birlikte ulusal sınırları aşan bir bilim ağı yaratacak şekilde işliyordu. Siyasal anlaşmazlıklar arkeoloji ve kültürel mirasın kökeninde vardı ama geçmişle ilgili bilgi de keşiflerle ve yayınlar aracılığıyla sınır tanımadan genişliyordu.

Müze-i Hümayun daha yeni binaları yapılmadan önce Avrupa dergilerinin sayfalarında boy göstermeye başladı. Tanınmış İngiliz asurolog ve dilbilimci Archibald Henry Sayce, 1879'da Henry Layard ve o zamanki müdür Philipp Déthier sayesinde müzeye yaptığı ziyaretten söz ediyordu. Henüz Çinili Köşk'e yeni taşınmış kasalarda bulunan artefaktlardan bazılarını incelemesine izin verilmişti; bunların arasında Bel Tapınağı'nın yapımını anlatan bir Babil yazıtı ile Kıbrıs ve Hisarlık'ta bulunmuş geniş birer koleksiyon vardı. Sayce, bunlardan Heinrich Schliemann tarafından bulunmuş olan sonuncusunun, South Kensington Müzesi'nin süslemelerinden üstün olduğunu belirtiyordu. Ancak, en ilgi çekici nesnelerin Darfur'da gün ışığına

---

54 Michaelis, *A Century of Archaeological Discoveries*, 282–283.

55 "L'art du moyen âge: Est-it d'origine orientale?," *Revue de deux mondes* 50, période 5, (1909/03–1909/04): 655, 658.

56 Eugène Guillaume, "Les ruines de Palmyre et leur récent explorateur," *Revue de deux mondes* 142, période 4 (1897/07, 1897/08): 395, 399.

çıkan bir dizi heykel olduğunu söyleyerek, "tuhaf ve barbarca bir sanat üslubu"na sahip, Meksika'yı hatırlatan bu eserlerdeki sahneleri betimliyordu.[57]

Salomon Reinach, Çinili Köşk'teki nesneler hakkında sıkça yazanlardan biriydi. Makalelerinde, tek tek nesneleri tartışırken farklı müzelerden biliminsanları arasında kurulan köprüleri yansıtıyordu. *American Journal of Archaeology* dergisinde 1885'te yazdığı bir yazıda, Midilli (Lesbos) Adası'nda bulunan ve "Artemis'i temsil ettiği" "güvenle söylenebilecek çekici figür"ün, Louvre'daki "Artemis-Praksiteles heykelleri" model alınarak çıkarılmış bir tanrıça heykelinin kopyasıyla karşılaştırılması gerektiğini söyledi. "Paris Artemis'i" ile İstanbul müzesindeki heykel arasındaki üslup benzerliği çarpıcıydı. Efsaneleşmiş orijinalleri kayıp olduğuna göre, Paris heykeline ilişkin akademik bilgi de eklenince, Çinili Köşk Artemis'i "çoktan kirece dönüşmüş bir 4. yüzyıl şaheseriyle ilgili tam değilse bile gerçek bir fikir" veriyordu.[58] Reinach'ın Çinili Köşk'teki iki mermer Medusa heykeliyle ilgili bir başka yazısı aynı dergide 1886'da yayımlandı. Bir madalyon şeklindeki ilk Medusa yazarın "Medusa tipi"nin evrimini izlemesini sağlıyordu; "bir dehşet ve keder simgesi"yken ("Roma'daki Ludovisi Medusa'sı"nda görüldüğü gibi), zamanla "grotesk çirkinlik"i ("Münih'teki Rondanini Medusa'sı" gibi) ortadan kalkmıştı. Münih'teki gibi İstanbul'daki Medusa da "düşmanlarının kanını dondurmuyor"du, "süsün durgun katılığı içinde kendi kanı donmuş gibi"ydi. Bu kez bir büst olan başka bir "İstanbul Medusa'sı", Napoli'deki müzede Farnese koleksiyonunda bulunan büste çarpıcı şekilde benziyordu.[59] Arkaik kabartmaların hepsinin Augustus ve Hadrianus dönemine (MÖ 1. yüzyıl-MS 2. yüzyıl) ait olmadığını ve Arkaik Yunan sanatıyla (MÖ yak. 700-480) üslup yönünden akraba olan "manyerizm"in çok daha erken bir tarihte ortaya çıktığını kanıtlamak isteyen Fransız arkeolog Paul Perdrizet, Tralleis'de (Aydın) bulunmuş, Müze-i Hümayun'daki üç kabartmayı tezine dayanak olarak gösteriyordu.[60]

Pennsylvania Üniversitesi Müzesi'nin yöneticileri Müze-i Hümayunla bağlantı kurarak, iki kurum arasındaki "dostane ilişkiler"i karşılıklı saygıya ve işbirliğine dayalı bilimsel bir ortaklık olarak tanımlamıştı. Hermann Hilprecht'in çiviyazısı konusundaki uzmanlığı işe yaramıştı. Müzenin *Bulletin*'i Hilprecht'in 1893-96

---

57 A.H. Sayce, "Letter from Constantinople," *The Academy* 16, no. 385, yeni dizi (20 Eylül 1879): 214.

58 Salomon Reinach, "Marble Statues of Artemis in the Museum at Constantinople," *American Journal of Archaeology* 1, no. 4 (Ekim 1885): 319, 321–322.

59 S. Reinach, "Marble Heads in Tchinly Kiosk Museum," 314–317.

60 Paul F. Perdrizet, "Archaistic Reliefs," *The Annual of the British School at Athens*, no. 11 (1896–1897): Seminars 156–157.

arasında Babil ve Hitit koleksiyonlarının bir kataloğunu hazırlamak için Müze-i Hümayun'da aylarca çalıştığını belirtiyordu; karşılık olarak Sultan, üniversite müzesine "Nippur'da çıkarılmış çok sayıda değerli antik eser" bağışlamış ve İstanbul müzesindeki çeşitli nesnelerin kopyalarını çıkarmalarına izin vermişti. Pennsylvania Üniversitesi Müzesi böylece Babil nesnelerinden oluşan çekirdek bir koleksiyon oluşturmuştu; şimdi de Osman Hamdi'nin müze koleksiyonlarına Hitit ve Fenike eserlerini katmak için harcadığı "övgüye değer çaba"dan yararlanmaktaydılar, çünkü Hilprecht'in yaptığı kopyalar Philadelphia'da verilecek eğitim açısından çok değer taşıyordu.

İki büyük Hitit sfenksi gelecekte açılacak olan Kutsal Kitap Odası'nın girişinde yer alacaktı. Bu arada 1895 ve 1896'da Nippur'da John Henry Haynes'in kazdığı "Babil uygarlığının erken döneminden kalma tabletler, çanaklar, çömlekler, sanat eserleri ve otuzdan fazla büyük, iyi korunmuş lahit" Osmanlı başkentine doğru yola çıkmıştı. Hilprecht bunları inceleyerek kataloglayacaktı. Hizmetlerine karşılık üniversite Nippur'daki kazı izninin yenileneceğini umut ediyordu.[61] Bir Mezopotamya tarihçisi Sultan'ın üniversite müzesine yaptığı bağışlardan söz ederken, bu "zarif" jestin Hilprecht'in Müze-i Hümayun adına yürüttüğü çalışmanın doğrudan karşılığı olduğunu, ancak aynı zamanda "eski eserleri dürüstçe İstanbul yetkililerine teslim eden" Pennsylvania Üniversitesi yetkililerinin benimsediği "saygın ve cömert tutumun" da bunda etkili olduğu sonucuna varmıştı.[62] Avrupalıların Osmanlılarla ilişkilerinde yürüttüğü alışılmış uygulama, burada satır aralarında okunabilirdi.

Aslında Amerikan operasyonları da her zaman "dürüst" yolu izlememişti. 1884-1886'da Wolfe'un Babil Seferi'ne öncülük eden William Hayes Ward daha karanlık bir tutum benimsemişti. Ward, Osmanlı hükümetinin kazmayı yasaklayan talimatlarına tümüyle uyduğunu öne sürmüş, ancak "Hıristiyan, Yahudi veya Müslüman, eski eser satışıyla ilgilendiğini duyduğu her insanla ilişkiye geçti"ğini de kabul etmişti. Böylece Hille ve Bağdat'taki kaçakçı şebekelerinden yararlanarak, "altın, kadıköytaşı (kalsedon), lacivertaşı (lapis lazuli) ve kilden oymalı ve yazılı küçük nesnelerden oluşma mükemmel bir koleksiyon" yapmış, bunlar Metropolitan Museum of Art'ta yerlerini almıştı. Yazar zaten British Museum'un yöntemini benimseyerek "Kazı fermanı beklemeden Asur ve Babil eski eserlerinden güzel bir koleksiyon yapmak mümkün" demişti. Amerikalılar ülkelerinde bilimi geliştirip özendirmeye yönelik bu tür koleksiyonlar oluşturmak için Avrupalılarla rekabet

---

61 "Babylonia," *Free Museum of Science and Art, Department of Archaeology and Palaeontology, University of Pennsylvania, Bulletin*, no. 1 (Mayıs 1897): 31–33.

62 Rogers, *A History of Babylonia and Assyria*, 243.

etmekte geç kalmış sayılmazdı.[63] Örneğin Pennsylvania Üniversitesi, Ward'ın tavsiyesini dinleyerek 1888 ve 1889'da "Arap Yahudisi" Joseph Shemtob'dan üç geniş koleksiyon satın almıştı. Shemtob, "Türk hükümetinin yetkisini tanımayan yerli Araplar"ın sürdürdüğü kazılardan yararlanan, tablet ticaretinde ün yapmış bir isimdi.[64] Ward bu silindir ve tabletleri ("küçük ve dikkati çekmeyen yazılı anıtlar"), bilim için temel belgeler olarak seçmiş, "büyük ve gösterişli levha ve boğalar"a tercih etmişti.[65]

Pennsylvania Üniversitesi, Osmanlı yetkilileriyle ilişkisini tutarlı bir şekilde bilgi kavramı etrafında tanımlıyordu. Nippur'daki ilk kazının başladığı sırada, Eadweard James Muybridge'in çektiği, hareket halindeki insan ve hayvanları gösteren fotoğraflardan oluşan bir albüm II. Abdülhamid'e üniversitenin bir armağanı olarak sunulmuştu (Fotoğraflar üniversitede öğrenciler ve Philadelphia Hayvanat Bahçesi'ndeki hayvanlar kullanılarak hazırlanmıştı). Fotoğrafa çok ilgi duyan II. Abdülhamid açısından bu çok uygun bir armağandı. Eşlik eden mektup, albümü "Batı'nın Doğu'ya olan borcu"na karşılık bir minnettarlık kanıtı olarak sunuyordu. Belge "çünkü" diye devam ediyordu, "Pennsylvania Üniversitesi, İyi Korunmuş Toprakların dünyanın yarattığı bilimin kökenlerini taşıdığını ve elinde tuttuğunu asla unutmayacaktır."[66] Buna karşılık Osmanlı yetkilileri de Pennsylvania Üniversitesi'yle ilişkilerinde bilime yapılan katkıyı vurgulayan bir dil paylaşıyordu. 1898'de Nippur kazısı izninin yenilendiği açıklanırken, hedefin "ulum ve fünuna hidmet etmek" ve "asar-ı atika taharri eylemek" olduğu belirtiliyordu. Ayrıca çalışmanın bir "heyet-i ilmiyye ve fenniye" tarafından yürütüleceği söyleniyor, aynı zamanda "her nev asar-ı atika zaten Müze-i Hümayun'a aid olacağından" diye hatırlatılıyordu.[67] Aynı yıl Maarif Nezareti'nin Bağdat'taki yetkililere yolladığı bir talimatta, Haynes'in ekipmanının gümrükten geçirilmesine izin verilmesi isteniyor, "bu hafriyatın faydasının Müze-i Hümayun'a aid olduğu" belirtiliyordu.[68] Birkaç yıl sonraki yeni bir yenileme izninde de, "müteaddid hafriyattan Müze-i Hümayun'un istifade ettiği" söylenerek iznin gerekçesi açıklanıyordu.[69] Sonuç olarak, eski eserlerle ilgili bilgi üretimi bütün müzelerin işine yarayan ortak bir girişimdi.

---

63 Ward, *Report on the Wolfe Expedition*, 31–33.

64 Harper, "Introduction," xxiv.

65 Ward, *Report on the Wolfe Expedition*, 6–7.

66 BOA, İ.HR 310–19769 (29 Şubat 1305/9 Temmuz 1888). Bu belge, İngilizce orijinalin Babıâli Tercüme Odası tarafından yapılmış çevirisidir.

67 BOA, BEO 1083–81176 (13 Şubat 1313/26 Şubat 1898).

68 BOA, MF.MKT 429–8 (8 Şaban 1316/22 Aralık 1898).

69 BOA, DH.MKT 803–71 (1 Kanunievvel 1319/14 Aralık 1903).

ÜÇÜNCÜ BÖLÜM

Müze-i Hümayun ve Ziyaretçileri

Romanlardaki Müzeler

Üç klasik romanda yer aldıkları şekliyle üç kentteki üç müzeye karşılaştırmalı bir şekilde bakmak, söz konusu müzelerin bu kentlerde kamusal alan olarak işgal ettikleri yeri, bireyler tarafından ne derece kabul edildiklerini ve ne tür ziyaretçileri çektiklerini anlamak için bir giriş denemesi olabilir. Louvre, Metropolitan ve Müze-i Hümayun edebiyatta unutulmayacak bir yere sahiptir ve her biri özellikleriyle ilgili bazı noktaları bu sayfalarda ele verir. Paris, New York ve İstanbul'da geçen üç roman, zamanın yarattığı mesafenin de yardımıyla, müzelerin seslendiği kitlelere anlamlı ve ender bulunacak bir bakış sağlar.

Émile Zola, *Meyhane* adlı romanında (1877) birkaç sayfayı Louvre'a ayırmıştır. Çamaşırcı Gervaise ile içkiye düşkün Coupeau'nun düğün yemeğinden sonraki boş saatleri doldurmak için kendini birden müzede bulan bir işçi kafilesini takip eden Zola'nın anlatısı acımasızca alaycıdır. Düğün ekibi Asur galerilerini o kadar soğuk bulur ki, şarap mahzenlerine benzetir; "ölü suratlı yarısı kedi yarısı kadın acayip yaratıklar"a ve Yunan-Roma koleksiyonlarındaki "sayısız kırık çömlek ve yıpranmış çirkin şekilli büstler"e dudak bükerler. Fransız galerisinde resim çerçevelerindeki altın süslemeler ve Apollon galerisindeki "ayna gibi parlak parke döşeme" de dikkatlerini çeker. Salon Carré'deki Mona Lisa, Coupeau'ya teyzelerinden birini hatırlatır; İtalyan ve Felemenk okullarının resimleri, "insan ve eşya curcunası" ve "çarpıcı renklerin bir araya gelişi "baş[larını] ağrıtmaya" başlar. Zola, "afallamış cehaletlerinin önünde sanat yüzyılları geçtikçe" bu kültürsüz ve kalabalık grubun ziyaretinin, onlara "şaşkınlıkla" bakan eğitimli ziyaretçiler için bir gösteriye dönüştüğü yorumunu yapar.[1]

Edith Wharton'ın romanı *Masumiyet Çağı*'nda (1920), 1870'lerde New York sosyetesinin yarattığı hapishanede birbirine umutsuzca âşık olan Ellen Olenska ve Newland Archer baş başa kalabilmek için "Park'taki Sanat Müzesi"ne gider.

---

1   Zola, *L'assommoir*, 86–90 [*Meyhane*, 112-115].

Burada, "Metropolitan Museum olarak bilinen dökme demir ve çiniden mütevellit bu tuhaf ve ıssız yerin ana galerilerini dolduran popüler 'Wolfe koleksiyonu'nun hikâyeler anlatan tabloları"ndan kaçarak "kimsesiz yalnızlığı içinde çürüyüp giden 'Cesnola eski eserleri'nin bulunduğu oda"ya geçerler. "Kendi içlerine döndükleri bu melankoliyle" cam vitrinlere bakarlar ve Archer şöyle der: "Herhalde bir gün büyük bir müze olacak." Son bölümde Archer, "yeni galerilerde verilen büyük resmi resepsiyon için" yine Metropolitan'a gider. Geçmişe doğru bir yolculuk yaparak "eski müzenin yarısı boş görüntüleri"ni bugünün "çağların ganimetleriyle dolup taşan, son moda kalabalığın bilimsel olarak kataloglanmış hazineler arasında dolaştığı geniş alanların manzarası"yla karşılaştırır.[2]

Kemal Tahir'in *Esir Şehrin İnsanları* romanının kahramanı Kâmil Bey, Avrupa kültürüne hâkim, bilgili bir adamdır. Yıllarca Avrupa beşkentlerinde yaşadıktan sonra Birinci Dünya Savaşı'nın ardından yabancı işgali altındaki İstanbul'a geri dönerek Kemalist mücadeleye bağlı bir gazeteye katılır. Ciddi bir kişisel ve siyasi krizin pençesinde olduğu bir anda, kendini Müze-i Hümayun'a atar. Avrupa'dayken de ne zaman ciddi bir sorunla karşılaşsa aynı sığınağa başvurduğunu hatırlar. Müzeler onun bunalımlı ruh haline iyi gelmektedir:

> İyi tanıdığı, çoğunu yakın dostu saydığı heykelleri uzun uzun seyre daldı. Bu suretle çaresizliğini biraz unuttu. Müzeden çıktığı zaman yüreği temizlenmiş, güçlenmişti [...] Hep müzedeki mermer insanları düşünerek, onların bir şey söylemeden, bir hareket yapmadan bizi bazen nasıl kolayca teselli ettiklerine şaşarak yolu bitirdi.[3]

Bu romanlardaki iki yeni müzenin, yani Metropolitan ve Müze-i Hümayun'un, büyük kitleleri daha eski olan Louvre kadar çok çekmediği görülüyor; bu iki müze daha ziyade Avrupa sanatını ve kültürünü derinlemesine bilen karakterler için güvenli bir sığınak işlevi görüyor. Yine de, Wharton'ın romanında belirtildiği gibi Metropolitan'ın Wolfe koleksiyonunun bulunduğu popüler bir bölümü vardır. Archer'ın müzenin geleceğiyle ilgili yorumları, Wharton'ın yarım yüzyıl sonrası hakkındaki bilgisi aracılığıyla, halkın kuruma olan güvenini gösteren ifadelerdir; nitekim bu öngörüler romanın sonunda gerçekleşir. Kâmil Bey'in Müze-i Hümayun'a uğrayışı, kahramanın kimse ona karışmadan heykellerle ilişki kurduğu bir yalnızlık ortamını yansıtır. Kâmil Bey karakteri, otuz yıl önce Osman Hamdi'nin çevresindeki uluslararası akademisyen ve entelektüel topluluğunda kendini tamamen rahat hissedecek son dönem Osmanlı entelektüelidir. Bu nedenle eski eserler arasında teselli araması şaşırtıcı değildir. Ancak yine de dolaştığı alanlar durağan

---

2   Wharton, *The Age of Innocence*, 308–309, 344 [*Masumiyet Çağı*].

3   Kemal Tahir, *Esir Şehrin İnsanları*, 292.

ve melankoliktir. Wharton'ın Metropolitan, Kemal Tahir'in Müze-i Hümayun sahnelerine karşılık, Zola'nın Louvre'daki kaba kalabalığı, kurumun arka sokaklar da dahil olmak üzere kentte canlı bir varlığının olduğuna işaret eder. Üstelik yazar, düğün kalabalığının girdiği galerileri, Gervaise ile Coupeau'nun kural tanımayan dostlarının cahil tepkilerine hayretle bakan, sanatı bilen ve anlayan insanlarla dolu olarak anlatmıştır. Bu bölümler üç müzenin geleceğiyle ilgili önemli öngörülerde bulunur. Louvre büyümeye ve değişmeye devam eder; Metropolitan alçakgönüllü başlangıcına rağmen büyük bir müze haline dönüşür; Müze-i Hümayun ise ta-sarlandığı haline göre fazla değişmez, ilk çekirdek koleksiyonu hâlâ başlıca çekim merkezidir. Louvre ve Metropolitan, Paris ve New York'un en çekici noktaların-dandır, ama Müze-i Hümayun ya da bugünkü adıyla İstanbul Arkeoloji Müzeleri günümüzde ne yabancı turistler ne de yerliler açısından İstanbul'un en çok gezilen müzeleri arasındadır.

Batılı Ziyaretçiler: Gezi Notları, Rehberler ve Kataloglar

Balaylarını Ortadoğu'da gezerek geçiren Amerikalı bir çiftin 1906'da bir araya getirdiği iki fotoğraf albümü, alışılmış turistik güzergâhı izliyordu: Mısır antik dönemine ait anıtlar; Nil'de bir yolculuk; Kahire, İstanbul ve İzmir'in, ayrıca yolların, limanların, en önemli tarihsel ve çağdaş binaların, halkın, hatta Osmanlı başkentindeki kötü şöhretli sokak köpeklerinin görüntüleri. Tanınmış fotoğrafçılar Antonio Beato ve Félix Bonfils'in çektiği fotoğraflar, Müze-i Hümayun'dan da beş karenin dahil olduğu tanıdık görüntüler sunuyordu. Bu beş fotoğraftan biri Ağlayan Kadınlar Lahdi'ne, diğer dördü de İskender Lahdi'ne aitti.[4] Bunların albüme girişi Müze-i Hümayun'un, özellikle de Sayda lahitlerinin seyyahların güzergâhına dahil edildiğine dair bir göstergeydi. Ayrıca yabancı kadınların burayı ziyaret ettiğine ilişkin bir ipucuydu.

Müze-i Hümayun'a yönelik gittikçe artan akademik ilgiye paralel olarak, eği-timli yabancıların da en azından ünlü lahitleri merak etmesi mantıklıydı. Ancak bunlar, İstanbul'un "büyük tur" güzergâhında gittikçe daha çok yer almalarına rağmen yine de az sayıdaydı. Kentin çeşitli alanları yerlilerin meraklı bakışları altında her tür turistle doluydu. Bir gözlemci, İstanbul'da bir antika mağazasının önündeki küçük bir kadın grubundan söz ediyordu: "Turist oldukları davranış ve kıyafetlerinden, özellikle de etraflarındaki çevirmenlerden anlaşılıyordu."[5] Hiciv

---

4   "Album of Egyptian and Turkish photographs, assembled by Rudolf H. and Lulu Re-inhart in 1906 on their wedding trip," The Metropolitan Museum, Thomas J. Watson Library, 2 cilt.

5   "Seyyah Tercümanları ve Antikacılar," *Servet-i Fünun* 32, no. 811 (26 Teşrinievvel 1322/8 Kasım 1906): 67.

tarzındaki bir şiir, turistlerin gezdiği yerleri listeliyordu; listede pazarlar, meydanlar, limanlar, köprüler, kahveler, "kertenkelelerin yaşadığı eski surlar", "bütün delikler ve bütün pazarlar", dikilitaşlar, Atmeydanı –kısacası, bütün eski anıtlar, tarihin kalıntıları, popüler yerler, ayrıca "güzel yelekleriyle hamallarımız", "şanlı itfaiyecilerimiz", "sokak köpekleri ve dilenciler"– vardı. "New York ve Bremen gibi en uzak yerlerden, belki de Mars'tan gelmiş" olan bu turistler:

> Yolda kaybolmasınlar diye
> Rehberin elinin bir işaretiyle
> Koyun gibi toplanır
> Her adımda sayılır.[6]

Fransızca olan şiir, büyük ihtimalle turistlerin kendilerine ve Fransızca konuşan yerel kesimlere sesleniyordu.

Théodore Reinach, Müze-i Hümayun'daki Sayda lahitlerini tanıttığı akademik yazısına, İstanbul'a gelip egzotik yerler arayan sıradan turistlere yönelik bir uyarıyla başlıyordu. Onlara müzeyi gezmelerini öneriyordu. Çinili Köşk kendi başına bir mimari mücevherdi, "içinde her şeyden bir parça var"dı (on y trouve on peu tous) ama gerçek hazine yeni binadaki lahitlerdi.[7]

1894'te yaptığı gezinin notlarını üç yıl sonra *Letters from Constantinople by Mrs. Max Müller* [*Ondokuzuncu Asır Biterken İstanbul'un Saltanatlı Günleri*, 2010] başlığıyla yayımlayan Georgina Adelaide Müller, "Müze ve Sayda Lahitleri"ne bir bölüm ayırmıştı. İstanbul'daki Büyük Britanya Elçiliği'nin kâtibi olan oğlunu ziyaret etmek için İstanbul'a gelen Müller, Müze-i Hümayun'a eğitimli bir rehber olan Sadık Bey'le gitmişti. Müzenin "son zamanlarda daha geniş bir kitleye açılan" parçaları arasında, bir benzeri bulunmayan lahit koleksiyonuna hayran kalmıştı. Orada tanıştığı az sayıda ziyaretçinin "Avrupa'nın çeşitli yerlerinden gelmiş ciddi öğrenciler" olduğunu belirterek, zaman içinde lahitlerin "tıpkı Parthenon mermerlerinin pek çok insanı British Museum'a, Milo Venüsü'nün de yüzlerce hayranını Louvre'a çektiği gibi, çok sayıda akıllı ziyaretçi için güçlü bir cazibe noktası" oluşturacağını tahmin etmişti.[8] Ayrı bir yayında oğlu Max Müller, aynı şekilde pek çok yabancı ziyaretçinin şehirden yeni "Antikite Müzesi"nin adını bile duymadan ayrılmasından ve gezi rehberlerinin bile "şimdilik" buranın "hazine"lerinden çok az

---

6   "Les Touristes," *Kalem*, no. 28 (24 Şubat 1324/27 Şubat 1909): 14–15. Hiciv tarzındaki şiir Fransızca'ydı. Bremen kelimesinin seçilmesinin nedeni, "Brême" ile "carême" kelimelerinin bir önceki dizenin sonunda kafiye oluşturmasıydı.

7   T. Reinach, "Les sarcophages de Sidon au Musée de Constantinople," 89–90.

8   G. Müller, *Letters from Constantinople*, 131–132, 135.

söz etmesinden yakınıyordu.[9] Bayan Müller'in kitabında basılan on iki fotoğraftan ikisi müzedendi: Doğal olarak bunlar İskender ve Ağlayan Kadınlar lahitleriydi. Gerçekten de bu iki parçayla ilgili övgü bütün gezi edebiyatını kaplıyor, akademik dilden popüler dile dönüşerek birbirini tekrarlayan, tahmin edilebilir pasajlara yansıyordu.

Müze-i Hümayun, semazenler ve sokak köpekleri kadar turist çekmemiş olabilir ama gezi yazılarında çokça karşımıza çıkar. Örneğin Fransız bir seyyah, yeni yapı inşa edilmeden önceki izlenimlerini yazmıştı. Çinili Köşk, selvi ve çınar ağaçlarıyla dolu geniş bir bahçenin ortasında "sevimli bir Mağribi köşk"tü. "Zeki bir vatansever, gerçek sanat zevkine sahip, aydın ve bilgili bir amatör olan Müslüman Hamdi"nin girişimi sayesinde müze önemli antik heykel, lahit ve mezartaşları barındırıyordu; en etkileyici koleksiyonu da Schliemann'ın bulduğu nesnelerden oluşuyordu. Seyyah "yine de" diye ekliyordu, yabancılar buranın tek ziyaretçileriydi, çünkü Osmanlı İmparatorluğu'nda sanat eğitimi yoktu ve "yerli" ziyaretçiler çok ender görülüyordu. Seyyah, müzenin "diğer başkentlerdeki müzelerle yarışacak iddiaya hatta buna dair uzak bir umuda bile sahip olamayacağı" sonucuna varmıştı.[10]

William Holden Hutton'a göre, "dünyadaki en güzellerinden biri" ve uygarlıkların karşılaşma noktası olmasına rağmen, Müze-i Hümayun hak ettiği kadar tanınmış değildi:

> Henüz yarısı bile bilinmediğinden ve gerektiği gibi çalışılmadığından hazineleri odalara ve bahçelere dağılmış olan müze, büyük kentin sonsuz ilgi alanlarını, Doğu'nun ve Batı'nın her dönemiyle bağlantılarını hak ettiği şekilde temsil edebilir […]

Hotten, bütün koleksiyonun dikkat çekici olmasına rağmen, "harika" lahit grubunun "dünyadaki örneklerinden üstün" olduğunu iddia ediyordu. İzmir yakınlarındaki Klazomene'de bulunmuş üç terrakotta örneği, Louvre'daki iki örnek dışında "arkaik dönemden kalma tek eksiksiz anıt"tı. "Eşsiz bir Ağlayan Kadınlar dizisi" ve "muhteşem 'İskender Lahdi'… [tek başına] İstanbul'u ziyaret etmeye değer"di.[11]

Robert Kolej'de öğretmenlik yapan Edwin Augustus Grosvenor, Osmanlı başkentine öylesine gelmiş bir seyyah değildi. İstanbul'la ilgili iki ciltlik monografisi, şehrin fiziksel uzaklığı ve tarihsel katmanlarının karmaşıklığıyla olduğu kadar

---

9   F.M. Müller, "The New Museum and the Sidon Sarcophagi," *New Review*, v. X, no. 56 (Ocak 1894), 18, 20.

10   Bourquelot, *Promenades en Égypte*, 366–367.

11   Hutton, *Constantinople*, 334–336.

"ırk, dil, gelenek ve inanç çeşitliliği" nedeniyle de "bir gizem ve ayrılık örtüsü"yle kapanan "Batılı göz"ün sakıncalarından dert yanarak başlıyordu. Yazar "şehirde oturan bir yabancının burayı anlamasının zor, gelip giden bir yabancı veya turistin anlamasınınsa tamamen imkânsız" olduğunu kabul ediyordu; kendisi "sürekli değişen kentin hayatı"na girmek ve tarihini öğrenmek ayrıcalığına sahip olmuştu. Bu "değerli" ayrıcalıktan yararlanarak, "yalnız [...] dar bir okur kitlesi için değil, herkes için bir kitap" yazmaya karar vermişti.[12] Kitap, yeni binanın dışını gösteren tam sayfa fotoğrafı ile Ağlayan Kadınlar Lahdi'nin iki ve İskender Lahdi'nin dört fotoğrafıyla süslü Müze-i Hümayun üzerine bir bölümle sona eriyordu. Fotoğraf ve sözlerin anıtların gerçek duygusunu iletmeyi başaramadığını ifade eden bir uyarı, görsel ve sözel anlatımın okurlara "orijinalin farklı ve tanrısal güzelliğinin ancak gölgesini sunabildi"ğini belirtiyordu. İnsanın "kendinden geçtiği ve soluğunun kesildiği [bu] iki" lahdi duygusal açıdan ayırıyor, lahitlerin "sanat öğrencisi, sanat âşığı, ideal mükemmelliğin kaynağından içmek isteyen herkes" için bir hac ziyareti yapmaya değer olduklarını ekliyordu. Grosvenor müzenin tarihini vererek "Son yıllarda harika bir şekilde yayıldı" diyordu. Asur ve Mısır; Yunan ve Yunan-Roma heykelleri; Kıbrıs; Bizans ve Ortaçağ; tunç ve mücevherler; terrakotta ve camla birlikte çini ve yazıtlara ayrılmış yedi ana bölümü sayıyordu. Ayrıca, Bizans ve Ortaçağ nesnelerinin "dağınıklığına ve fazla sanatsal değer taşımamasına" rağmen, Kıbrıs koleksiyonunun New York'takiyle rahatlıkla rekabet edebileceğini ve bütün diğerlerinden üstün olduğunu öne sürüyordu. Heykellerle süslü alt kabartmalar konusunda "Belki de başka hiçbir müzede buradakine eşit sayıda örnek yoktur" diyordu. Sayda lahitleri müzedeki diğer her şeyi gölgede bırakıyordu; bunların bulunuşu "eski sanat tarihinde bir çağ" açmıştı.[13]

Müze-i Hümayun'u dünyadaki en önemli sanat koleksiyonlarıyla aynı düzeye yerleştiren bir başka ziyaretçi, müzenin Osmanlı başkentinde "sanat için yeni bir dönem" açtığını iddia etmiş, Osman Hamdi'nin yalnızca bilime büyük hizmet etmekle kalmayıp, "yerli"leri Sanayi-i Nefise Mektebi'nde resim ve heykel okumaya teşvik ettiğini, böylece "İslami" sanatsal davranışta, yani canlıları temsil etmemeye dayalı yüzyıllardır süren eski anlayışta değişimi başlattığını belirtmişti. Bu tezatlar şehrine gelen yabancı ziyaretçiler "eski ve hakiki Ari sanat eserleri"nin "İslamiyetin ruhuna tamamen aykırı", "belirgin biçimde Avrupai" bir kurumda sergilendiği galerilerde dolaşmaktan "müthiş keyif" almaktaydı. Bunlar, "görkemlerine rağmen [turistleri] bitap düşüren camilerin yeknesaklığı"ndan kurtararak "dinlendiriyordu". Yazar müzedeki nesneleri kişisel, çekici sözlerle tanımlıyordu:

---

12 Grosvenor, *Constantinople*, 1:vii.

13 Agy., 2:772–786.

Apollon'un gövdesi "doğadan daha büyüktü"; Kibele'yi temsil eden Fenike heykeli bir aslanı "okşuyordu"; İskender Lahdi'nin zengin ama narin heykellerinde temsil edilen kişiler "mermerden fırlayıp çıkacakmış gibi gözüküyordu", öyle ki insan "ruhlarının duyguları" ve "onları harekete geçiren tutkuları" hissedebiliyordu.[14] *Villes d'Art Célèbres* [Ünlü Sanat Kentleri] dizisinden basılan kitapta müzeden sekiz fotoğraf vardı: İskender Lahdi'nin dört, Ağlayan Kadınlar'ın üç ve Çinili Köşk'teki galeriden Herakles heykelinin bir fotoğrafı.

Bazı anlatılardaysa Müze-i Hümayun'dan kısaca söz ediliyordu. Lord Ronald Sutherland Gower "anılar"ında, İstanbul'u ziyaretinden söz ederken müzeden başka hiçbir yeri belirtmemişti. Gelir gelmez "müzeyi ziyaret etmek için zaman kaybetmedi"ğini belirten Lord Gower, Osman Hamdi'nin kendisini kibarca karşıladığını anlatıyordu; Osman Hamdi yeni yapılan müzeye yerleştirilen, Sayda'dan çıkarılmış "harika arkeolojik buluntular"ı, gün ışığına maruz kalmalarından korktuğundan sadece birkaç dakikalığına göstermişti. Lord Gower canlı renklere hayran kalmıştı. "Ünlü lahitler"den dördünün "muhtemelen var olanların en güzelleri" olduğunu, birindeki dövüş sahnesinin Leonardo da Vinci'nin *Sancak İçin Çarpışma*'sını (Anghiari Savaşı) hatırlattığını yazmıştı.[15] Ancak İstanbul üzerine çok okunan birçok kitap müzeden hiç söz etmiyordu; örneğin Paul Eudel'in gezi günlükleri, Frances Elliot'un *Diary of an Idle Woman in Constantinople* [Konstantinopolis'te Avare Bir Kadının Güncesi] adıyla yayımlanan günlüğü, Çinili Köşk'ün bir resmini yayımlayarak bu yapının bir "Hazine" olduğunu söyleyen John Stoddard'ın *Lectures* [Konuşmalar], Harry Griswold Dwight'ın *Constantinople, Old and New* [Konstantinopolis, Eski ve Yeni] adlı kitapları, en şaşırtıcısı da, Robert Kolej öğretmenlerinden Alexander Van Millingen'in kent tarihiyle ilgili, Osmanlı öncesi döneme vurgu yapan resimli derlemesi *Constantinople* bunlar arasındaydı.[16]

Bayan Müller, mektuplarında gezi rehberlerinin bile müzenin "harika hazineleri"nden fazla söz etmemesinden yakınıyordu.[17] Onun gözlemi yeni binaların açılışından öncesine aitti. Böyle bir rehber, on iki günlük bir turistik güzergâh planlarken Çinili Köşk Müzesi'ni ikinci güne koymuş, binanın mimarisini överek içindeki nesnelerin "çoğunlukla gayet yüksek bir sanatsal ve arkeolojik değere sahip"

---

14   Barth, *Constantinople*, 164, 165, 174.

15   Gower, *Records and Reminiscences*, 474–475.

16   Paul Eudel, *Constantinople, Smyrne et Athènes: Journal de voyage* (1885); Frances Elliot, *Diary of an Idle Woman in Constantinople* (1893); John Lawson Stoddard, *John L. Stoddard's Lectures* (1897); Alexander Van Millingen, *Constantinople* (1906); Harry Griswold Dwight, *Constantinople, Old and New* (1915). Bu liste kolaylıkla uzatılabilir.

17   G. Müller, *Letters from Constantinople*, 131–132.

olduğunu belirtmekle yetinmişti; bu eserlerin birkaçından söz ederek, ziyaretçiyi altı yüzden fazla nesnenin yer aldığı müze kataloğuna yöneltmişti.[18]

Yeni binaların yapılmasının ardından rehber kitaplar İstanbul'un başlıca turistik cazibe noktaları arasına Müze-i Hümayun'u da katmaya başladı. Müzeyi ziyaret eden yabancılarla ilgili veriler az olduğundan, bu yayınlar yakalayamadığımız bu grubun bazı özelliklerini tanımlamakta dolaylı bir kaynak oluşturur. Örneğin, bazı parçalara diğerlerine göre öncelik verilmesi; eserlerin betimlenme biçimleri ve başka müzelerdeki sanat eserleriyle biçimsel, estetik ve tarihsel ilişkileri; ayrıca ziyaretçilerin koleksiyonları görme sıklığı yorum yapılabilmesini sağlar ve bu kişilerin beklentileri, kökenleri, eğitim düzeyleri, hassasiyetleri, hatta duygusal eğilimleri konusunda ipuçları verir. Dolayısıyla rehber kitaplar geniş resmin parçalarını boyamamızı sağlayan bir başka parçalı belge bütünüdür.

Osmanlı başkentiyle ilgili, 1892'de basılmış ilk kapsamlı rehber kitaplardan biri (önceki bir baskı 1886 tarihliydi), yeni binaya odaklanıyor ve *galerie* olarak söz ettiği bu binanın Müze-i Hümayun'un "en ilginç bölümü" olduğunu söylüyor, Çinili Köşk'ü geçiştirerek sadece barındırdığı eserlerin listesini vermekle yetiniyordu. *Galerie*'de sergilenen anıtlar, yani Sayda lahitleri, "Avrupa'daki en zengin galerilerin imrendiği" eserlerdi. Fransız arkeolog Georges Perrot'dan alıntı yapan rehber kitap, lahitleri ziyaretçilere iki grup halinde tanıtıyordu: Mısır özellikleri taşıyan antropoidler ve Helenistik özellikler taşıyan, Paris mermerinden yapılma olanlar. Kullanılan dil çoğunlukla duygulara sesleniyordu. Örneğin Ağlayan Kadınlar Lahdi "Yunan heykelciliğinin evriminde bir yenilik"ti, çünkü "son derece canlı ve dokunaklı"ydı. Kıbrıs'ta bulunan ve müzenin başlıca eserleri arasında parlayan, Avrupa koleksiyonlarında bir eşi daha olmayan Herakles heykeli "neredeyse itici bir çirkinlik"e sahipti.[19] Aynı rehberin 1912 baskısı daha düzgün ve sistematik bilgiler veriyordu. Müze-i Hümayun'u iki ayrı bina, yani Çinili Köşk ve müzenin kendisi olarak tarif eden kitap, ek kanatların tamamlanmasından sonra U şeklindeki büyük bir binaya dönüşen "müze"nin iki katının planlarını, ayrıca alt ve üst katlardaki koleksiyonların bir listesini veriyor, ardından oda oda nesneleri açıklayan notlarla devam ediyordu. Kullanılan dil, Ağlayan Kadınlar'ın betimlenmesinde görüldüğü gibi sakin, yansız bir dildi: Heykeller "Yunan cenaze heykellerinin iyi bilinen bir motifi olarak kederli bir ifade taşıyan, kumaşlara bürünmüş kadınları" gösteriyordu.[20]

18   Godins de Souhesmes, *Guide to Constantinople and Its Environs*, 76.

19   Roussé, *De Paris à Constantinople*, 260–267.

20   Montmarché, *De Paris à Constantinople*, 36–317.

Demetrius Coufopoulos'un *Guide to Constantinople* [Konstantinopolis Rehberi] (1895) adlı kitabı, "uzmanlaşmış öğrenci" için değil "sıradan gezgin" için kaleme alınmıştı; kitap 1850'lerden itibaren kısa bir tarihini verdiği Müze-i Hümayun'un son on yılda kazandığı önemi vurguluyor ve yorum yapmaksızın, ayrıntılı olarak Çinili Köşk dahil her odada bulunan nesneleri tanıtıyordu.[21] Beklendiği gibi, Coufopoulos "Fenike'de gün ışığına çıkarılmış eski anıtlardan oluşan eşsiz koleksiyon"dan söz ediyordu. Osman Hamdi'nin Sayda'daki iki kazısına değinerek, birbirine bağlı iki tümülüsten çıkarılan bulguları sıralıyor ve üslup özelliklerini açıklıyordu: Antropoid lahitler "Fenike ve Mısır kökenli"ydi, "İskender'e ait olduğu söylenen lahitle ona benzer daha küçük diğer üç lahit ise Attika atölyesinden çıkmış"tı, bir başkası "tipik Likya sanatı"ydı, Satrap Lahdi, İstmiyan okuluna aitti ve Ağlayan Kadınlar da bir Atinalı sanatçının eserine benziyordu. Yazae, çeşitli etkilere ve bunların sonucu olarak müzedeki Fenike eserleri arasında görülen biçimsel farklılıklara dayanarak, "Bir Fenike ulusal sanat uslübu"nun var olmadığı sonucuna varıyordu.[22]

Avrupa yayın dünyasında bir tür olarak rehber kitap, aynı zamanda geziler de düzenleyen iki yayıncılık şirketiyle kurumsallaştı: Bunlardan biri İngiltere'deki Murray's (1830'larda başlamıştı ve bu nedenle Avrupa'daki ilk tren yolculuklarına denk geliyordu), diğeri de Almanya'daki Baedeker'di (başlangıcı 1850'lere dayanıyordu). *Murray's Handbooks for Travellers* [Murray'in Gezginler için Elkitabı] adlı rehber kitaplara okurlar kapağı nedeniyle "Kırmızı Elkitapları" adını takmıştı; bunlar güvenilir "kılavuz, filozof ve dost"lar olarak popülerlik kazandı. Murray'in ilk on yılı Avrupa'ya ("Kıta"), ayrıca bir dereceye kadar Yunanistan, Türkiye ve Mısır'a odaklanmıştı; öyle ki 1855'te bir gezgin, kitabın kapsadığı alanların yayılışını fetihlere benzetmişti: "Murray rehber kitapları artık kıtanın neredeyse tamamını kapsıyor ve Avrupa'nın büyük güçlerinden birini oluşturuyor. Napoléon'dan beri kimsenin imparatorluğu bu kadar yayılmamıştı."[23] Baedeker, Murray'in izinden gitti ve ona olan borcunu açıkça ifade etmekten kaçınmadı.[24] Ancak Murray'in tersine Baedeker ilk yirmi yılında yalnızca Avrupa ülkelerini kapsıyordu. 1870'lerde Yunanistan, Filistin ve Suriye'ye döndü, 1905'te İstanbul üzerine bir kitap yayımladı, bunun ikinci baskısı 1914'te çıktı. Osmanlı başkenti bu kitaplarla saygın ve popüler rehber dizilerine girmiş oldu. Her ikisinde de Müze-i Hümayun başlıca duraklardan biri olarak yer alıyordu.

---

21 Coufopoulos, *A Guide to Constantinople*, 88–90, 93–113.

22 Agy., 91–92.

23 G.S. Hillard, Gretton'un kitabının giriş bölümünden alıntıdır: Gretton, *A Guide to the Microfiche Edition of Murray's Handbooks for Travellers*, viii–ix.

24 Agy., ix.

Bursa ve Troas'a (Biga Yarımadası) ek olarak İstanbul'a da geniş yer ayıran Murray Elkitabı'nın 1900 baskısı, Müze-i Hümayun'u tanıtmaya başlarken, yapının kısa bir tarihini veriyor ve Çinili Köşk'ün mimarisini anlatıyordu, köşkü "İstanbul'daki Türk yapılarının en eskileri" arasına yerleştiriyor, binanın kendisini de görülmesi gereken bir anıta dönüştürüyordu. Bir plan, ziyaretçilerin koleksiyonların yerini bulmasına yardımcı oluyor ve eserlerle ilgili kısa açıklamalar sunuyordu. "Dünyadaki en ilgi çekici koleksiyonlardan biri"ni, yani Sayda lahitlerini barındıran yeni müze, bir galeriden diğerine geçilerek müzeler için oluşturulmuş formata göre anlatılıyordu. İki katlı binanın zemin katı, bir giriş holünün ayırdığı iki odadan oluşuyordu; üst katta ise üç oda vardı. Zemin kattaki salonların planına metin eşlik ediyordu, turistlerin çoğunu çekecek seçilmiş eserler metindeki betimlemelere denk gelecek şekilde numaralandırılmıştı. Bunların arasında en çok birinci salonda bulunan Satrap ve Ağlayan Kadınlar lahitleriyle ilgili ayrıntı vardı, bunun nedeni yüzeylerinde hâlâ kalmış olan boya ve ikincisinde heykeltıraşın taşa aktardığı "derin keder" ve "yürek parçalayan yas" duygusuydu. İkinci odanın şaheseri doğal olarak İskender Lahdi'ydi; bu eser "bütün parçaları arasındaki mükemmel uyum; güzel renkleri; mimarlık, resim ve heykelin en yüksek niteliklerini sergileyen sanatçının yaratıcı gücü; karmaşık tasarımın her bir parçasını işlerken gösterdiği özgürlük ve ruh ile her ayrıntıda ortaya çıkan eksiksiz ustalık" nedeniyle çarpıcıydı. İkinci kattaki eserler arasında, üçüncü odadakiler yabancılar için özel olarak ilginçti, "Oryantal dünyanın ve Osmanlı sanatının ilgi çekici örnekleri"ni içeriyorlardı; aralarında iyi tasarlanmış ama yıpranmış halılar, III. Ahmed'e (1703-30) ait sedefli bir Kuran kutusu, Konya'daki Alaeddin Camii'nin mihrabı, kakma ağaç işleri, camilerden alınma lambalar, nakışlı kemerler, altın tabaklar, hatta 17. yüzyılda yapılmış Yeni Cami'nin bir modeli bile vardı.[25] Burada akademik bir formatta sergilenişleri, bunların klasik antikiteye ait eserlerin yanında tarihsel eserler olarak değerlerini gösteriyordu, ama bir kenarda bulunmaları da koleksiyonda ikinci derecede bir yere sahip olduklarının işaretiydi; bu da müzenin üstü kapalı olarak kabul ettiği ve Batılı ziyaretçilere özgü kültürel üstünlük duygularını sürdürmeye yarayan bir tutumdu.

Baedeker rehberi, Müze-i Hümayun'u Baedeker ve Murray rehberlerindeki bütün diğer müzeler gibi işlemişti. İlk binanın alt ve üst katlarının, kuzey kanadının ve Çinili Köşk'ün planlarıyla birlikte, salonları izleyerek sergilenen nesnelerin listesini vermişti. Diğer rehber kitapların aksine, Baedeker camlı vitrinlerdekiler dahil tüm parçaları bu listeye eklemişti. Açıklamalar kısa, doğrudan ve tarafsız bir dille yapılmıştı; yalnızca ender durumlarda, örneğin Ağlayan Kadınlar ve Satrap

---

25 *Handbook for Travellers*, 69–74.

lahitlerinden söz ederken "güzel frizler" gibi tanımlar kullanılmıştı. Beklendiği gibi, İskender Lahdi daha geniş bir alan oluşturuyordu; yoğunlaştırılmış betimleme, kabartmalardaki savaş sahnelerinden bazılarına ilişkin birkaç sözcük içeriyordu.[26] Çinili Köşk'ün mimarisi anlatılıyor ve çinilerine söz arasında değiniliyordu ancak etkileyici yeni binanın mimarisine dikkat edilmemişti; bu konuda Murray rehberi de sessiz kalmıştı. Bu durum Baedeker'in British Museum'un tarihini ayrıntıyla anlattığı kitabındakinden farklıydı, binanın ana cephesi mimari açıdan anlatılıyor ve başlıca salonlarının boyutlarıyla süslemeleri hakkında bilgi veriliyordu.[27] Baedeker'in ABD rehberi, Metropolitan Museum of Art'ın boyutunu, tarihini, binaya yapılan ekleri veriyor, Kıbrıs eski eserlerinden oluşan Cesnola Koleksiyonu'nu "dünyada Fenike ve arkaik Yunanistan'la ilgii en geniş ve en değerli koleksiyon" olarak takdim ediyordu. Diğer Baedeker elkitapları arasında sadece bu kitap, müzenin koleksiyonlarının değerinden söz ediyordu, bu belki de müzenin benzersiz bir şekilde büyümesinden kaçnaklanıyordu: 1879'da Metropolitan'ın koleksiyonları 400.000 dolar değerindeyken, 1899'da bu rakam 9.000.000 dolara çıkmıştı.[28]

1908 Macmillan rehberi büyük ölçüde yeni yüzyıl başındaki şablona göre şekillenmişti ama bazı ilginç değişiklikler içeriyordu. Çinili Köşk'ün mimarisini ve tarihini anlatıyor, bazı yeni bilgiler veriyor, buranın tümüyle Osmanlı eski eserlerine ayrılacağını ekliyordu ki bu karar binanın mimarisine de uygundu; içindeki parçalar da müzenin isminin kazılı olduğu büyük neoklasik "ek bina"daki yeni kanada taşınacaktı. "Ek bina"nın bir planı veriliyor, burada kısa tanımlarıyla birlikte nesnelerin yerleri belirtiliyordu. Tanımlamaların çoğu birkaç kelimeden ("Marcus Aurelius'un heykeli: Beyrut", "Rodos Şövalyelerinin armalı kalkanları", "Herakles", "cenazede kullanılan su kapları" vb.) ibaretti, ancak herhalde önemlerinden dolayı bazı yazıtlar ayrılmıştı. Bunlar arasında "hicret öncesi bir alfabeyle yazılmış" Siloam Yazıtı ve kireçtaşından kesilmiş, 1880'de Kudüs'te bulunmuş "en eski İbrani yazıtlarından biri" bulunuyordu; metnin bütün çevirisi, yanında bazı yorumlarla birlikte verilmişti. 1871'de bulunan "Kudüs Steli"nin Yunanca yazıtı Yunanca tekrar yazılmış ve İngilizce çevirisi eklenmişti. Bazı durumlarda, etiketlerin yanında "Dr. Schliemann'ın Troya Hisarlık'taki kazılarından çıkarılmış nesneler, bir bölümü tarihi bir uygarlığa, diğerleri Miken uygarlığına ait" gibi kısa ve belirsiz, didaktik ifadeler yer alıyordu.[29]

---

26 Baedeker, *Konstantinopel*, 105–118.

27 Baedeker, *London and Its Environs*, 242–243.

28 Baedeker, *The United States, with an Excursion into Mexico*, 45.

29 *Guide to Greece*, 124–128.

Mimari açıdan Çinili Köşk kadar muhteşem bulunmasa da, "ek bina"daki koleksiyonlar daha derinlemesine ele alınmış ve bunlara 15. yüzyıl binasındakilere göre daha üstün bir yer verilmişti. Yine ayrıntılı bir plan (yalnız birinci kat) ziyaretçilere yol gösteriyordu; sistematik olarak odadan odaya geçildikçe yanlarında açıklamalı metinlerle birlikte bütün nesneler bulunuyordu. En kısa açıklamalar bile temel verileri içeriyordu ve Çinili Köşk'teki parçaların tanımlarına göre daha iyiydiler: "Roma dönemi beyaz mermer lahitten parça: Amazonlarla savaş", "Cenaze steli: Pella, Makedonya. Yunan işi, MÖ 4. yüzyıl" ve "Bergama Akropolü'nden adak levhası: MÖ 4. yüzyıl sonu veya 3. yüzyıl başı"; hepsi birinci katta bulunuyordu. Çok ender olarak bir parça için sadece "cenaze steli" denmekle yetinilmişti. Satrap, Tabnit, Ağlayan Kadınlar ve İskender lahitleri gibi önemli parçalar uzun metinlerle açıklanmış, İskender Lahdi'nin kabartmaları özenle anlatılmıştı. "Sayda Lahitleri Üzerine Bir Not" başlıklı bölümde, bu eserlerde Mısır üslubundan Yunan üslubuna kayış anlatılmış ve Osman Hamdi'nin kazılarının öyküsü turistlerin dikkatine sunulmuştu. Plan, merdiven ve sahanlıkta sıralanmış nesneler de kısaca tanıtılıyordu. İkinci katta "sağ" taraftaki oda Amerikalı ve Fransız araştırmacıların Mezopotamya kazılarında elde ettikleri Nippur ve Tello tabletlerinin barındığı yer olarak belirtilmişti. "Sol"daki odada Osmanlı koleksiyonları vardı, "Muhteşem Süleyman döneminde İstanbul veya Kütahya'da yapılmış […] iki büyük çanak"ın "çok değerli" olduğu söyleniyordu. Müze turunu tamamladıktan sonra yazar, "yeni ek bina"ya, kısa süre önce tamamlanan ve imparatorluğun çeşitli bölgelerinden getirtilen "arkeolojik hazineler"e ayrılmış ikinci eklentiye dikkat çekiyor ve "Müze otoritelerinin artık bütün bu bulgular üzerinde yasal hak iddia edecek yetkileri var" diyordu.[30] Diğerlerinin aksine Macmillan rehberi arkeolojik araştırmayla ilgili de bilgi veriyor ve ziyaretçilere müzenin Osmanlı yasaları sayesinde yeni koleksiyonlar toplayacağını hatırlatıyordu.

İstanbul'da 1909'da yayımlanmış, Murray, Baedeker ve Macmillan kitaplarına göre çok daha ince olan Fransızca bir rehber, Çinili Köşk'te bulunan eserlerden hiç söz etmiyor ancak alanları ve çinileri ("muhteşem mavi ve yeşil İran çinileri") Bursa'daki 15. yüzyıl binalarına benzeterek anlatıyordu. Yeni müze ve eklentilerinin varlık nedeni Sayda'daki buluşlara ve "yeryüzünde eşi benzeri olmayan" Yunan ve Roma mezar anıtları koleksiyonuna bağlanıyordu. Bu bölüm, Osman Hamdi'nin kararlılığı ve yeteneği ile Müze-i Hümayun'un kuruluşuyla bilime yaptığı hizmetle bitiyordu.[31]

---

30 Agy., 128–134.

31 Cervati, *Guide horaire général international*, 101–102.

Sarcophagi of Alexandre the Great and others at Constantinople found in Sidon.

Sarrafian Bros., Beirut (Syria).

RESİM 3.1 Müze-i Hümayun'daki çeşitli lahitler, İstanbul. (Kartpostal, yazarın koleksiyonu)

19. yüzyıl sonu ve 20. yüzyıl başında rehber kitap basımındaki artışla aynı anda turizmin bir başka vazgeçilmez öğesi olan kartpostal endüstrisi de patlamıştı. Kartpostallarda çoğunlukla İstanbul manzaraları, tarihsel anıtlar, renkli sokaklar ve insanlar görülüyordu. En bilinen görüntüler kadar değilse bile, Müze-i Hümayun da seyyahların güzergâhındaki bir durak olarak bu koleksiyonlara girdi. Dünyanın diğer yerlerindeki büyük müzeler gibi, bu yeni binanın da muhteşem cephesi kartlarda yer alıyordu; mimarisi canlandırmacı dilin benzer bir parçasıydı (bkz. **RESİM 1.3**, **1.4** ve **1.23**. Çinili Köşk kartpostalları da çoktu ama bu görüntülerde köşkü çevreleyen 19. yüzyıl sonu-20. yüzyıl başı binaları yoktu, Çinili Köşk tek başına egzotik bir merak konusu olarak sunuluyordu. Daha önceki bir baskıda çevresine dağıtılmış eski eserlerin açıkça görülmesine rağmen, Çinili Köşk, Müze-i Hümayun'un bir parçası olarak değil, sadece "Palais des Faënces" [Çiniler Sarayı] etiketiyle tanıtılıyordu (**RESİM 1.14**). Koleksiyonlardan seçilmiş eserler kartpostallarda pek yer almıyordu, ancak bunun ender istisnaları vardı, içlerinden biri ünlü lahitlere odaklanmıştı (**RESİM 3.1**).

Müzenin nasıl genişlediği 1890'lardan yüzyılın sonuna kadar geçen kısa sürede kartpostallardan izlenebiliyordu; aynı durum Metropolitan Museum of Art için de geçerliydi (**RESİM 3.2**). Ancak Metropolitan kartpostalının arkasındaki alışılmamış tanıtım yazısı, müzenin benzersiz konumunu yansıtıyordu. Bu kartpostalda, ilk binanın (1880) genişlemesiyle (1889 ve 1894) ilgili temel bilgiler verildikten sonra, 1901'de yapılan "Doğu kanadı"nın 2 milyon dolara mal olduğu belirtiliyordu. Daha sonra da "18,5 akre [7,5 hektar] alana yayılmak üzere tasarlandı[ğı] ve 20 milyon

RESİM 3.2 Metropolitan Museum of Art, New York, genişlemeden sonra Beşinci Cadde'deki cephe. (Kartpostal, yazarın koleksiyonu)

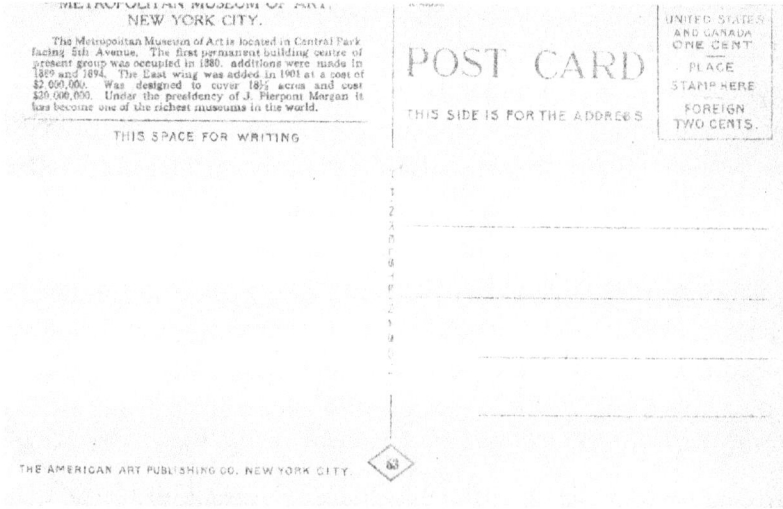

RESİM 3.3 Metropolitan Museum of Art; kartpostalın arkasındaki alışılmamış metin, inşaat masraflarından söz ediyor. (Kartpostal, yazarın koleksiyonu)

dolara mal oldu"ğu eklenmişti. "J. Pierpont Morgan'ın başkanlığında müze dünyanın en zengin müzelerinden biri haline gelmiş"ti (**RESİM 3.3**). Metropolitan için yapılan harcamalara verilen bu alışılmamış önem, Baedeker rehberindeki bilgiyi hatırlatıyor ve neleri satın alabileceğini göstererek Amerika'nın zenginliğini alkışlıyordu.

Bir müzenin dünyaya açılması büyük ölçüde içeriğini akademik bir yolla yayacak yayınlara bağlıydı. Müzeler belirli koleksiyonlara yoğunlaşan kataloglar yayımlar, standart formatlara uyarak nesnelerle ilgili temel bilgileri ve en değerli parçalarının ayrıntılı betimlemelerini verirdi. Yayınlar arasında bazen ilgili faaliyetlere, özellikle arkeolojik araştırmaya ayrılmış özel ciltler de bulunurdu. Rehber kitaplar gibi kataloglar da ziyaretçilerle ilgili bilgi kırıntıları sunuyordu. Bazı koleksiyon ve nesneleri öne çıkarırken, satır aralarında toplumsal ve kültürel gözlemlerde bulunarak belli bir kitleye sesleniyorlardı. Bu grubun özellikleriyle ilgili spekülasyonlar sadece geçici olabilir; ancak müze yayınlarının, bu ziyaretçilerle kurumun yöneticilerinin deneyiminden kaynaklanan belli bir tanışıklığı yansıttığını söylemek yanlış olmaz. Bu literatürün satır aralarını okumak, bir kere daha Müze-i Hümayun'un Batılı ziyaretçileri konusunda daha önce vardığımız açık uçlu sonuçlar için bir odak noktası oluşturmaya izin verir.

Müze-i Hümayun'un dünya çapında bir aktör haline gelme iddiası, yayın programının gelişimine yansıyordu. Müze üç tür katalog yayımlıyordu: genel kataloglar, özel koleksiyonlarla ilgili kataloglar ve Osmanlı arkeoloji araştırmalarıyla ilgili kitaplar. İlk yayımlanan kataloglar birinci kategoriye giriyordu.[32] Bağımsız bir cilt olarak değil, Albert Dumont'un bir makalesiyle başlıyorlardı. 1868'de *Revue archéologique*'te yayımlanan makale, Aya İrini'de sergilenen Yunan, Yunan-Roma ve Bizans parçalarını konu alıyordu. Dumont arkeoloji çevrelerinin dikkatini koleksiyonun değeri ve vaat ettiklerine çekiyordu; gerçi koleksiyon henüz halka açılmamıştı ve ancak özel izinle görülebiliyordu. Sınıflandırma ve düzen olmayışının işini zorlaştırdığını kabul ediyordu ama kronolojik bir sıra izleyerek koleksiyonu kavramsal olarak sınıflandırmaya çalışıyordu: Yunan, Yunan-Roma, erken Hıristiyan ve Bizans. Kesin tarihler verememesine rağmen eserlerle ilgili ayrıntılı betimlemeler yapıyordu.[33] Galatasaray Sultanisi'nde tarih öğretmeni olan ve 1869'da Müze-i Hümayun'un müdürlüğüne atanan Edward Goold'un 1871'de kaleme aldığı bir katalog ise müzedeki nesnelerin tamamını değil, yalnız 147'sini ele alıyordu (RESİM 3.4). Goold bunların her birini ayrıntılı olarak anlatıyor ve bağışlayanların adını veriyordu; bağışçıların hepsi de valiler veya vilayetlerdeki yüksek dereceli memurlardı.[34] Böylece koleksiyonu, resmi bir Osmanlı girişimi olarak sunuyordu. Koleksiyonun Aya İrini'den Çinili Köşk'e taşınmasından bir yıl

---

32 Osman Hamdi ile İstanbul'un ünlü fotoğrafçısı Pascal Sebah arasındaki işbirliğine, ayrıca Gustave Mendel'in üç ciltlik *Catalogue des sculptures grecques, romaines et byzantines* adlı eserine dayanan ve Müze-i Hümayun tarafından yayımlanan kataloglar, İstanbul Arkeoloji Müzeleri'nde düzenlenen bir sergiye ve sergiye eşlik eden kitaba konu olmuştu. Bkz. Eldem, *Mendel-Sebah*.

33 Albert Dumont, "Le musée de Sainte-Irène à Constantinople: Antiquités grecques, gréco-romaines et byzantines." *Revue archéologique* 18, no. 1 (Nouv. ser. A9, 1868): 237–263.

34 Goold, *Catalogue explicatif*.

sonra 1882'de, Salomon Reinach'ın "ziyaretçilere geçici bir rehber olarak hizmet vermek üzere oluşturulmuş özet kataloğu", "koleksiyonun ortaya attığı konular üzerinde bilimsel tartışmalara girmeksizin", seçilmiş örneklerle müzeyi "genel halk"a tanıtıyordu. Akademik olarak daha derinlemesine bilgi isteyen ziyaretçiler için eksiksiz ve bilimsel bir kataloğun hazırlanması, neredeyse özür dilenerek, daha geç bir tarihe atılmıştı.[35]

On yıl sonra, yeni binanın yapımına paralel olarak Müze-i Hümayun'un katalogları tek tek koleksiyonlara odaklanmaya başladı. André Joubin'in *Monuments funéraires*'i [Anıt Kabirler] (1893) "yeni müze"nin üç salonunu mezar anıtlarına ayırma kararıyla uyumlu olarak yalnız bu tür eserleri ele alıyordu. Osman Hamdi'nin başlattığı, "dünyada eşi olmayan" bir mefhum olarak, galeriler "antikçağda lahit heykelciliğinin gelişimini ziyaretçilere eksiksiz olarak sunuyor"du. Joubin nesnelerin tanımlamalarına girmeden önce, bir giriş yazısında cenaze nesnelerinin İyonya döneminden Bizans dönemine kadar kesintisiz diziler halinde sıralandığını, böylece çeşitli üslupları ortaya koyarak karşılaştırmalı bir çalışma yapmayı mümkün kıldıklarını bildiriyordu.[36] Osman Hamdi kataloğun ziyaretçilerden gördüğü ilgi sayesinde 1898'de yeniden basıldığını (ve 1904'te baskısının tükendiğini), 1909'da yapılan yeni baskısının da bir yıl içinde bittiğini sonraları gururla söyleyecekti. İkinci baskı, Joubin'in giriş yazısında bazı düzeltmeler yapmasını ve Sayda lahitleri üzerine bir bölüm eklemesini sağlamıştı; ayrıca Joubin,

RESİM 3.4 Goold kataloğundan bir levha. (*Catalogue explicatif, historique et scientifique...*, 1871)

35   S. Reinach, *Ministère de l'Instruction publique*, "Avis" ve 7.
36   Musée Impérial Ottoman, *Monuments funéraires*, viii–xi.

Osman Hamdi'nin önemli kazıları, lahitlerin tarihsel ve arkeolojik değeri ve eğitimli çevrelerde yol açtıkları yorumlar hakkında ziyaretçileri bilgilendirmişti. Joubin'in yazısı, anıtların tarihlenmesi ve üslup özellikleri üzerine araştırmaların bir sentezini yapıyor, bunları yaratmış sanatçılar ve ısmarlamış olanlar hakkında "hipotez, fantezi, hayal ve tartışma" olarak kalan bir dizi soru sıralıyordu.[37] Aynı yıl Joubin başka bir tematik katalog hazırladı; bu katalog Çinili Köşk'te sergilenen heykel koleksiyonunu ele alıyordu.[38] Sonraki yıllarda diğer özel koleksiyonları ele alan kataloglar yayımlandı; bunlar Himyar ve Palmira eserleri, Mısır eserleri ile tunçlar ve mücevherler üzerineydi.[39] Joubin, söz konusu katalogların arkasında yer alan düşünceyi açıklığa kavuşturdu: Nesnelerin yeri belirtiliyor, "çok" kısa olarak tanımlanıyordu; belli parçalarla ilgili daha fazla bilgi için başka yayınlara gönderme yapılıyordu. Bu arada yazar, müze kataloglarının popülerliğiyle ilgili övünme fırsatını da kaçırmıyordu; örneğin "tunçlar ve mücevherler" cildine dikkat çekerek, "Bu katalog bundan öncekiler kadar hızla satılırsa, iki üç yıl sonra yeniden basılması gerekeceğini umut edebiliriz" diyordu.[40]

20. yüzyılın ilk on yılında kataloglar fotoğraftan geniş ölçüde yararlanmaya başladı; bunlar bazen kitabın sonuna toplanıyor bazen de metinler arasına serpiştiriliyordu. Gustave Mendel, Yunan terrakotta figürinleriyle ilgili yayını hazırladı; bu eserler 1903'te Çinili Köşk'ten alınarak bahçenin ötesindeki yeni kanada, "çeşitlilikleri ve değerleri anlaşılsın diye" kendilerine ayrılmış bir salona taşınmışlardı (RESİM 3.5). Osman Hamdi o anki halleriyle eldeki parçaların "Anadolulu koroplastlar hakkında gerektiği kadar bilgi" verdiğini belirtmişti ama bu durum kısa süre sonra değişecek ve yeni araştırmalarla tamamlanacaktı. Yunanistan'daki Larissa'dan alınan arkitektonik terrakotta örnekleri, ayrıca Mezopotamya ve Fenike figürinleri ve Kıbrıs'ta bulunanlar Georges Nicole tarafından hazırlanacak yeni bir kataloğun konusunu oluşturacaktı; Nicole, Atina'daki École Française'nin eski bir üyesi ve Cenevre Üniversitesi'nde profesördü. Osman Hamdi ayrıca Teodor Makridi Bey'in Samsun'daki keşiflerinden de söz ediyordu; bunlar daha yeni bulunduğundan eldeki kitaba alınamamıştı. Müzenin devam eden ve gelecekteki projelerinden gururla söz

---

37 Musée Impérial Ottoman, *Monuments funéraires*, 1909 tekrar baskı, 2–16. Ayrıca bkz. Musées Impériaux Ottomans, *Catalogues des poteries byzantines*. *Catalogues des poteries*'de belirtildiğine göre, kataloglar müzeden alınabiliyordu ("En Vente au Musée Impérial").

38 Musée Impérial Ottoman, *Catalogue des sculptures grecques, romaines, byzantines et franques*.

39 Musée Impérial Ottoman, *Antiquités himyarites et palmyriennes*; Musée Impérial Ottoman, *Monuments égyptiens*; Musée Impérial Ottoman, *Bronzes et bijoux*.

40 Bkz. André Joubin'in giriş yazısı, Musée Impérial Ottoman, *Bronzes et bijoux*, s.y.

RESİM 3.5 Mendel kataloğundan bir levha. (*Catalogue des sculptures grecques, romaines et byzantines*, 1914)

eden yazar, ziyaretçilere "sürekli benzer bir büyüme içinde" olan kurumun "mutlu bir ayrıcalık"a sahip olduğunu hatırlatıyordu.[41]

Joubin'in 1893 kataloğunu büyük ölçüde genişleten ve onun bir yenisini hazırlayan Mendel, Birinci Dünya Savaşı öncesi yayımlanmış Yunan-Roma ve Bizans heykellerini konu alan üç ciltlik katalogdan da söz ediyordu. Çinili Köşk dahil bütün bina kompleksini kapsayan bu eserde, son akademik bilgilere dayanılarak ve çizimlerle gösterilerek nesnelerin uzun betimlemeleri yapılıyordu. İlk ciltteki, nesnelerin numaralanarak gösterildiği plan ziyaretçilere koleksiyonlar arasında rehberlik ediyordu. Etkileyici bir bibliyografyayla biten *Catalogue des sculptures grecques, romaines et byzantines* [Yunan, Roma ve Bizans Heykelleri Kataloğu] hem bir rehber kitap hem de bilimsel bir çalışmaydı.[42]

Osman Hamdi'nin İslamiyet öncesi antik döneme eğilimi göz önüne alınınca, rehber kitaplarda sıralanan "İslami" nesnelerin fazla dikkat çekmemesi ve mühürlerle nümizmatik dışında bu nesnelere özel kataloglar ayrılmaması şaşırtıcı değildi. Müzedeki sikkelerle ilgili birkaç katalog hazırlayan, Osman Hamdi'nin küçük kardeşi ve ilk Osmanlı nümizmatik uzmanı İsmail Galib oldu. 1880'lerin sonu ve 1890'ların başında hazırlanan bu kataloglar Türkçeydi, yalnız Türkmen sikkeleriyle ilgili olanı hem Türkçe hem Fransızcaydı.[43] Böylece İsmail Galib, müze koleksiyonlarını sistematik belgeleme çalışmasına "İslami" parçaları da katmış oldu. Onun açtığı yoldan ilerleyen diğer kardeş Halil Edhem 1904'te Arap, Arap-Bizans ve Osmanlı kurşun mühürleri üzerine Türkçe bir katalog yayımlayacaktı. Müzedeki iki bin mühürden çoğunun Bizans döneminden, göreceli küçük bir bölümünün Arap ve Osmanlı dönemlerinden olduğunu açıklığa kavuşturan yazar, bir tarafında Arapça diğer tarafında Yunanca yazı olanların son derece ender bulunduğunu belirtiyordu. Dolayısıyla müzede bulunan bu özellikteki on dört mührün dün-

41 Musées Impériaux Ottomans, *Catalogue des figurines grecques de terre cuite*, v–vii.

42 Mendel, *Catalogue des sculptures grecques, romaines et byzantines*.

43 Örneğin bkz. İsmail Galib, *Takvim-i Meskukat-ı Osmaniye* (İstanbul: Mihran, 1307/1899); İsmail Galib, *Takvim-i Meskukat-ı Selçukiye* (İstanbul: Mihran, 1309/1891); İsmail Galib, Mübarek Galib, Ahmed Techid ve Halil Edhem, *Müze-i Hümayun Meskukat-ı İslamiye Kısmından Meskukat-ı Türkmaniye Kataloğu* (İstanbul: Mihran, 1312/1894); Fransızca *Catalogue des monnaies turcomanes Beni Ortok, Beni Zengui, Frou Atabeqyéh et Meliks Eyoubites de Meïyafarikin* (Konstantinopolis: Mihran, 1894). 1904'te müzede satılan kataloglar arasında bu koleksiyondaki dört cilt vardı; ayrıca Fatımi, Eyyubi ve Memlûk sikkeleriyle ilgili bir beşinci cildin hazırlanmakta olduğu bildiriliyordu. Bkz. Müze-i Hümayun, *Kurşun Mühür Kataloğu*. 1910 tarihli benzer bir listede beşinci cildin hâlâ hazırlanmakta olduğu belirtiliyordu; bkz. Musées Impériaux Ottomans, *Catalogues des poteries*, s.y.

yadaki en önemli koleksiyonlardan birini oluşturduğunu iddia ediyordu. Arapça mühürlerin de ender olduğunu ve İstanbul'da bulunmadığını ekliyordu; müzedeki örnekler Suriye ve Irak'tan getirilmişti.[44] Osman Hamdi'nin 1910'da ölümünden sonra müzenin müdürü olan Halil Edhem'in döneminde İslami koleksiyonlara çok daha fazla dikkat harcandı ve 1914'te Evkaf Müzesi kuruldu.[45]

Müze-i Hümayun'un bu kataloglar kitaplığına, (başka bir bağlamda tartışılan) arkeolojik kazılarla ilgili iki önemli kitabın daha eklenmesi gerekir. Bu kitaplar, Osmanlı kazılarıyla ilgili çeşitli rehber kitaplarda yer yer rastlanan dağınık bilgiye eklenerek, söz konusu kazıların akademik çalışma için ne kadar önemli olduğunu vurguladı. Osman Hamdi ve Théodore Reinach'ın *Une nécropole royale à Sidon* (ilkinde metin, ikincisinde resimlerin bulunduğu iki cilt) adlı çalışması, Paris'te basılmış olmasına rağmen müzenin sancak gemisi olarak işlev gördü, çünkü müzeyi dünya sahnesindeki yerine taşıyan anıtları ele alıyordu. Osman Hamdi'nin daha çok Osgan Efendi olarak bilinen Yervant Osgan ile yaptığı işbirliği sonucu yazılan *Le tumulus de Nemroud-Dagh* [Nemrud Dağı Tümülüsü] müzedeki parçalarla ilgili değildi; müzenin güneydoğu Anadolu'daki çarpıcı anıt dizisinin günışığına çıkmasını sağlayan büyük kazısının gururlu bir kaydıydı. Bu anıtların, boyutları ve bulundukları yer nedeniyle *in situ* korunmaları gerekmişti.[46]

Müze-i Hümayun'un yayın listesi etkileyiciydi ve dünyaca ünlü bir kurum yaratma hedefini ortaya koyuyordu. Eşdeğerlerinin geleneklerini benimseyen müze, bazıları sırf ünlü eserleri görmek için gelen biliminsanlarının dikkatini çekmek ve ayrıca başkentin turistik ve kültürel haritasına girebilmek için başından sonuna kadar koleksiyonları tarayarak ciltler yayımlamakta ciddi bir çaba göstermişti. Dahası yurtdışındaki büyük kütüphanelerin bu yayınları edinmesiyle, müzeyle ilgili bilgiler şehri ziyaret etmemiş yabancı biliminsanları için de ulaşılır hale gelmişti. Fransızca ağırlıklı olan yayın listesi, müze yönetiminin önceliklerini açıkça gösteriyordu: Osmanlı toplumunun en üst katmanından küçük bir kesime ek olarak, yerli ziyaretçilerdense yabancı ziyaretçiler hedef alınmıştı.

Müze-i Hümayun'a gelen yabancı ziyaretçilerin nitelikleri, rehber kitapların özelliklerinden ve yukarıda tartışılan müze kataloglarından anlaşılıyordu: Bunlar görece iyi eğitim görmüş, başka müzeler ve arkeolojik alanlara aşina, kültürel üstünlüklerinden emin, hatta belki de müzenin koleksiyonlarına ve Osmanlı'nın eski

---

44 Müze-i Hümayun, *Kurşun Mühür Kataloğu*, 4.

45 Halil Edhem'in İslami mirasa olan ilgisi için bkz. bu kitapta Dördüncü Bölüm.

46 O. Hamdy Bey ve T. Reinach, *Une nécropole royale à Sidon*; Osman Hamdi Bey ve Osgan Efendi, *Le tumulus de Nemroud-Dagh*.

eser nizamnamelerine içerleyen ziyaretçilerdi; Osmanlıların müze yayını girişimi sayesinde koleksiyonun büyümesi ve parlak bir gelecek vaat etmesi konusunda sık sık yapılan imalar bu içerlemeyi ortaya koyuyordu. Ziyaretçilerin İslami nesnelere, egzotik olana duydukları ilgi koleksiyonda geri planda kalabilirdi, ama rehber kitaplarında Çinili Köşk'ün mimarisine ve renkli çinilerine yapılan vurgu böyle bir ilginin varlığını kanıtlıyordu. Buna karşılık, neoklasik yeni binaların mimarisine karşı ilgisiz kalmalarıysa zamanın sıradan Batılı davranışını, yani Osmanlı modernitesine tepeden bakma eğilimini gösteriyordu.

Osman Hamdi'nin Müze-i Hümayun'da başardığı işin boyutu ve niteliği, Osmanlı İmparatorluğu'nun o dönem karşılaştığı daha büyük sorunlar nedeniyle ortaya çıkan mali kısıtlamalarla daha iyi anlaşılabilir. Zenginliğiyle ünlü bir kurum olan Metropolitan Museum of Art'ın yayın faaliyetleriyle yapılacak bir karşılaştırma adil olmayabilir ama Müze-i Hümayun'un operasyonlarının boyutu konusunda daha geniş bir bakış açısı sunabilir. Metropolitan'ın 1872'den itibaren düzenli olarak yayımladığı Yıllık Mütevelli Heyeti Raporları, Müze-i Hümayun ile aradaki başlıca farkı açıkça gösterdiği gibi, etkili ve zengin bireylerden oluşan, tümüyle Amerika'ya özgü bir kurum olan mütevelli heyetinin gücünü ve rolünü ortaya koyuyordu. Yıllık raporlar belli bir yılda yapılan bütün faaliyetleri, binaların durumunu, yeni alınan eserleri, özel kişilerden gelen bağışları göstermekteydi. Yönetimi ve mali meseleleri, binaya yapılacak ekler ve değişiklikler konusunda alınan kararları ve şehir yönetimiyle sık sık yapılan zorlu pazarlıkları içeriyorlardı. Bir kamu hizmeti olarak eğitim başlıca kaygılardan biriydi ve bu alanda elde edilen yıllık başarılar özetleniyor, özellikle endüstriyel sanat okullarına vurgu yapılıyordu. Müze kütüphanesinin durumu da sistematik olarak ele alınıyordu.[47]

Metropolitan'ın katalogları, 1880'lerin sonundan 1914'e kadar 110'dan fazla yayınla faaliyetin gittikçe arttığını gösteriyordu. Bunlar müzenin koleksiyonlarının çeşitliliğinin ve şimşek hızıyla arttığının kanıtlarıydı. Bazıları daktiloyla yazılmış basit *Catalogue of Original War Medals awarded to the British, French, and American Soldiers* [Britanyalı, Fransız ve Amerikalı Askerlere Verilen Orijinal Savaş Madalyaları Kataloğu] (1888) ve *Catalogue of an Exhibition of Silver Used in New York, New Jersey, and the South* [New York, New Jersey ve Güneyde Kullanılan Gümüş Sergisinin Kataloğu] (1911) gibi kendine özgü nesnelere odaklanıyordu. Bazıları müzenin hamileri tarafından yapılan bağışların kaydıydı; bunlar arasında *Catalogue of the Cosby Brown Collection of Musical Instruments of All Nations* [Cosby

---

47   Metropolitan Museum of Art yayınlarına müzedeki Thomas J. Watson Kütüphanesi'nden ulaşılabilir: library.metmuseum.org.

Brown'ın Tüm Milletlerin Müzik Aletleri Koleksiyonunun Kataloğu] (1903) ve *Catalogue of the Morgan Collection of Chinese Porcelains* [Morgan Koleksiyonu Çin Porselenleri Kataloğu] (1907 ve 1913) sayılabilirdi. Müzedeki Avrupa nesnelerinin zenginliği, örneğin *Catalogue of European Arms and Armor* [Avrupa Silahları ve Zırhları Kataloğu] (1905) ve *Catalogue of Romanesque, Gothic, and Renaissance Sculpture* (1913) gibi yayınlarla kanıtlanıyordu. Yine de antikiteye ayrı bir önem veriliyordu, 1896'dan itibaren çeşitli odalarda sergilenen zengin Mısır koleksiyonu üzerine bazı kataloglar yayımlandı. Kısa, resimli ve herkesin ulaşabileceği bir kitap olan *A Handbook of Egyptian Rooms* [Mısır Odalarının Elkitabı] (1911), Mısır salonlarında geziyor ve tarihi bağlamı içinde nesneleri betimliyordu. *The Terra-cottas and Pottery of the Cesnola Collection of Cypriote Antiquities* [Cesnola Kıbrıs Eski Eserleri Koleksiyonundan Terrakotalar ve Çömlekler] (1895, biri 5. ve 3. salonlardaki, diğeri 4.ve 15. salonlardaki parçaları kayda geçiren iki cilt) ve *Catalogue of Casts from Cypriote Statues of the Cesnola Collection* [Cesnola Kıbrıs Heykelleri Koleksiyonundan Dökümler Kataloğu] (1902) adındaki iki katalog, Cesnola'nın Kıbrıs'tan çıkarıp New York'a götürdüğü, Müze-i Hümayun'dakilerle birbirini tamamlayan eşyalardan oluşan değerli koleksiyonları konu alıyordu. İlginç bir şekilde, Müze-i Hümayun'un özel bir yayına layık görmediği Doğu halıları konusunda Metropolitan, geçici bir sergi dolayısıyla bir katalog hazırlamıştı. *Catalogue of a Loan Exhibition of Early Oriental Rugs* [Erken Şark Halıları Üzerine Süreli Bir Serginin Kataloğu] (1910) başlığını taşıyan, Dekoratif Sanatlar küratörü Wilhelm M.R. Valentier'nin hazırladığı katalog, altmış iki renkli resimden oluşuyor ve bazıları müzeye ait, bazıları ise sergi için ödünç alınmış halıların tarihleri, bölgeleri ve desenleriyle ilgili bilgi veriyordu. Kataloğun amacı, bilgi sahibi olmayan kitlelere halılara ilişkin bazı temel bilgileri vermekti; "Başka hiçbir kentte modern Şark halıları piyasası New York'taki kadar geniş değildir; bu piyasa yalnız İstanbul ve Paris'tekilerle karşılaştırılabilir" dendiğine göre, bu çok anlamlı bir görevdi.[48]

Yerel Hedef Kitle

Müze-i Hümayun'un İstanbul sakinleriyle ilişkisi, Avrupa ve Kuzey Amerika'daki müzelere kıyasla kendine özgüydü ve yerel halk üzerindeki etkisi tahmin edilemeyecek bir yolda ilerledi. Burası önemli yabancı ziyaretçiler için –örneğin Bulgar prensi Ferdinand (Karl Leopold Maria) İstanbul'a yaptığı iki haftalık ziyaretin ikinci gününde gelmişti–[49] bir duraktı ama İstanbul'da yaşayan yabancıların da ilgi

---

48   Valentier, *Catalogue of a Loan Exhibition*, ix.

49   "Havadis-i Dahiliye: Prens Ferdinand Hazretleri," *Servet-i Fünun* 11, no. 286 (19 Ağustos 1312/25 Ağustos 1896): 36.

odağı haline geldi. Yabancıların müze hakkındaki görüşleri bazen Osmanlı basınına da yansıyordu. *Servet-i Fünun*'da anlatılan bir olayı örnek vermek gerekirse, yeni binanın açılmasından kısa süre sonra İstanbul'daki Kırım'ı Anma Kilisesi'nin ilk papazı Canon C.G. Curtis, Pera'da İngilizce bilen bir topluluğa Sayda lahitlerini anlatan bir konuşma yapmış, Ağlayan Kadınlar Lahdi'nde yas tutan birçok kadının betimlendiğine dair bilinen yorumdan farklı bir görüş öne sürmüştü. Curtis'e göre, lahitteki kadınlar, sevdiğini kaybeden tek bir kadının tuttuğu yasın çeşitli yüzlerini gösteriyordu.[50] Bu erken dönemde Osmanlı kitlelerine böyle bir konferans verilmesi istisna olurdu (bu tür bir olayla hiç rastlamadım), Osman Hamdi'nin böyle bir görevi üstlenmesini hayal etmek bile zor. Ancak, olayın popüler bir Osmanlı dergisinde yer alması, düşüncelerin ne denli görece geniş bir yerel okur kitlesine ulaşabildiğini, muhtemelen Avrupa ölçü çubuğunu izleyerek müzenin ziyaret edilmesine yol açtığını gösteriyordu.

Müze-i Hümayun yabancı biliminsanlarına ve ziyaretçilere seslenen dışlayıcı bir kurum olarak hizmete başlasa da, sonraki onyıllarda misyonu özellikle eğitime yoğunlaşarak yerel bir kitleyi kapsayacak şekilde genişledi. 1883'te Salomon Reinach "Türkler müzeye nadiren giriyor" diyebilmiş, bu gözleminden yola çıkarak Türklerin eski eserlerin korunmasına para harcanmasından memnun olmadığı sonucuna varmıştı.[51] Bu sözlerin arkasında Reinach'ın eski eserlerin gerçek sahipleri konusunda kendi gündemi vardı (bkz. İkinci Bölüm), ancak müzeyi ziyaret eden Türklerin sayısıyla ilgili ifadesi gerçeği yansıtıyordu. Yine de değişim işaretleri yavaş yavaş kendini göstermeye başladı. 1895'te, *Servet-i Fünun*'da yayımlanan "Müzelerden İstifade" başlıklı uzun bir yazı, Avrupa ve Amerika'daki müzelerin eğitimin gelişmesine yaptığı olağanüstü hizmeti ve "daima halkın mizacına seslenmenin" bu müzelerin ön plana çıkmasında oynadığı önemli rolü vurguluyordu. Kemal adlı yazar, iddiasını "bir Washington müzesi müdürü" olan "Mister Gud'un önemli düşünceleri"ne dayandırıyordu. Birinci Bölüm'de tartışıldığı gibi, "Mister Gud" (Smithsonian'ın George Browne Goode'u) müzenin demokratik bir kurum olmasından yanaydı. Bu tavır, Osmanlı basınında Avrupai düşüncelere yapılan daha geleneksel göndermelerden farklı, taze bir bakış sunuyordu. Müzelere ziyaretçi çekmek için, sergilerin onları sıkmayacak ve sürekli çaba göstermelerini gerektirmeyecek şekilde tasarlanması gerektiğini öne sürüyordu. Parçaların sergilenme şeklini arada sırada değiştirmek çok önemliydi, böylece aynı insanlar aynı nesneleri farklı bakış açılarından görebilecekti. Yani müzeler sürekli halkın merakını uyandıracak yeni yollar aramalı ya da en azından aynı nesneleri yeni biçimlerde, yeni

---

50 "Asar-ı Atik," *Servet-i Fünun* 3, no. 55 (19 Mart 1308/31 Mart 1892): 189.

51 S. Reinach, "Le vandalisme moderne en Orient," 163.

modalara uygun olarak göstermeliydi. Kemal Bey, Osman Hamdi'yi üstü kapalı eleştirerek, müze müdürlerinin, repertuvarlarını sık sık değiştiren gazino ve tiyatro gibi eğlence kurumlarının yöneticilerinden öğrenecekleri çok şey olduğunu iddia ediyor, müzeler için sergilerini sürekli yeniden düzenleyecekleri dinamik bir strateji öneriyordu. "Ufak tefek eğlencelerle halk müzelere celb edilmeli ki bunlar istifade-i maneviyyesi de tamim ve temin edilmiş olsun" diye bitiriyordu.[52]

Müze-i Hümayun akademik ve durağan sergileme yöntemini sürdürdü, ama halka açık olduğu uzun saatlere bakıldığında, yerel ziyaretçi sayısı anlamlı biçimde artmış olmalıydı.[53] Müdüriyet belgelerinin ortaya koyduğuna göre müzenin düzgün işleyişi, memurları görevlerinden tümüyle sorumlu tutmak dahil, müzenin programına uymanın önemini vurguluyordu. Bazı personelin işlerini bırakarak "resmi görevleri dışında faaliyetler"e giriştiğini öğrenen yönetim, bütün memur ve bekçilerin müzenin halka açık olduğu saatlerde işlerinin başında hazır olmaları gerektiğini vurguluyordu. Eğer görevlerini yerine getirmezlerse "şiddetle tecziye olunacaklar"dı.[54]

Raporlara göre, öğrenci grupları yerel ziyaretçiler içinde en kalabalığıydı. Öğrenci ve öğretmenler için ücretsiz giriş taleplerini gösteren rastgele kayıtlar eğitim gezilerinin boyutunu ortaya koyuyordu: 1907'de Kızanlık'tan (Bulgaristan) ve İhsaniye'deki (Üsküdar) kız mektebinden, 1910'da Bulgaristan'daki bir Rum ruhban mektebinden, 1914'te Bursa Muallim Mektebi'nden gelmiş böyle talepler vardı.[55] Aslında 1914'te

52 Kemal, "Müzelerden İstifade," *Servet-i Fünun* 10, no. 238 (21 Eylül 1311/3 Ekim 1895): 55–58.

53 Müze saatleri şöyleydi: 1895'te 8:30–16:30; 1900'de 11:00-16:00; 1905'te 10:00-17:00 (Cuma günleri hariç); 1909 kışında 10:00–16:00, yazın 9:30–15:30 arası (cuma günleri hariç) ve 1912'de kışın 10:00-16:00, yazın 9:30–16:30 arası (yıl boyu cuma ve yazın pazar günleri hariç). Coufopoulos, *A Guide to Constantinople*, 88; *Handbook for Travellers*, 160; Baedeker, *Konstantinopel*, 77; Cervati, *Guide horaire général international*, 101; Montmarché, *De Paris à Constantinople*, 305. Bu saatler diğer büyük müzelerin saatleriyle karşılaştırılabilir. Örneğin 1894'te British Museum hafta içinde her gün mevsime göre 10:00-16:00, 17:00 veya 18:00 arasında açıktı. Ancak bazı bölümler haftanın belli günleri 20:00-22:00 arasında da açık olabiliyordu. Giriş ücreti yoktu. Bkz. Baedeker, *London and Its Environs*, 242.

54 İAMA, Müze-i Hümayun, no. 36 ve 37 (19 Mart 1338/19 Mart 1922). Her gün bir deftere 11:00'de imza atılarak işbaşı yapılıyor, 16:00'da imza atılarak işten çıkılıyordu; 12:00-13:00 arası öğle tatili veriliyordu. Belge 1922 tarihli olmasına rağmen, müdüriyetin 1890'lardan itibaren sıkı bir program uygulama çabalarına ışık tutuyordu.

55 BOA, MF.MKT, Dosya 994, Gömlek 19 (11 Ramazan 1925/24 Nisan 1907); BOA, MF.MKT, Dosya 1002, Gömlek 6 (11 Cemaziyülâhir 1325/22 Haziran 1907; BOA, MF.MKT, Dosya 1151, Gömlek 62 (12 Ramazan 1328/16 Eylül 1910); BOA, MF.MKT, Dosya 1197, Gömlek 19 (24 Cemaziyülâhir 1332/20 Nisan 1914).

müze yönetimi öğrenci kalabalıklarıyla kolay başa çıkamaz hale gelmişti. Üç beş okulun ziyaretinin aynı ana denk geldiği, dolayısıyla eğitim konusunda istenen amaca ulaşılamadığı, üstelik "inzibat ve intizam"ı sağlamakta büyük zorluklar çıktığı gibi şikâyetler dile getiriliyordu. Bu sorunu çözmek için, okul müdürlerinin ziyaretten bir hafta önce resmi bir mektupla kuruma başvurması istendi, böylece her okula belli bir zaman dilimi ayrılabilecekti.[56] Bir muallim mektebi öğrencilerine müzede yapılan konuşmanın metni, okul ziyaretlerinin özelliği ve sıklığı konusunda fikir verir. Öğrenciler henüz galerilere girmeden, Çinili Köşk ile yeni bina arasındaki bahçede yapılan konuşmada müzenin Osman Hamdi'nin çalışmalarından önceki ve sonraki statüsüne odaklanılarak, müdürün "vazife aşkı", sıkı çalışması, kararlılığı ve Sayda'daki keşifleri sayesinde sağlanan çarpıcı gelişme vurgulanıyordu. Geleceğin öğretmenleri olarak öğrenciler "mekteplerine, milletlerine ve memleketlerine" bağlılıkta bu dev projeden ilham almaya çağrılıyordu. Ardından müze sözcüğünün kökeninin analizi yapılıyor, sonra da öğrenciler sergilenen parçalar hakkında özel bilgi almak üzere müzeye alınıyordu.[57]

Türkçe katalogların yayımlanması, müzenin eğitim misyonu hakkında bir fikir veriyor. Okul gezilerine hazırlık yapan öğretmenler, öğrencilere koleksiyonla ilgili ön bilgi vermeden önce bunlara başvuruyor olmalıydı. Galeriler arasında grubun ilerleyişini düzenlerken, parçalar hakkında bilgi verirken bu yayınlara başvurduklarını, hatta belki de önemli bölümleri yüksek sesle okuduklarını düşünmek yanlış olmaz. Süreli yayınlarda sıkça yer almasının yarattığı etki kadar olmasa bile kataloglar müzenin Osmanlı kamuoyundaki görünürlüğünü artırmaya da yaramış olmalıydı. Ancak, yerel ziyaretçileri çekmek ikinci derecede bir hedefti; katalogların Türkçe konuşanlar için yazılmaması, Fransızca orijinallerinden çevrilmesi bunu destekliyordu.

Yayın programının hızlı temposu müze yönetiminin daha geniş bir kitleyi mekâna çekme niyetini yansıtıyordu. Çıkan ilk Türkçe kataloglar özel koleksiyonlar üzerineydi. Joubin'in heykel ve mezar anıtlarıyla ilgili katalogları Türkçe olarak 1894'te, orijinalinden sadece bir yıl sonra yayımlandı.[58] Arkasından 1899'da, Fransızca orijinalinden bir yıl sonra Mısır kataloğunun çevirisi çıktı.[59] (Cenaze

---

56 "Müzeyi Ziyaret Meselesi," *Tedrisat Mecmuası* 4, no. 26 (15 Haziran 1330/28 Haziran 1914): 93.

57 Şerif, "Müze-i Hümayun'da Bir Ders," 210–212. *Tedrisat Mecmuası*'ndaki transkripsiyon müzenin içindeki nesneler hakkında verilen bilgileri içermiyordu.

58 Joubin, *Asar-ı Heykeltraşi Kataloğu*; *Luhud ve Mekabir-i Atike Kataloğu*, 1310 (1894) ve 1317 (1900).

59 Müze-i Hümayun, *Asar-ı Misriyye Kataloğu*.

lahitleri üzerine bir kitap olan) *Luhud ve Mekabir-i Atike Kataloğu*'nun 1900'de yayımlanması, bu koleksiyonu görmeye gelen Türklerin sayısındaki düzenli artışın bir kanıtı olabilirdi. Osman Hamdi'nin kitaba yazdığı önsöz, müzeyi "iftihara şayan", "hal-i mükemmeliyat" içinde ve "Avrupa müzeleri derecesinde füyuzat ve itilaya mezkur" olarak niteliyordu. Bunların hepsi imparatorluktaki kazılarda eski eserlerin bulunarak başkente getirilmesiyle sağlanmıştı; eserler arasında Sayda lahitleri ve onları barındırmak üzere yapılan özel bina en önemli yere sahipti.[60] Kitabın kapağı İskender Lahdi'ni yandan gösteren bir çizimle süslenmişti, içeride nesnelerin yerinin işaretlendiği bir plan da vardı.[61]

1903'te yayımlanan Türkçe ilk kapsamlı rehber kitap eserleri oda oda ele alıyor, bahçedekilerle ilgili kısa bilgiler de içeriyordu; metnin sonundaki küçük terimler listesi ziyaretçileri temel arkeolojik sözcük dağarcığı hakkında bilgilendiriyordu. Sonraki üç baskı, yeni kanatlarla ilgili aynı düzeyde bilgi içeriyordu. Metnin başında yer alan "ihtar-ı mahsus" sayfası, ziyaretçilerin uyması gereken kuralları özetliyordu: Bastonlar, şemsiyeler, çantalar ve fotoğraf makinelerinin girişte bırakılması gerekiyordu; salonlarda sigara içmek, eser sergilenen vitrinlere dokunmak, bu vitrinlerin üzerlerine yazı yazmak yasaktı. Muhtemelen müzelere aşina olmayan kişilere seslenen bu uyarılardan sonra, daha eğitimli kitleler bilgilendiriliyordu: Ziyaretçiler sergilenen nesnelerin çizimlerini yapmak istiyorlarsa, müze müdürünün iznini almak ve yönetimin belirlediği koşullara uymak zorundaydılar. Ziyaretçilere ayrıca, katalogları ve belli nesnelerin fotoğraflarını girişte satın alabilecekleri hatırlatılıyordu.[62] Bu girişimlere rağmen müzeye gelen yerli ziyaretçi sayısı azdı. 1913'te Paris'ten yazan Nazmi Ziya buranın "küçük bir müze" olduğu düşüncesindeydi. Barındırdığı nesnelerin sadece eski eserler olduğunu, bu nedenle "biz"e çekici gelmediklerini, koleksiyonun yabancıları cezbettiğini eklemişti. İstanbul halkının "münevver" kesiminden bile çoğu kişi müzeye uzak duruyordu.[63]

Müzenin eğitimde oynadığı rol dolaylı yollarla vilayetlere yayıldı. Antik eserlerin yabancı müzelere taşınmasıyla ilgili 1874 nizamnamesinin kısıtlamalarından yakınan

60 Joubin, *Luhud ve Mekabir-i Atike Kataloğu*, 1310 (1894), 3–4, 7.

61 Osman Hamdi Joubin'in 1898 tunç eşyalar ve takılar kataloğuna yazdığı giriş yazısında Türkçe bir yayının hazırlanmakta olduğunu söylüyordu ama bu projeden daha sonra vazgeçildiği anlaşılıyor. Bkz. Musée Impérial Ottoman, *Bronzes et bijoux*.

62 Mehmed Vahid, *Rehnüma*, 1337 (1919). Önceki baskılar 1319 (1903), 1325 (1909) ve 1330 (1914) tarihliydi.

63 Nazmi Ziya, "Müzeler ve Meşherler," *Şehbal* (sene 5) 4, no. 79 (15 Temmuz 1329/28 Temmuz 1913): 138. Yazarın belki de Sanayi-i Nefise Mektebi öğrencileri için hazırlanan Avrupa resimleri koleksiyonundan haberi yoktu (Bkz. Birinci Bölüm), çünkü birkaç yıldır Paris'teydi.

Salomon Reinach, 1883'te (manidar bir şekilde, daha sıkı olan 1884 nizamnamesinin arefesinde) taşrada müze olmadığı için imparatorluğun çeşitli yerlerinde bulunan nesnelerin İstanbul'a gönderilmeden önce en yakın hükümet konağına taşındığını, buralarda geçici (ve özensiz) olarak depolandığını belirtmişti.[64] "Öteki" taraftan okunduğunda ise bu olay aslında ülke mirasının değer kazandığını gösteriyordu; Osmanlı modernitesinin yeni devlet kurumlarıyla yani imparatorluk otoritesini ve yönetimin merkezileşmesini temsil eden başkentteki müze ve hükümet konaklarıyla bu miras arasında bir bağ kuruyordu. Ciddi sayıda insanın hükümet konaklarında vitrine çıkan eski eserlere ilgi duyduğunu düşünmek yanlış olmaz; bu insanlar arasına eserleri korumakla yükümlü olanlar, hükümet konağında çalışanlar, çeşitli işler için binaya girip çıkanlar ve eserleri taşınırken seyredenler de dahil edilebilir. En azından bir örnekte, Beyrut'ta, 1884'te inşa edilmiş hükümet konağının avlusunun İstanbul'a gitmek üzere bekleyen eski eserlerin iftiharla sergilendiği geçici bir açık hava müzesine dönüştürüldüğünü biliyoruz.[65]

Sonraki bir tarihte, Sungurlu Kaymakamı'nın Boğazkale'deki Hitit kazısının ardından yazdığı bir rapor, eserlerin (bu örnekte "asar-ı atika ve tarihiye haiz-i ehemmiyet olan kiremit üzerine muharrer kitabelerin") korunması için uygulanan yöntemler konusunda başka bir bakış açısı sunuyordu. Müze-i Hümayun'un kazıyı yönetmek üzere görevlendirdiği Makridi Bey, "kemal-i dikkat ve maharetle" yapılan özel kasaların üretimini bizzat denetlemişti. Ayrıca Müze-i Hümayun, nesneleri incelemek üzere kazı alanını ziyaret eden "ecnebiler" ve gece bekçileri için bir dinlenme yeri olarak da hizmet görecek, güvenli bir depo olarak kullanılacak "sağlam" bir bina inşa ettirmişti. Bu binanın "suret-i daime" ve "mütemadiye" ile eski eserleri saklamak için kullanılacak olması, bir çeşit yerel müze olarak da kullanılabileceğini gösteriyordu.[66]

Lise binaları da eski eserleri (bazen sürekli olarak) depolamak üzere kullanılıyordu. 1897'de bildirildiğine göre, yeni bulunmuş eski eserler en yakındaki idadilere taşınarak orada fotoğraflanacaktı. Daha sonra içlerinden en önemlileri Müze-i Hümayun'a gönderilecek, geri kalanlarsa bu okulların avlularında sergilenebilecekti.[67] Bu tür sergilemelerin etkisinin ne olduğunu bilmek mümkün olmayabilir ama

---

64   S. Reinach, "Le vandalisme moderne en Orient," 163–164.

65   Çelik, *Empire, Architecture, and the City*, 180 [*İmparatorluk, Mimari ve Kent*].

66   İAMA, Müze-i Hümayun, Sungurlu Kaymakamından mektup (17 Cemaziyülevvel 1325 ve 15 Temmuz 1323/28 Temmuz 1907).

67   *Moniteur Oriental*, 26 Ocak 1897, şu kaynaktan alınmıştır: Young, *Corps de droit ottoman*, 2:389. 1884 tarihli Asar-ı Atika yasasının 3. maddesine ilişkin bir not.

derslerde bunlardan söz edildiğini, söz konusu eserlerin öğretmen ve öğrencilerde merak uyandırdığını hayal etmek çok yanlış olmazdı.

Bazı durumlarda, İstanbul'daki yetkililer bütün memurların, lise müdürlerinin, maarif müfettişlerinin ve öğretmenlerin eski eserlerin çalınması ihtimaline karşı uyanık olmalarını istiyordu; bir Alman arkeoloğun 1898'de Nemrut'taki dört heykeli götürmesinin ardından böyle bir talep gelmişti.[68] Örneğin Musul'daki yerel yetkililerin, vilayetteki alanların şüphesiz pek çok değerli eski eserle dolu olması dolayısıyla, "asar-ı atika fennine aşina" kişilere duyulan ihtiyaçtan söz etmesi anlamlıydı.[69] Osman Hamdi, Musul vilayetinde yabancıların yaptığı kazıları, yani Asurlardan kalma "kıymetdar" eski eserleri denetleme görevini tam olarak yerine getirebilmesi için Bedri Bey'in ücretinin artırılmasını talep ederek, Osmanlı memurlarının oynadığı kilit rolü Dahiliye Nezareti'nin dikkatine sunmakta önemli rol oynamıştı.[70] Kazıların denetimi daha önce görülmemiş düzeye ulaştı, hatta demiryolu inşaatını bile kapsadı. Yabancı şirketlere demiryolu yapımı için verilen imtiyazlarda, inşaat sırasında eski eser bulunursa müzeye haber verilmesi ve ilgili yasanın uygulanması koşulu eklendi.[71] Yani inşaat işçileri bile gözlerini açık tutacaktı. Yabancı arkeologlardan gözünü ayırmaması istenen, Amerikalı bir gözlemcinin "casusluk şebekesi" adını taktığı her rütbeden Osmanlı memurlar, arkeologlar için korkulan bir güç, yeni bir sorun halini almıştı.[72] Eski eserlerin korunmasının geniş bir memur grubuna verilmesi, hırsızlık ve kaçakçılığı yasaklayan yasalar ve eski eser keşfedenlere verilen ödüller, sıradan halkın bu eserlerin değeri konusundaki bilincinin artmasında rol oynamış olmalıydı.

Eski eserlerin eğitimle (dolaysız ve dolaylı yollarla) kamuoyunda değer kazanmasını sağlamak, kuruluşundaki ilk hedef değilse de Müze-i Hümayun'un görevleri arasına girmişti. Müze yönetiminin okul ziyaretlerinin artması üzerine bulduğu yöntem, yönetmelik ve tüzüklerde yazılı değildi, yeni taleplere göre doğaçlama olarak geliştirilmişti. Metropolitan Sanat Müzesi'ndeki sahne farklıydı: Kamu eğitimi başlangıcından beri (13 Nisan 1870'te kabul edilen tü-

---

68 BOA, DH.MKT, 2222/77, AH (9 Ramazan 1317/11 Ocak 1900).

69 İAMA, Müze-i Hümayun, Hazine-i Hassa-i Şahane, Emlak-i Hümayun İdaresi'nden (Musul) Müze-i Hümayun Müdiriyet-i Aliyesi'ne mektup (13 Zilhicce 1308 ve 8 Temmuz 1307/20 Temmuz 1891).

70 İAMA, Müze-i Hümayun, Müze-i Hümayun Müdiri Hamdi'den Nazir-i Hazine-i Hassa'ya mektup (20 Muharrem 1309 ve 12 Ağustos 1307/24 Ağustos 1891). Hamdi Bey'in talebinin nedeni müze bütçesinin Bedri Bey'e hak ettiği fazladan ücreti ödeyecek fona sahip olmamasıydı.

71 Örneğin bkz. *Actes de la Société du Chemin de Fer Ottoman de la Syrie*, 13 (22. madde).

72 Bent, "Hamdi Bey," 617.

zükte belirtildiği ve yukarıda alıntılandığı gibi) bir öncelikti. Kuruluş tüzüğü ve yönetmelikleri, müzeyi haftada dört gün, ayrıca pazar günleri dışında bütün resmi tatillerde ücret almadan açık tutarak her gelir grubundan insanın ziyaret etmesini özendirmek üzere geliştirilmişti.[73] Çalışan sınıftan insanların müzeyi ziyaret edebileceği tek gün olan pazar günü müzenin kapalı olması tartışmalı bir konuydu; mütevelli heyeti ve bir dizi dini örgüt –aralarında Amerikan Şabat Birliği, New York Presbiteryan Kilisesi, Hanımların Hıristiyan Birliği ve Metodist Episkopalyan Kilisesi New York Doğu Konferansı vardı– pazar günleri müzenin açılmasına karşı çıkıyordu. Ancak 1881'den başlayarak baskının gittikçe artmasıyla birlikte, 1882'de 100.000 kişinin imzalayarak Parklar Müdürlüğü'ne yolladığı bir dilekçe, gazetelerin ve Merkez İşçi Sendikası ve Amerikan Seküler Sendikası gibi işçi sendikalarının da desteklemesiyle, müze pazar günleri büyük bir başarıyla kapılarını açtı: Açıldığı ilk pazar günü, 31 Mayıs 1891'de salonlara 14.624 kişi doluştu.[74] Tek bir yıla odaklanırsak, 1894'te müzeyi ziyaret eden toplam 511.881 kişiden 176.589'u pazar günlerinde gelmişti.[75] Bu tür tepkiler, New York'ta halkın Metropolitan'ı nasıl kucakladığını açık olarak gösteriyordu.

Eğitimcilere geniş ayrıcalıklar tanınmıştı: "New York kentindeki kamu okullarının ve adı geçen kentteki ücretsiz hizmet veren diğer tüm öğrenim kurumlarının öğretmen ve profesörleri [kütüphane dahil] bütün avantajlardan yararlanacaktır" deniyordu.[76] Mart 1905'te, mütevelli heyetinin bir kararı eğitim kuruluna iletildi: Bir öğretmen, tek başına veya en fazla altı öğrencisiyle birlikte başvurduğunda ücret ödemeden müzeye kabul edilecekti. Sonuçlar kararın ne kadar başarılı olduğunu gösteriyordu: 1 Mayıs-1 Kasım 1905 tarihleri arasında 320 öğretmen öğrencilerini müzeye getirmişti.[77] Öğretmenleriyle gelen öğrenci sayısı 1906'da 2.224'tü, 1907'de bu sayı 5.527'ye fırlamıştı.[78] Müze 1908'de gururla kapılarının "halkın girebildiği bütün zamanlarda öğretmenlere ve okul çocuklarına açık olduğunu, [...] pazartesi ve cumaların ise sadece onlara ayrıldı"ğını bildiriyordu. Diğer ziyaretçiler bu günlerde para ödemek zorundaydı. Kentin tramvay şirketiyle

73   *Charter of the Metropolitan Museum of Art*, 27.

74   *The Metropolitan Museum of Art*, 10; Howe, *A History of the Metropolitan*, 239–245; Burrows ve Wallace, *Gotham*, 1082.

75   "Art Museum's Progress: Twenty-Fifth Annual Report of the Trustees," *New York Times*, 8 Mart 1895.

76   *Charter of the Metropolitan Museum of Art*, 27.

77   "Cooperation of the Museum and the Public Schools," *The Metropolitan Museum of Art Bulletin* 1, no. 1 (Kasım 1905): 5.

78   "Cooperation with the Schools," *The Metropolitan Museum of Art Bulletin* 4, no. 3 (Mart 1909): 42.

(Metropolitan Street Railway), öğretmenlerin öğrenci sayısını, gidilecek noktaları ve zamanı bildirerek ayarlayabileceği, çocukların müzeye getirilip götürülmesini kolaylaştıran bir anlaşma yapılmıştı.[79]

Müze, koleksiyonlarının okul müfredatında kullanımıyla doğrudan ilgileniyordu. New York Halk Kütüphanesi, Metropolitan ve American Museum of Natural History [Amerikan Doğa Tarihi Müzesi] ekipleri birlikte çalışarak öğrencilerin incelemesi için müzedeki belli eserleri seçmiş, kütüphanelerden bunlarla ilgili okumalar belirlemişti. Bu bilgi Manhattan, Bronx ve Staten Island'daki ilkokullarda duvarlara asılan afişlerle duyuruluyordu. 1905-1906 eğitim öğretim yılında New York Halk Kütüphanesi'nin çeşitli bölümlerine, afişlerde belirtilen okumalarla ilgili olarak kırk beş bin başvuru yapılmıştı.[80] Müze çalışanlarının bilgi verebilmesini sağlayabilmek için, öğretmenlerin öğrencilerini hangi eserleri görmeye getireceğini önceden bildirmeleri isteniyordu. Öğretmenler ayrıca stereoptikonların bulunduğu odalardan ayırtabiliyor, galerileri gezmeden önce öğrencilere burada giriş dersleri verilebiliyorlardı. Kütüphaneden sınıfta kullanılmak üzere kitap ve fotoğraf da alınabiliyordu.[81] Müze görevlileri öğrenci ve öğretmenlere ders veremiyorsa da, önceden başvurulması koşuluyla, öğretmenlere koleksiyonlarla ilgili yapacakları konuşma konusunda yardım edebiliyorlardı.[82]

Metropolitan Museum of Art ayrıca 1880'den 1887'ye kadar halka yönelik bir dizi "endüstriyel sanat okulu" da açmıştı; bunlar önceleri bedavayken sonra "uygun bir ücret"e tabi olmuştu. Bu kurslarda ağaç işleme, maden işleme, dekoratif boyama, tasarım, modelleme, serbest çizim, mimari ve mekanik çizim, çini yapımı ve örme gibi çok sayıda ders veriliyordu. Müzenin içinde değil, bütün Manhattan'da Union Meydanı'ndan Birinci Cadde'ye kadar yayılan ve büyük rağbet gören bu "müze okulları", Metropolitan'ı tarihinin ilk dönemlerinde kentin sıradan dokusuna sokmakta önemli bir rol oynadı.[83]

Tarihsel kayıtların dengesizliği, iki müze arasında madde madde karşılaştırma yapmayı imkânsız kılıyor; ancak eldeki veriler iki eğilime işaret ediyor: Metropolitan kitlelerin eğitimine adanmış bir kamu kurumu olarak hizmete

---

79 "What the Museum Is Doing for Public Schools," *The Metropolitan Museum of Art Bulletin* 3, no. 9 (Eylül 1908): 174.

80 Edwin White Gaillard, "The Public Library, the Schools, and the Museums of the City," *The Metropolitan Museum of Art Bulletin* 1, no. 11 (Ekim 1906): 142.

81 "What the Museum Is Doing for Public Schools," 174.

82 "Help Offered by the Museum to Teachers in High Schools," *The Metropolitan Museum of Art Bulletin* 2, no. 11 (Kasım 1907): 181.

83 "Müze okulları" için bkz. Howe, *A History of the Metropolitan*, 202–205.

başlamış ve akademik eğitimi de hedefleri arasına sokarak böyle kalmıştı; Müze-i Hümayun ise tamamen akademik bir başlangıç aşamasından sonra yavaş yavaş daha çok kişiyi bünyesine dahil eden bir eğitim kurumuna dönüşmüştü, ancak hiçbir zaman Metropolitan kadar geniş kitlelere ulaşamamış ve onlar tarafından benimsenmemişti.

DÖRDÜNCÜ BÖLÜM

Okuyan Osmanlılar ve Eski Eserler

Resmi ve gayri resmi kanallardan oluşan bir ağ, eski eserlere duyulan genel ilgiyi besliyordu. Müzeler kapılarını geniş ziyaretçi kitlelerine açmış; toplu taşıma müzelere ulaşımı kolaylaştırmış; okul kitapları eski uygarlıkları işlemeye başlamış ve klasik edebiyat müfredata girmiş; çağdaş edebiyat klasik referanslara gittikçe daha çok yer vermeye, seyyahlar kişisel gözlemlerini aktarmaya, rehber kitaplar temel bilgileri sağlamaya, tarihi konuları işleyen popüler kitaplar piyasaya çıkmaya ve süreli yayınlar müze koleksiyonları ve arkeolojik buluşlarla ilgili düzenli haber vermeye başlamıştı. Avrupa başkentleri antik dönem kültürü ve nesneleriyle ilgili bilginin yayılmasında ön safta rol aldıysa da, Amerikan kentleri de sıçrayarak büyüyen yeni kurumlarıyla onlara kısa sürede yetişmişti. İstanbul başta olmak üzere Osmanlılar da bu birbiriyle bağlantılı dünyaya katılarak, modernite paketinin bir parçası olan eski eserlerin farkına varmış ve onları kabul etmişti. Osmanlı sahnesinin tamamını anlatmak bu kitabın boyutlarını aşsa da, İstanbul'da yayımlanan süreli yayınların hızla taranması, konunun nasıl ele alındığına, hangi düşüncelerin ortaya atıldığına, ayrıca bunların arkasındaki ideolojik konumlanmaların nasıl değiştiğine ışık tutar. Abdülhak Hamid'in Ninova'da geçen bir tiyatro oyunuyla Lord Byron'ın *Sardanapalus*'u arasında yapılacak bir karşılaştırmanın ortaya koyduğu gibi, antik dönemin edebiyatta kullanılışı da konuyu başka bir açıdan tamamlar.

Popüler Basın

Eski eserlere yönelik akademik ilgi Osmanlı seçkinleri içinde küçük bir grupla sınırlı olabilirdi, ancak 19. yüzyıl sonunda antikite kültürü yayınlar aracılığıyla toplumun daha geniş kesimlerine ulaşmaya başlamıştı. Antikçağı genel tarih ve okul müfredatının ana anlatılarına sokan tarih derlemeleri ve okul kitapları bunda önemli rol oynadı. Bunlara paralel olarak, Müze-i Hümayun'un kurulmasıyla büyümesinin ve arkeolojik araştırmaları denetlemek ve eski eserlerin yağmalanmasını önlemek için alınan yasal önlemlerin verdiği hızla, Osmanlı süreli yayınları yurtiçinden ve yurtdışından müzeler ve kazılarla ilgili haberler, belli kazı alanlarını tanıtıcı yazılar ile eski geçmişi anlamanın değeri ve tarihi mirası korumanın önemi üzerine genel makaleler yayımlamaya başladı. Önemli bölümü resimli olan geniş bir yelpazedeki popüler dergiler tartışmaya katıldı, ancak bunların içinde *Servet-i Fünun* öne çıkı-yordu. En uzun yaşayan süreli yayın olarak ve 1891-1944 yılları boyunca Osmanlı İmparatorluğu ile Türkiye Cumhuriyeti arasında köprü kurarak bu dergi konuya pek çok sayfa ayırmış, derinlik, uzunluk ve biçim açısından farklı yazılarla değişik yönlerini ele almıştı.

"Asar-ı atika fenni" üzerine 1902 tarihli bir makale, arkeolojinin en yeni bilimler arasında bulunduğu iddiasıyla bu konuda kaydedilen akademik gelişmeleri popüler hale getirmeye çalışıyordu. Yazar, geçmişin kullanımını Yunanlara ve Romalılara kadar götürüyor, eski eserlerin ilk başta "ganimet" statüsüyle kullanıldığını açıklı-yordu; Mısır'dan getirilen dikilitaşlar bile "nişane-i zafer" olarak görülmüş, tarihsel değerleri anlaşılmamıştı, ünlü Yunan eserlerini betimleyen birkaç Romalı düşünür bunların incelenmesi için sistematik bir yöntembilim geliştirmemişti. Rönesans döneminde Yunan-Roma antik kalıntılarını inceleyip yorumlayanlar biliminsan-ları değil sanatçılar olmuştu, 17. ve 18. yüzyıllarda ise gezginler Yunan eserlerini bulundukları yerde incelemeye başlamıştı. Ancak, eski kalıntıları incelemeye ve sınıflandırma sistemleri geliştirmeye yönelik belli "usul ve kavaid"e sahip gerçek "asar-ı atika fenni" 19. yüzyıla özgü bir olguydu ve müzelerin kurulmasıyla el ele gelişmişti. Tarihe anlam vermek için mimari yapılar, heykel, resim, madalyon, günlük eşyalar, takılar ve silahlar gibi fiziksel ürünleri eski uygarlıkların edebiya-tıyla birlikte ele almak gerekiyordu; arkeoloji ve "ilm-i lisan ve filoloji" sağlıklı bir bakışı açısına ulaşmak için birbirine muhtaçtı.[1]

Yeni "asar-ı atika fenni"nin katkıları, imparatorluk sınırları içindeki belli alanlara ayrılmış birkaç makalede öne çıkarılıyordu. Fırat ve Dicle nehirleri arasında (dergi tam yeri belirtmiyordu) gün yüzüne çıkarılan ve ünlü bir Fransız kimya uzmanı tarafından incelenmekte olan bir bakır parçası ilk uygarlıklarla ilgili çığır açıcı bir buluş, "tunç" çağından önce bir "bakır çağı"nın var olduğuna dair muhtemel bir kanıt olarak sunuluyordu.[2] Aydın Vilayeti'nde 1870'lerde baş-layan ve "usul-ü fenni"ye göre sürdürülen "ciddi" kazılar, müzeleri zenginleştiren son derece değerli eserlerin ortaya çıkarılmasını sağlamıştı.[3] Babil'deki kazılar

---

1   "Muhasebe-i İlmiye (İlm-i Asar-ı Atika)," *Servet-i Fünun* 23, no. 579 (16 Mayıs 1318/29 Mayıs 1902): 108–109.

2   "Asar-ı Atika," *Servet-i Fünun* (Sene 2) 4, no. 102 (11 Şubat 1308/23 Şubat 1893): 378–379.

3   "Milet Harabelerinde Yeni Hafriyat," *Servet-i Fünun* 35, no. 887 (10 Nisan 1324/23 Nisan 1908): 36.

sırasında bulunan kalıntıları daha iyi değerlendirmek için arkeologlar tarihçi ve filologlarla çalışmaya başlamıştı.[4] O dönemde sadece bazı bölümleri kazılmış olan Sardis'teki araştırma, 1910'da Amerikalı arkeolog Howard Crosby Butler'a emanet edilmişti; Butler, Suriye'de yaptığı çalışma nedeniyle "fenni" uzmanlığıyla tanınan bir arkeologdu. Devam eden çalışmasının sonucu şimdiden, bir "hafriyat-ı cesime" (dev bir kazı) sırasında bulduğu Artemis Tapınağı'nın "mükemmel" durumunda görülebiliyordu.[5] Arkeolojinin başka disiplinlerle yaptığı işbirliği, uygarlıklar tarihinde düzeltmeler yapmış, müzeleri eserlerle doldurmuş ve eski anıtları yeniden hayata döndürmüştü.

Yurtdışındaki kazı alanlarından aktarılan haberler de aynı temayı işliyordu. Yirmi bin yıllık bir uygarlığa ait, kum altında kalmış Mısır antik eserlerinin ortaya çıkarılışı, insanlık tarihinin ilk evresi olarak kabul edilen döneme ilişkin güvenilir bilgiler elde edilmesini sağlamıştı. Ancak, anıtlar ve nesneler bu misyonu tek başlarına yerine getiremezdi; Avrupalı biliminsanları "Mısıriyet" (eski Mısır bilimi) denen bağımsız bir bilim dalı geliştirmişti. Mısır uygarlığı konusunda yapılan çalışma, eski eserler ilminin ön saflarında yer alıyordu ve Mısır'daki müzeleri dünyanın en önemlileri arasına sokmuştu.[6] Cezayir'deki Roma kenti Timgad'ı kazan arkeologlar dağılmış parçaları toplayarak özgün yerlerine yerleştirmek gibi zor bir görevle karşı karşıya kalmıştı; bu da büyük uzmanlık ve sıkı çalışma gerektiren bir işti. Örneğin çalışma 1892'de başladığında, Jüpiter Tapınağı'nın yalnızca iki sütunu bulunmuştu; kalıntıların tamamının temizlenmesi iki yıl sürmüştü. Tümüyle gömülü durumdaki zafer takı ancak 1898'de özgün haline kavuşturulmuştu.[7]

İmparatorluktaki Eski Eserlerle İlgili Haberler

Popüler basın, imparatorluktaki eski eserlerin zenginliğiyle ilgili sık sık haber yapıyordu. Haberler ve daha uzun makaleler doğrudan doğruya bu eserleri betimliyordu ama yazarların özel ilgi alanlarına göre yorumlarla doluydular. Habere eklenen resimler metinleri tamamlıyor ve görsel öyküler anlatıyordu. Kapsamlı olduğu söylenebilecek bu yayınlardan seçilen örnekler, iddiaların nerelere odaklandığını, ayrıca konuların ve yazı türlerinin yelpazesini ortaya koyuyor.

---

4 "Muhasebe-i Tarihiye – Babil Şehri," *Servet-i Fünun* 23, no. 579 (16 Mayıs 1318/29 Mayıs 1902): 102.

5 "Asar-ı Atika – Sard Harabeleri," *Şehbal* 5, no. 86 (15 Teşrinisani 1329/8 Aralık 1913): 268.

6 "Mısır'da Asar-ı Atika Keşfiyatı," *Servet-i Fünun* 7, no. 161 (31 Mart 1310/12 Nisan 1894): 70.

7 "Timgad Harabeleri," *Servet-i Fünun* 29, no. 732 (21 Nisan 1321/4 Mayıs 1905): 50.

Yazılarda, tartışılan kentleri yaratmış uygarlıkların tarihiyle ilgili kısa bilgiler bulunuyordu; gerçi bunların referansları verilmemişti ama rastgele, zaman zaman da güvenilir olmadığı kabul edilen kaynaklardan toparlandıkları anlaşılıyordu. Yazarlar, bu kaynakların güvenilirliğini sorgularken, hayranlık duydukları, ancak yeni gelişmekte olan bu disiplinin eksik yönleri konusunda okurları uyarıyordu. Bazı durumlarda, örneğin Babil için eldeki bilgi belirsizdi: Kentin tarihinin MÖ 2600'e kadar gittiği, Nemrud tarafından kurulduğu, Asurlular döneminde geliştiği ve MS 500'e kadar varlığını sürdürdüğü kabul ediliyordu.[8] Ancak birkaç yıl sonra, Babil'in tarihi konusunda biliminsanları arasında anlaşmazlık ortaya çıkmış, kentin Nemrud tarafından kurulduğu varsayımı kuşku uyandırmaya başlamıştı. Kentin gelişimine Semiramis'in de karıştığı iddiaları ve Büyük İskender'in buraya yönelik tamamlanmamış projeleri bir ölçüde doğru olabilirdi, ama bütün bu bilgiler Yunan tarihçilerin dağınık yazılarına dayanıyordu.[9] Bazı tarih kitaplarına göre, Palmira'nın tarihi Hz. Süleyman'a kadar gidiyordu. Şam, Halep ve Hums arasında bulunan Palmira, konumu nedeniyle Irak-Suriye yolu üzerinde bir ticaret merkezi olarak ünlü ve zengin bir kente dönüşmüştü. Roma döneminde refaha kavuşmuş, hükümdarlarından biri Perslere karşı Romalıları desteklediği için "Augustus" sanını bile kazanmıştı. Ancak hükümdarın karısı Zenobia Romalılara karşı direnişe geçince, Romalılar Palmira'yı MS 272'de işgal etmiş, yakıp yıkmış ve kraliçeyi esir almışlardı. Bizans imparatoru Justinianus büyük bölümünü yeniden yaptırdığı halde kent bir daha asla eski şanına kavuşamamış ve Emevi işgali sırasında kent tekrar yıkılmıştı.[10] Baalbek'in kökeni de Hz. Süleyman dönemine kadar gidiyordu; bu yerleşim Palmira'yla aynı zamanda kurulmuş ve özellikle Romalıların Suriye'yi işgalinden sonra gelişmişti. Romalılar kente Heliopolis adını takarken, özgün adının anlamını benimsemişti; Baalbek, Süryani dilinde "şems (güneş) kenti" anlamına geliyordu.[11]

Etkileyici boyutu ve sanat eserleriyle Palmira ve Baalbek'le karşılaştırılabilecek bir nitelikte olduğu söylenen Gerasa kentine (Ceraş, Ürdün) ilişkin bilgiler ilk olarak Avrupalı gezginler sayesinde yayılmıştı. *Servet-i Fünun* bu "şayan-ı dikkat" kentin eski Yunan döneminde kurulduğunu belirten Avrupalı gezginlerden güvenilir otorite olarak bahsediyordu. Özel olarak, Alman Şarkiyatçı Ulrich Jasper Seetzen'in 1806'da

---

8   B. Mustafa Rıza, "Mütevvia Acaib Seb'a-i Alem," *Hamiyet* 1, no. 9 (15 Ağustos 1302/27 Ağustos 1886): 71.

9   Kadri, "Muhasebe-i Tarihiye – Babil Şehri," *Servet-i Fünun* 23, no. 579 (16 Mayıs 1318/29 Mayıs 1902): 102.

10   "Tedmür Harabeleri," *Maarif* 2, no. 28 (13 Şubat 1307/25 Şubat 1892): 19.

11   "Asar-ı Atika Kısmı: Balbek," *Musavver Malumat-ı Nafia* 1, no. 12 (1 Mayıs 1330/14 Mayıs 1914): 180.

yaptığı gezi ve *Travels in Syria and the Holy Land* [Suriye ve Kutsal Topraklarda Geziler] adlı eseri 1822'de yayımlanan İsviçreli seyyah John Lewis (ya da Jean Louis) Burckhardt'ın 1810 ve 1812'de yaptığı gezileri, kentin bulunmasında kilit rol oynamıştı. Sonraki daha ayrıntılı anlatılar bu kişilerin iddialarının geçerliliğini destekleşmişti. Söz konusu anlatılar George Adam Smith'in *Historical Geography of the Holy Land* [Kutsal Toprakların Tarihsel Coğrafyası] (1894) ve bölgeyi ziyaret eden Amerikalı seyyahlar William Libbey ve Franklin Evans Hoskins'in 1905'te yayımladığı *The Jordan Valley and Petra* [Ürdün Vadisi ve Petra] adlı kitaplarıydı. Bu Amerikalılar, Gerasa ve Petra üzerine verdikleri özenli bilgi ve ayrıntılarla biliniyordu.[12] Birkaç yıl sonra bir başka makale, Gerasa'nın bölgedeki gücünü ve egemenliğini gösteren "rütbe-i kemal"e çıkmasının MS 1. yüzyılda Romalılar döneminde olduğunu ekliyordu.[13]

Müze-i Hümayun'un komiserlerinden biri ve birkaç kataloğun yazarı (bkz. Üçüncü Bölüm) Gustave Mendel'in Sardis üzerine *Şehbal*'de yayımladığı yazı, kalıntıların "antik yerleşimler arasında en tanınmış olanlardan biri"ne ait olduğunu ve burada hâlâ devam eden geniş çaplı akademik araştırmaların yapıldığını belirtiyordu. Ancak yazar araştırmayla ilgili verdiği bilgilerde, işin başında "Mösyö Butler"ın bulunduğunu belirtmekle yetiniyor, daha fazla ayrıntıya girmiyordu. Tarihi bilgi olarak bir dizi not aktarıyordu: Sardis, Lidya krallığının başkenti ve dünyanın "en zengin" ve "en mutlu" insanı Krezüs'ün şehriydi, Büyük İskender tarafından ziyaret edilmişti, Suriye kralı Antiochus'un işgali sırasında zarar görmüş ancak Romalılar tarafından yeniden inşa edilmişti, canlı bir Hıristiyan halka sahipti, 14. yüzyılda Timur tarafından tümüyle ve bir daha ayağa kalkmayacak şekilde yıkılmıştı.[14] Troya'ya gelince, bu kentin tarihi dergide aynı yıl önceki bir tarihte yayımlanmıştı ve yazı Truva Atı öyküsünden ibaretti.[15]

Bu örneklerde gözlemlendiği haliyle, imparatorluğun başlıca arkeolojik alanlarının tarihini ele alan yazıların kısalığı ve gelişigüzelliği Osmanlı döneminin sonunda arkeolojik söylemin özelliklerini olduğu kadar bu söylemin genel durumunu da yansıtıyordu. Haberlerin parça parça oluşu, popüler basının üslubu çerçevesinde de anlaşılabilirdi ve resmin tamamını kavramak için bunları tarih kitaplarıyla

---

12 "Ceras Harabeleri," *Servet-i Fünun* 34, no 882 (6 Mart 1323/19 Mart 1907): 372–373.

13 "Asar-ı Atika: Suriye Vilayetinde," *Servet-i Fünun* 2, no. 45 (15 Teşrinisani 1327/28 Ekim 1911): 416.

14 Müze-i Humayun Muhafızlarından Mendel, "Asar-ı Atika: Sard Harabeleri," *Şehbal* (Sene 5) 4, no. 86 (15 Teşrinisani 1329/8 Aralık 8, 1913): 268.

15 Cemal, "Asar-ı Atika: Truva Şehr-i Kadimi," *Şehbal* (Sene 4) 3, no. 68 (1 Kânunusani 1328/14 Ocak 1913): 394.

akademik yayınlardaki daha kapsamlı ve sistematik yaklaşımla karşılaştırarak dengelemek gerekebilirdi. Dergiler temel bilgileri aktarıyor ve arkeolojik alanları okurlarına kısa ve kolay anlaşılır bir şekilde tanıtıyordu. Bunu yaparken ülkenin tarihinin karmaşıklığını, barındırdığı çokkatmanlı uygarlıkları ve geriye bıraktıklarını sergileyerek, geçmişe yönelik yeni bir bilinç ve gurur aşılamak için cesurca bir hamle yapıyorlardı. Tarihsel servetin değerinin Batılı uzmanlarca kabul edilmesi, entelektüel ilerleme ve modernitenin bir başka yönü olarak bu değeri Osmanlı zihniyetine kazıma çabasında kuşkusuz önemli bir rol oynamıştı.

Aynı makalelerdeki tarihsel arka planla ilgili bilginin azlığı ve dağınıklığıyla karşılaştırıldığında tarihsel alan betimlemeleri daha ayrıntılı ve kampsamlıydı, yazarların kişisel deneyim ve izlenimlerini yansıtıyordu. Zamanla sayıları artan illüstrasyonlar ve bunlara eşlik eden açıklamalı resimaltı yazıları betimlemeleri tamamlıyor, hatta bazı durumlarda kendi hikâyelerini anlatıyordu. Bütün anlatımlar belli bir alanı daha geniş bir coğrafi bölge içine yerleştirerek nehir, vadi, dağ gibi bilinen başka noktalara, en yakın yerleşimlere, ulaşılabilecek başlıca kentlere yakınlığıyla tanımlayarak başlıyordu. Eğer başlıca ulaşım yolları üzerindeyseler, bu bilgi özellikle vurgulanıyordu. Örneğin Sardis yakınlarındaki Sart köyü İzmir-Afyon demiryolu hattının üzerindeydi, Hicaz demiryolu ise Baalbek'in yakınından geçiyordu.[16]

Avrupalı araştırmacılar arkeolojik verileri yorumlarken varsayımsal rekonstrüksiyonlar yapmıştı; 1892'de *Servet-i Fünun*'un kapağında yer alan Bergama agorası gibi (RESİM 4.1). Beraberindeki metin, görüntünün yerleşimin MÖ 233'teki durumunu yansıttığını açıklıyor ve okurları resmin "sıhhati" konusunda güvence veremeyeceği konusunda uyarıyordu; ancak illüstrasyon, bölgede gün yüzüne çıkarılmış antik kalıntılardan yola çıkılarak hazırlanmıştı.[17] Birkaç ay sonra Bergama ile ilgili bir başka yazıda aynı çizimden söz ediliyor, bunun 1879'da başlayan, pek çok değerli eski eserin bulunduğu kazıları üstlenen Alman arkeoloji ekibinin bir üyesi tarafından yapıldığı belirtiliyordu. Resim, fotoğraflarda görülen şimdiki kalıntılara bakılarak kolayca anlaşılamayacak bir görkemi sergiliyordu. Ancak çizimin sürekli sergilenmesiyle, antik yerleşim okurların zihnine kazınmış olmalıydı. Metin "kubbelerinin örtüsü delik bulunan" binaları, büyük bir kitaplıktan geriye kalanları, akropoldeki kalenin etkileyici kalıntılarını betimliyordu; ama Bergama'nın eskiden sahip olduğu, "medeniyet-i kadimenin ilerisindeki" konumunun izlerini bunlarda aramak boşunaydı, bu ancak büyüleyici resimde bulunabilirdi.[18]

---

16   "Asar-ı Atika – Sard Harabeleri," 268; "Asar-ı Atika Kısmı: Balbek," 81.

17   "Bergama," *Servet-i Fünun* 4, no. 66 (4 Haziran 1308/16 Haziran 1892): 220.

18   "Bergama Kasabası Kenarında Asar-ı Atika," *Servet-i Fünun* (Sene 2) 4, no. 83 (1 Teşrini-evvel 1308/13 Ekim 1892): 84.

RESİM 4.1 Bergama, MÖ yaklaşık 3. yüzyıl, rekonstrüksiyon çizim. (*Servet-i Fünun* 4, no. 66 [4 Haziran 1308/16 Haziran 1892])

Babil kalıntıları hayal gücüne Bergama'dan bile çok şey bırakıyordu, çünkü bu eski kentin bulunduğu yerde şimdi yalnızca "birkaç kalıntı, küçük tepeler, su kuleleri ve siperler" vardı.[19] Kentin "meşhur asma bahçeleri"ni canlandıran ve 1886'da *Hamiyet*'te yayımlanan çizim, sanatçının hayal dünyasına ait olsa bile, Babil'le ilgili efsanelere görsel bir boyut kazandırıyordu (**RESİM 4.2**). Bütün binalarda yaygın olarak tuğla kullanıldığı alandan anlaşılıyordu; bir hendekle çevrili yüz tunç kapı ve iki yüz elli kuleden oluşan güçlü surlar, büyük bahçeleri taşıyan geniş kemerler ve boş alanları kaplayan yüksek ağaçlar ise ancak çeşitli yazarların yazılı anlatımlarından biliniyordu.[20] *Servet-i Fünun*, Babil ile ilgili aynı bilgilerin bazılarını daha uzun bir makalede aktarırken surların yüksekliğinin 92,5 metre, genişliklerinin 23 metre olduğunu ve iki sur arasında da arabaların dönmesini sağlayacak kadar mesafe bırakıldığını belirten Herodotos'a gönderme yapıyordu. Herodotos'un sözleri abartılı gözükebilirdi ama yazar bunların gerçek olduğunda ısrar ediyor ve iddiasını surlar üzerinde altı arabanın yan yana gidebileceğini belirten bir başka eski filozofa, Philo'ya dayandırıyordu. Philo ayrıca Babil'in iç yapısının son derece düzenli olduğunu, sokaklarının birbirini dik açılarla kestiğini yazmıştı. Yazılı malzemeye dayanan *Servet-i Fünun*'daki makale, Fırat Nehri'nin kestiği şehrin iki yakasının farklı dönemlere ait olduğunu, sağ yakadakinin çok eski zamanlara kadar gittiğini, soldakinin ise MÖ 7. yüzyıla tarihlendiğini belirtiyordu.

---

19   Kadri, "Muhasebe-i Tarihiye – Babil Şehri," 103.

20   B. Mustafa Rıza, "Mütevvia Acaib Şeba-i Alem," 71.

RESİM 4.2 Babil Bahçeleri, rekonstrüksiyon çizimi. (*Hamiyet* 1, no. 9 [15 Ağustos 1302/27 Ağustos 1886])

Sol yakadaki surlar Mısır örneklerine benziyordu; sağ yakadakiler ise üç duvardan oluşuyordu ve yükseklikleri dışarıdan içeriye doğru gittikçe artıyor, dolayısıyla bir piramidi andırıyordu. Bu bilgilerin hiçbirini sorgulamayan yazar, Babillilerin kemer ve tonoz yapımını bilmediği iddialarına kuşkuyla yaklaşıyordu.[21]

Kalıntıların özgün yerleşimle ilgili daha çok şey anlattığı durumlarda, betimlemeler deneyimsel bir tavırla sahadaki gerçekliği izliyor, okuru kentin içinde gezdiriyordu (RESİM 4.3). Gerasa'nın 5.800 metre boyunca uzanan surları vadiyi iki noktada kesiyor ve kuzey-güney yönünde 916 metre uzunluğundaki düz bir anacaddeyle ikiye ayrılmış kenti kuşatıyordu; caddenin iki yanı sütunlarla doluydu, bunlardan üç dört bin tanesi hâlâ ayaktaydı. Yüzeyi Roma tarzında taş döşeliydi. Ana kapı bu caddenin kuzeyinde bulunuyordu, sütunlarla çevrili yuvarlak forum ise güneydeydi. Anacaddeye dik bir başka cadde kenti doğu-batı ekseninde kesiyordu. Forumdan biraz ötede bir tepenin üzerinde yer alan sütunlu tapınak bütün kenti gören bir manzaraya sahipti. Biri foruma yakın, diğeri anacaddenin batısındaki iki tapınak, başlıca anıtlardı. Kısmen yok olmuş olsalar da bu tapınakların sütunları gerçekten zarifti. Ayrıca şehirde iki tiyatro vardı; bunlardan beş bin kişilik olanı bölgedeki bütün diğer tiyatroları sadece büyüklük açısından değil, "düzen ve mükemmellik" açısından da geçiyordu. Diğer tiyatro ise "vahşi hayvanlar"ın da dahil olduğu gösterilere ayrılmıştı.[22] Panoramik görüntü bütün yerleşimi gösteriyor, buranın ihtişamını gözler önüne seriyordu.

---

21 Kadri, "Muhasebe-i Tarihiye – Babil Şehri," 102–103.
22 "Ceras Harabeleri," 373–374.

جرش خرابه لری

جرش خرابه لرنده شمس معبدی

جرش خرابه لرينك جنوب طرفندن منظره سی

RESİM 4.3 Gerasa üzerine bir makale, Güneş Tapınağı'nı ve güneyden genel manzarayı gösteren fotoğraflar eşliğinde. (*Servet-i Fünun* 34, no. 882 [6 Mart 1323/19 Mart 1907])

MÖ 8. ve 9. yıllara kadar giden Miletos, zamanın başlıca ticari merkezlerindendi; dört limanı ve 100 metre uzunluğunda, 11 metre genişliğinde bir rıhtımı vardı. Ana caddesi 30 metre enindeydi; cadde üzerindeki binalar arasında bir hamam ve bir okul bulunuyordu, ünlü Apollon Tapınağı ise caddenin güney ucundaydı. 1899'da başlayan kazılar tapınağın ne kadar geniş olduğunu göstermiş, Apollon'u ve "'müz' denilen perileri" gösteren ince işli heykelleri ortaya çıkarmıştı. Meydanları zengin süslemeli anıtlar çevreliyordu ve Miletos'un yirmi beş bin kişilik "mükemmelen süslü" amfitiyatrosu Anadolu'daki bütün eski tiyatroları geride bırakıyordu. Yazıya eşlik eden fotoğrafların gösterdiği gibi, kazılar bu eski yerleşimin gelişim derecesini ve mimari yapısını ortaya koyuyordu (**RESİM 4.4**).[23]

Yine Batı Anadolu'da, Sardis'teki yapı kalıntıları arasında bir tiyatro, bir stadyum, hamamlar, *gymnasium* ve tapınaklar, ayrıca Bizans döneminden bir bazilika ve surlar

---

23 "Milet Harabelerinde Yeni Hafriyat," 36–37.

RESİM 4.4 Miletos, amfitiyatro. (*Servet-i Fünun* 35, no. 887 [10 Nisan 1324/23 Nisan 1908])

vardı (**RESİM 4.5**). Kazılar Yunan tanrıçası Artemis'e adanmış İyonya üslubundaki tapınağın neye benzediği konusunda iyi bir fikir veriyordu. "Dipteros benzeri" tipteki tapınağın dar cepheleri iki sıra sütunla çevrelenmişti, uzun cephelerinde ise sadece tek bir sıra vardı. Ayrıca dar taraftaki revaklar iki sütunla "cella" duvarlarında öne doğru çıkmıştı, bu da Artemis Tapınağı'nı tasarımıyla bilinen diğer örneklerden ayıran bir özellikti. Özgün hallerinde ayakta duran iki sütun 20 metre yüksekliğindeydi, kırılmış olan diğerleriyse 9 metreydiler. Buna ek olarak alanda güzel İyonya sütun başlıkları ve başka parçalar, gümüş nesneler ve "Lidya dili"nde yazılmış çeşitli levhalar bulunmuştu. Bu yazıtlar arasında bir tanesi "akademik açıdan olağanüstü önemli"ydi, çünkü ikinci bir dil olarak Aramiceyi de içeriyordu. Kazılar ayrıca Paktolos Nehri'nin sol yakasında dağlarda Pers ve Yunan tarzında oyulmuş mezarları da ortaya çıkarmıştı. Mezarlarda bulunan ve şimdi Müze-i Hümayun'da barındırılan "nazik ve nadide" eşyalar, antik dönemde takı sanatıyla ilgili önemli bir belge niteliğindeydi.[24]

Servet-i Fünun muhabiri M. Sadık uzun bir makalede Baalbek'in iki bölgeden oluştuğunu anlatıyordu; birincisi Fenike ve Romalılar, ikincisi (kale ve camiler) Araplar döneminde inşa edilmişti. Yazar ilk bölümü bölge bölge taramış, yapıyı anlatmaya Fenike duvarları ve Roma tonozlarıyla "bir çeşit galeri" olarak tanımladığı ana kapıdan başlamıştı. Tonozları Herakles ve Diana'nın kabartma heykelleri süslüyordu; süslemeden anlaşıldığına göre taşlar önce yerlerine oturtulmuş, sonradan

---

24   Mendel, "Asar-ı Atika: Sard Harabeleri," 268–269.

RESİM 4.5 Sardis, Artemis Tapınağı. (*Şehbal* [Sene 5] 4, no. 86 [15 Teşrinisani 1329/8 Aralık 1913])

yontulmuştu. Bu galerinin iki tarafındaki odalar da oymalarla ustaca süslenmişti. Geçit tapınağın ana girişine gidiyordu, burası harabe halindeydi. Oradan her tarafında rahip odalarının bulunduğu altı bölümlü salona ulaşılıyordu. Ardından 112 metre uzunluğunda ve 95 metre genişliğindeki büyük salon geliyordu, odalardaki kabartma ve heykeller yıkılmıştı. Sonraki alan kentin gururu ve mimari harikası olan Güneş Tapınağı'ydı, o da büyük ölçüde tahrip olmuştu. Cepheyi saran Korent tarzı elli sekiz sütundan yalnız altısı kalmıştı. Güneş Tapınağı'nın güneyindeki, cephesi yine sütunlu olan Jüpiter Tapınağı önceki tapınakla boyut ve anıtsal özellikleri açısından yarışamazdı. Ancak mimarlar ve antik dönem uzmanları, Jüpiter Tapınağı'nı Suriye'deki tapınak kalıntıları arasında en zarif işçiliğe sahip örnek olarak kabul ediyordu. Bu kompleks dışında yazar, Arapların kalede açıkça görülen hayranlık uyandırıcı mimari yaratıcılığından, Venüs Tapınağı'nda kullanılan büyük taşların yapımındaki teknolojik mucizelerden ve 1,5 ton ağırlığında olduğu düşünülen ve Avrupalıların "siklopik" dediği "seşnekpare"nin (tek taş) esrarından söz ediyordu.[25]

Osmanlı basını antik yerleşim alanlarındaki kent sanatından, geometrik düzenden, ana ve tali yolların etkileyici hiyerarşisinden ve anıtsal kent alanlarından büyük bir hayranlıkla söz ediyor, bunları –Osmanlı İmparatorluğu'nun son döneminde takıntılı hedeflerinden– uygarlık ve ilerlemeyle ilişkilendiriyordu. Yazarlar tarafından açıkça belirtilmemiş olsa da, bu büyük tarihsel kentlerle karşılaşmanın, okurları o sırada başkentte ve imparatorluğun bütün diğer kentlerinde sürdürülmekte olan kentsel düzenleme faaliyetleri ve kamusal bina yapımı konusunda düşünmeye ittiğini varsaymak yanlış olmaz. 1860'lardan başlayarak düz, geniş caddeler ve açık meydanlarla tanımlanan, "modern" ve teknolojik açıdan ileri bir kentsel tasarım, eski kentlerin dokularını değiştirmeye başlamıştı. İstanbul'un başlıca yolu Divanyolu'nun (Bizans dönemindeki *mese*) genişletilmesi sırasında olduğu gibi bazı durumlarda, arkeolojik kalıntılarla kurulan bağlantılar açıkça görülüyordu, müdahaleler daha çok değeri artan Osmanlı öncesi tarihsel alanlarda (örneğin *mese*, Hipodrom-Atmeydanı ve Ayasofya'nın karşısındaki forum) ve anıtlarda (Constantinus Sütunu gibi) yoğunlaşmıştı. Başka durumlardaysa eski merkezlerin (örneğin Şam ve Halep) dışında gelişen ızgara tipi yapılaşma, çevrelerindeki coğrafyada bulunan antik yerleşimleri hatırlatıyordu. Bu gelişmeler aynı dergilerin işlediği başlıca konular arasındaydı. Bol resimli bu yazılar, antik dönemin mimari diliyle Osmanlı mimarisinin geç döneminde yaygınlaşan neoklasisizm arasındaki

---

25   M. Sadık, "Balbek'te Bir Gece," *Servet-i Fünun* 5, no. 119 (28 Mayıs 1325/10 Haziran 1909): 232–224.

ilişkileri içeriyor, çağdaş ilerlemeyi eski uygarlıkların eserleriyle karşılaştırmak için vesileler yaratıyordu.[26]

Antik kalıntıların seyyahlar açısından çekiciliği, mirasın değerini ortaya koyarak başka bir tema oluşturuyordu. Palmira, mimarisine hayran olan ve dev taşların bu kadar yükseğe nasıl çıkarıldığını merak eden yabancıların hep ilgisini çekmişti. Ayakta duran kanıta bakarak kentin eski uygarlığının refahı konusunda bir fikir edinebiliyorlardı ama asıl dikkatlerini çeken hep Güneş Tapınağı olmuştu.[27] Sardis ve Baalbek gibi yerlere gitmek demiryolları sayesinde kolaylaşmış ve turizmin ekonomik yararları anlaşılmıştı; örneğin her yıl binlerce insan Baalbek'e giderek ciddi miktarda para harcıyordu.[28] Pratik bilgilerle dolu, kısa, davet edici seyahatnameler gibi okunan makalelerle turizm Osmanlılara yöneltilmiş ve yeni bir seyahat yolu açılmıştı. Baalbek'e gitmek için yolcunun Şam veya Beyrut'ta bir arabaya binmesi gerekiyordu; yedi saat süren uzun, zor bir yolculuktan sonra Bekaa Vadisi'nde güzel yerleşimi ve nefis havasıyla tanınan Şatura'ya ulaşılıyordu. Yerel lokantadaki mükemmel suyu içip lezzetli yemekleri yiyen yolcu tekrar yola çıkıyor, dağa doğru tırmanırken Cizvitlerin işlettiği büyük bir bağdan ve Bekaa Vadisi'nin verimli tarlalarından geçiyordu. Akşam saati yaklaşırken batan güneş, iki tarafta resim gibi köylerle dolu büyük dağların sürekli değişen sahnelerini daha da güzelleştiriyordu. Bu deneyim öyle tatmin ediciydi ki, Boğaziçi'nde yapılacak keyifli bir sandal gezisinden farksızdı. Güneş karla kaplı tepelerin arkasında kaybolurken evleri, bağları, bahçeleri, yüksek ağaçları ve kalıntılarıyla "pembe bir tül"ün ardındaymışçasına küçük Baalbek kenti gözüküyordu (RESİM 4.6).[29]

Palmira Oteli'nde tavuk çevirmeyle fıstıktan üzüme kadar zengin malzemeli tatlılarla bir ziyafet çektikten ve dinlendirici bir gece geçirdikten sonra, Baalbek'i binlerce yıldır uyandıran "tatlı bir sabah rüzgârı" seyyahı da uyandırıyordu. Kalıntılara doğru yapılan gezi süslü oymalar, kabartmalar ve yapıların "cesamet-i fevkaladesiyle ve suret-i inşası"yla çevreye yayılan "terakki ve mamuriyet" seyyahı hayrete düşürüyordu. İçinde yaşanan "şu devr-i terakkide ve akla gelmez makinelerin ve aletlerin ihtiva olduğu [...] şu asr-ı medeniyet"te seyyahlar, mimarlar ve mühendisler bunların karşısında şaşkınlık içinde kalakalıyor, yorumlar yapmaya başlıyordu. M. Sadık'ın grubundan bir Fransız mühendis, dev taşların "sath-ı

---

26   Geç Osmanlı dönemi kentlerindeki bu gelişmelerle ilgili daha geniş analizler için bkz. Çelik, *The Remaking of Istanbul* [*Değişen İstanbul*] ve *Empire, Architecture, and the City* [*İmparatorluk, Mimari ve Kent*].

27   "Tedmür Harabeleri," 19.

28   "Asar-ı Atika Kısmı: Balbek," 181.

29   M. Sadık, "Balbek'te Gece," 231.

RESİM 4.6 Baalbek, genel görünüm. (*Servet-i Fünun* 5, no. 119 [28 Mayıs 1325/10 Haziran 1909])

meyil" (eğimli yüzey) yöntemiyle kaldırıldığını iddia etmişti, yani bir tepe oluş-
turulmuş, taşlar yüz binlerce işçi tarafından tepeye çıkarılarak binadaki yerlerine
yerleştirilmişti; yazara göre bu açıklama doğru olabilirdi ama kanıtlanmış değildi.
Ertesi gün Baalbek'e yaklaşırken izlenimlerini aktaran M. Sadık, o bahar günü
girişin tepesinden görüldüğü kadarıyla coğrafi ortamın yine romantik bir resmini
çiziyordu: Vadi boyunca uzanan zümrüt yeşili bahçelerin ortasında, arka plandaki
Cebelü'ş-Şarki Dağları'yla (Anti-Lübnan dağları) birlikte harabe halindeki anıtlar,
doğanın güzelliğinin içinde "beşeriyetin iktidarı"nı gösteriyordu.[30]

Gezi rehberi türünün kurallarına uyan M. Sadık, çağdaş şehirle ilgili de bilgi
veriyordu. Şehrin beş bin kişilik nüfusu Müslüman ve Hıristiyanlardan oluşu-
yordu; yeni Osmanlı binaları arasında "daire-i hükümet" ve kışla öne çıkıyordu;
harabe halindeki Emevi camisine ek olarak başka camiler, mezarlar ve okullar
vardı; Hıristiyanların da birkaç kilisesi bulunuyordu, ama en etkileyici Hıristiyan
binası, kapısında "Her gelen sefa gelsin" diyen levhasıyla İngiliz misyoner oku-
luydu. Yazar, insani manzarayla ilgili bir izlenim de aktarıyordu: "Masum ve saf
köylü kızları" misafirlere küçük çiçek buketleri veriyordu. Sadık Bey'in Baalbek
yolculuğu, bu kızların genç, gülümseyen yüzlerinin hatırasının kalıntıların yol
açtığı "muhakemat-ı filozofi"nin arasına sızışıyla sona eriyordu.[31] Yazar ilginç
bir şekilde, Alman İmparatoru II. Wilhelm'in 1898'de yaptığı ziyaret dolayısıyla
Jüpiter Tapınağı'nın duvarına takılan hatıra levhasından söz etmemişti. Zamanında
basında çok büyük yer alan bu olay, Osmanlı-Alman işbirliğinin ve II. Wilhelm

---

30 Agy., 232–234.
31 Agy., 231, 234.

ile II. Abdülhamid arasındaki dostluğun bir anısıydı.[32] II. Abdülhamid'i deviren İkinci Meşrutiyet rejimi döneminde yazıldığı için yazarın bu levhadan söz etmemesi muhtemelen bilinçli bir tercih, rejim değişikliği konusunda sessiz bir tutumdu.

Troya'yla ilgili bir yazı, okura doğrudan sesleniyor ve yolculuk öğütleri veriyordu: "Truva harabelerine gitmek için, Çanakkale'de bineceğiniz arabanın sürücüsüne Hisarlık yoluna çıkmasını söylemelisiniz." Cemal adındaki yazar yolu ayrıntılarıyla tarif ediyordu; yol kıyı boyunca bir buçuk saat gittikten sonra güzel çamlarla kaplı bir tepeye çıkıyor, yeşillik arasından boğazın mavi suları ve uzaktaki Çanakkale ile birlikte muhteşem bir manzara sunuyor, yolcuya bu toprakların pek çok uygarlığa ev sahipliği yaptığını hatırlatıyordu. Bir saat daha sonra, araba sürücülerin yarım saatlik bir ara vermeyi âdet edindiği Eren köyüne ulaşıyordu. Daha sonra tepeden aşağıya doğru iniyordu. Taşlı yolda sağa dönünce, yolcular Kumkale ovasına giriyor ve kırk beş dakika sonra küçük bir tepenin üzerindeki kalıntılara ulaşıyordu. Ne yazık ki, Roma zamanından kalma olduğu düşünülen bir havuz, birkaç kırık çömlek ve çok derin bir kuyu dışında görülecek fazla şey yoktu. Daha sonra Cemal Bey alanda yapılan çalışmalarla ilgili bilgi veriyordu; pek çok kazı yapılmış ve bölge derinlemesine aranmıştı. Bunların en önemlisini gerçekleştirmiş olan Alman araştırmacı Heinrich Schliemann, 1871'de 16 metrelik bir kazıyla üst üste yapılmış dört kent ortaya çıkarmıştı. Bunlar hakkında temel bilgiler dışında fazla bilinen bir şey yoktu. Dördüncü kentin "çok eski zamanlar"dan kaldığı düşünülüyordu, ikincisinde ileri bir uygarlığın varlığını işaret eden ipuçlarına ulaşılmıştı (Birinci ve üçüncü kentlerden söz edilmiyordu). Tepenin çevresinde surların temel taşları görülebilirdi. Ancak yazara göre, böylesine efsanevi bir kentin tek bir tepe üzerine inşa edilmiş olduğu düşünülemezdi, burası muhtemelen sadece sarayın bulunduğu yerdi. Yazar, yerleşimin tepeyi çevrelediğini tahmin ediyordu ancak buralar henüz kazılmamıştı. Peyzaj konusunda coşkulu, harabelerin durumu konusunda ise tarafsız hatta ilgisiz olan yazı, antik eserlerle ilgili nizamnamelerin çıkmasına katkıda bulunan çok hassas bir konuya, yağmalama sorununa değiniyordu. Yazar, sadece olaylardan söz eden mesafeli bir bakışla, pek çok antik parçayı toprak altından çıkaran Schliemann'ın, bunların arasında bulunan çok ender silah ve çanak çömleği olduğu gibi alıp götürdüğünü belirtiyordu.[33] Alman arkeoloğun

32 Açılış törenini gösteren fotoğrafların bazıları için bkz. Bahrani, Çelik ve Eldem, *Geçmişe Hücum*, 270–271. Bunlar o zaman *Servet-i Fünun*'da da basılmıştı.
33 Cemal, "Asar-ı Atika: Truva Şehr-i Kadimi," 394.

o zamana kadar kendisinin yayımladığı fotoğraf ve çizimler sayesinde çok iyi bilinen "hazineler" ve takılardan söz etmemesi ilginçti.[34]

Yurtdışındaki Eski Eserlerle İlgili Haberler

Dünyanın başka yerlerinde yeni bulunmuş antik eserlerle ilgili haberler sık sık dergilerde yayımlanıyordu. Bu haberler *Servet-i Fünun*'un ilk yayın yılından itibaren "asar-ı atika" başlığı altında görülmeye başladı; uzunlukları ilk başlarda tek bir paragrafı geçmiyordu. Her zaman bilgilendirici ve sistematik olmayan metinler, meraklılarına seslenen notlardan ibaretti. Yazılar Osmanlı topraklarındaki keşiflerle arada bir bağ kurmaya çalışmıyor, ancak bazen başka hiçbir bağlamda haber konusu edilmeyen yerlerle ilgili olabiliyorlardı, böylece geniş bir arkeoloji dünyası çiziliyordu. İsviçre'nin Schaffhausen bölgesindeki kazılarda, insanlığın o zamanki koşullarına ilişkin değerli bilgi veren eski zamandan kalma önemli sayıda nesne bulunmuştu;[35] demir çağından kalma olduğu düşünülen bu nesnelerle ilgili başka bir açıklama yoktu. Kafkasya'da geniş bir mağaranın içinde Sasani döneminden kalma olduğu düşünülen bir yerleşim ortaya çıkarılmıştı; burada pek çok çeşme ve iki veya üç katlı evlerin olduğu söyleniyordu. Rüyaya benzer ortam, meşalelerin ışığında parlayan doğal oluşmuş stalaktitlerle zenginleşiyordu.[36] Taşkent'te bir İskit yerleşiminde kazı başlamış ve bulunan on dört bin antik parça Türkistan'dan St. Petersburg'daki Eski Eserler Komitesi'ne gönderilmişti. Bir kanal açılışı sırasında Meksika'da ortaya çıkan geniş bir Aztek yerleşiminin kalıntıları üç katlı evlerden oluşuyordu. Alanda ayrıca iyi korunmuş on sekiz mumya bulunmuştu; bunlar Avrupalıların fethinden çok önce kıtadaki eski uygarlığın iyi bir örneğini oluşturuyordu.[37] Macaristan'da, Hun atlılarının gömüldüğü düşünülen üç yüz mezarda miğfer ve silahlar ortaya çıkarılmıştı; iskeletlerin yüzü doğuya bakıyordu. Mezarlardaki nesneler Budapeşte'deki müzeye götürülmüştü.[38] Atina'da Dionysos Tapınağı'nın çevresinde bulunan pek çok taştan birinde kurban törenini gösteren bir kabartma vardı; kabartma MS 2. veya 3. yüzyıla tarihlenmişti ama alandaki

---

34 Bkz. Schliemann, *Trojanische Alterthümer. Şehbal*'de yazan yazarın bu çalışmadan haberi olmadığı anlaşılıyordu, çünkü bu kitaptan herhangi bir bilgiyi yazısında kullanmamıştı.

35 "Asar-ı Atika," *Servet-i Fünun* 5, no. 106 (11 Mart 1308/23 Mart 1892): 31.

36 "Asar-ı Atika," *Servet-i Fünun* (Sene 2) 4, no. 91 (26 Teşrinisani 1308/8 Aralık 1892): 203.

37 "Asar-ı Atika," *Servet-i Fünun* (Sene 2) 4, no. 92 (3 Kânunusani 1308/15 Aralık 1892): 220.

38 "Asar-ı Atika," *Servet-i Fünun* 6, no. 143, 208.

birkaç heykel daha eski bir döneme aitti.[39] Sicilya'da Selinunte kalıntılarında sürdürülen çalışma, iç surların tamamen temizlenmesiyle sonuçlanmış, birbirini dik açılarla kesen iki ana arter etrafında örülen kentin planının ortaya çıkmasını sağlamıştı. Apollon ve Afrodit tapınakları ve kent kapıları gibi başka önemli kalıntılar da toprak altından çıkarılmıştı. Taşların incelenmesi üzerine, iç surların Yunan döneminden önce yerel halk tarafından yapıldığı ve Yunanların daha sonra bunları onardığı tahmin ediliyordu. Alanda bulunan çanak çömlek ve heykel gibi toprak nesnelerin değeri tartışmalıydı.[40]

Daha önemli olduğu düşünülen bazı alanlarla ilgili haberler daha ayrıntılıydı. Bunlar arasında Mısır ve Pompeii öne çıkıyordu. Mısır'da Fransız arkeolog Jacques Jean Marie de Morgan'ın 1894'te Memfis yakınlarındaki Dahşur mezar kompleksine yaptığı ve sadece birkaç gün süren keşif gezisinin, önceki kuşaktan Auguste Mariette ve Gaston Maspero'nun araştırmalarından çok daha başarılı olduğu anlaşılmıştı. Morgan piramidin bir tarafını temizlemiş, mumyalar ve değişik nesnelerle eksiksiz bazı lahitleri barındıran bir galeriyi ortaya çıkarmıştı. Üzerindeki işaretlerden anlaşıldığına göre, lahitler kraliyet ailesine aitti ve bu, keşfin gün yüzüne çıkardığından çok daha zengin bir "hazine"nin varlığına işaret ediyordu. Burada olması beklenen değerli nesnelerin bulunmayışı, makalede sözü edilen alışılmış eski eser yağması sorununu gündeme getirmişti. Yağmacıların gözünden kaçmış olanlar arasında altın takılar ve değerli taşlar vardı, bu paha biçilmez nesneler Kahire'deki müzeye götürülmüştü (Makalenin sonunda bir de liste veriliyordu). Yazar bunların sosyokültürel sonuçlarını şöyle yorumluyordu: Mısır üst sınıfına ait bu kusursuz süslemeler, kadınların 19. yüzyıl sonunda olduğu gibi dört bin yıl önce de kafalarını güzelleşmeye takmış olduğunu gösteriyordu.[41]

Pompeii'nin düzeni ve zenginliği iki bin yıllık bu yerleşim yerini ziyaret edenleri etkilemişti. İtalyan hükümetinin sıkı çalışması ve cömertliği sayesinde evler, sokaklar ve resmi binalar küllerden temizlenmiş, bir elektrikli tramvay burayı Napoli'ye bağlayarak turizmi kolaylaştırmıştı. Ortaya çıkan en şaşırtıcı şey, bütün sokaklarda görülen düzen olmuştu, bazıları diğerlerine göre daha dar olsa da, aralarında hiçbir dolambaçlı yol bulunmayan eksiksiz bir ızgara tipi oluşturuyorlardı. Ayrıca iki kenarında kaldırım bulunan yollar suyun akışını kolaylaştıracak bir eğime sahipti. Evlerin düzeni Şam'ı hatırlatıyordu: Giriş kapısı bir koridora açılıyor, oradan da odalarla çevrili bir bahçe veya avluya çıkılıyordu. Pencereler içerideki bu açık alana

---

39   "Şuunat-ı Asar-ı Atika," *Servet-i Fünun* 8, no. 202 (12 Kânunusani 1310/24 Ocak 1895): 320.," *Servet-i Fünun* 7, no. 168 (19 Nisan 1310/1 Mayıs 1894): 191.

40   "Asar-ı Atika," *Servet-i Fünun* 8, no. 202 (12 Kânunusani 1310/24 Ocak 1895): 320.

41   "Mısır'da Asar-ı Atika Keşfiyatı," 70–71.

bakıyordu; dış cephelerde pencere yoktu. Konutlar ince bir zevk ve sanatla yapılmış mermer heykel ve sütunlarla süslüydü; kazı sırasında bulunan bu eserler Napoli Müzesi'ne götürülmüştü. Kent dokusunda belediye binaları ve Doğu'daki hamamlara benzeyen Roma hamamları da vardı, ancak kubbeleri çökmüştü. Yine de yazar asıl mahkemeler karşısında şaşkınlığa uğramıştı; Avrupa'daki hiçbir çağdaş mahkeme binasının Pompeii'dekinin "mükemmelliyet"ine erişemeyeceğini iddia ediyordu.[42]

Dünyanın diğer yerlerindeki arkeolojik keşiflerle ilgili haberler ülkedeki bulgularla ilişkilendirilmiyordu. Ancak ilgili okurlar bu bağlantıyı kendileri kuruyor olmalıydı. Müze-i Hümayun'un açıldığı dönemde modern Avrupa müzeleri Osmanlı dergilerinde fazla boy göstermiyordu, gösterdikleri zaman da küçük bir yer veriliyordu. Başka yerlerden arkeolojik haberlerde olduğu gibi, karşılaştırma yapılmıyor, herhangi bir yargıda bulunulmuyordu. *Servet-i Fünun*'un ilk yıllarından iki örnekte Fransız müzeleri Versailles ve Louvre, basmakalıp övgü sözcükleriyle göklere çıkarılmıştı. Sarayın bir bölümünde yer alan Versailles'daki müze, buranın sahip olduğu tarihsel önem nedeniyle, dünyada eşi benzeri bulunmayan bir müze olarak tanıtılmıştı. Kısa paragrafta bahçelerden, havuzlardan, fıskiyelerden söz ediliyor ve son cümlede *Avrupa'da Ne Gördüm* başlıklı bir seyahatnameye gönderme yapılıyordu.[43] Louvre'la ilgili yazı, binaların betimlemesiyle başlıyor, yaklaşık yapım tarihleri veriliyor, kompleks "eski" ve "yeni" Louvre olarak ikiye ayrılıyor, bütün sarayın artık halkın para ödemeksizin ziyaret edebildiği bir müze olduğu belirtiliyordu. Müze o kadar büyüktü ki, elinde bir plan olmadan gezmek imkânsızdı, eserleri incelemeden çeşitli salonlardan hızla geçmek bile iki saat alıyordu. İlk katta "mermer heykeller ve meşhur bu gibi antik eserler" tutuluyordu. Yazar, bu eserlerin yazılı açıklamalarını anlamak için arkeoloji bilimini yakından bilmek gerektiği gibi entelektüel açıdan dışlayıcı bir mantık kurarak, bunların ayrıntılarını vermenin gereksiz olduğunu belirtiyor ve anlatısını kısa tutuyordu. Ancak, Mısır bölümünün Avrupa müzeleri arasında en önemlisi olduğunu ekleme zorunluluğu hissetmişti. Kısa bir yazıda bütün Mısır koleksiyonu hakkında bilgi vermeye kalkmanın saçma olacağını da söylüyordu; önemli olan nokta, bunların son derece gelişmiş bir toplumu temsil etmeleri ve bu toplumun gelenek ve yaşam tarzını ortaya koymalarıydı. Yazar turunu diğer galerileri tarayarak bitiriyor, ilk kattaki takı salonunda durarak, antik dönemde ulaşılan ustalığın ne kadar yüksek derecede olduğunu vurguluyordu. Asıl ilgilendiği yer ikinci kattaki deniz müzesiydi,

---

42 "Resimlerimiz: Pompei Harabeleri," *Servet-i Fünun* 44, no. 1129 (10 Kânunusani 1328/23 Ocak 1913): 261–262.

43 "Müze," *Servet-i Fünun* 3, no. 57 (2 Nisan 1308/14 Nisan 1892): 74.

burada başka malzemelerin yanı sıra Fransız tarihi boyunca kullanılan gemilerin, askeri ve ticari limanların aslına uygun modelleri sergileniyordu.[44]

Servet-i Fünun'da sözü edilen *Avrupa'da Ne Gördüm* adlı seyahatnamenin yazarı, gazetenin editörü olan Ahmed İhsan'dı. 588 sayfalık kitap bu makalelerden birkaç ay önce, 1891'de basılmıştı. Ahmed İhsan'ın farklı Avrupa kentlerine yaptığı yolculukların anlatısı, birçok açıdan dikkate değer ve Avrupa müzeleriyle ilgili bölümleri bir tartışmayı hak eder. Kitabın tonu, yazar okurla sohbet ediyormuşçasına resmiyetten uzaktı. Anlatı, güzergâhını gösteren bir haritayı izliyor, çeşitli yerlerin tarihi hakkında ciddi bilgiler ve günbegün belli kentlerin yapısını ve kentsel biçimini (yani ana ve tali caddeler, sokak mobilyaları, ulaşım ağı, parklar, ev tarzları ve başlıca binalar) anlatan notlar içeriyordu. Ayrıca turistlere otel, lokanta, kafe ve eğlence yerlerinde işe yarayacak tüyolar veriyordu. Ahmed İhsan günün toplumsal ve kültürel yaşamıyla tarihi iç içe anlatıyor ve fotoğraflardan yapılmış gravürlerle en çok önem verdiği görüntüleri resimliyordu. Kültüre ve güzel sanatlara duyduğu ilgi, "ana binalar" başlığı altındaki müzelere ayrılmış bölümlerde ortaya çıkıyordu. Avrupa'daki ilk durağında Marsilya'daki Palais Longchamps'da bulunan müzeyi ziyaret etmesi anlamlıydı. Söylediğine göre, –"orman gibi"– geniş ve gür bir bahçede bulunan kentin bu "en mükemmel" binası, Fransa'nın çeşitli yerlerinden getirtilmiş bitkileriyle meşhurdu ve girişte harika bir havuzu vardı. Sarayın iki kapısı iki müzeye açılıyordu: Harika resimlerle dolu güzel sanatlar müzesi ve daha da etkileyici olan doğa bilimleri müzesi. Güzel sanatlar bölümünde yazar, resimlerin kopyalarını yapan pek çok genç kadın bulunduğunu merakla gözlemlemişti. Ancak diye ekliyordu, ziyaret ettiği başka Avrupa müzelerinde bu sahneye alışmış ve bunun "ahval-i adiyeden" (sıradan bir durum) olduğu sonucuna varmıştı (RESİM 4.7).[45]

Ahmed İhsan *Avrupa'da Ne Gördüm*'de yaptığı Louvre betimlemesinden parçaları alarak, kaynağını belirtmeden ve değiştirmeden *Servet-i Fünun*'daki makalede kullanmıştı; tek fark kitaba bir iç görüntünün eklenmesiydi (RESİM 4.8).[46] Londra'da Madame Tussauds Müzesi'ni ziyaret etmeden duramamıştı ama British Museum'da da epeyce zaman geçirmişti. British Museum'un Hans Sloane'in hükümete yaptığı cömert bağışla başladığını (bu olay belli ki Ahmed İhsan'ı bayağı etkilemişti) ve hükümetin çeşitli saraylardan nadir sanat eserlerini getirerek desteklediğini anlatıyordu. Bu büyük çabalar, sonunda müzenin hak ettiği uluslararası üne ulaşmasını sağlamıştı. Yazar, müzenin farklı bölümlerini liste halinde verdikten

---

44 "Luvr Müzesi," *Servet-i Fünun* 6, no. 134 (23 Eylül 1309/5 Ekim 1893): 59.

45 Ahmed İhsan, *Avrupa'da Ne Gördüm*, 6, 19–20.

46 Agy., 94–99.

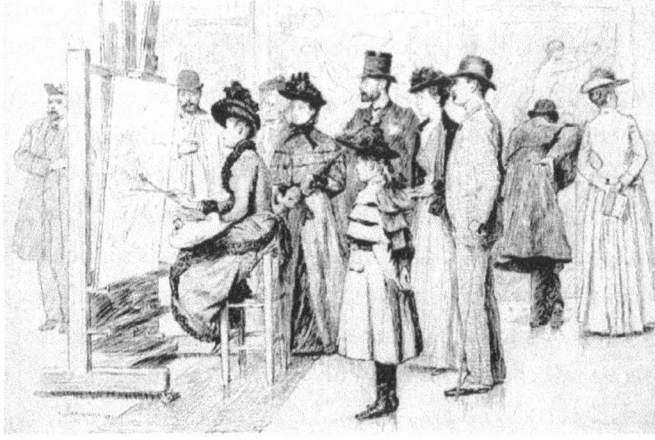

RESİM 4.7 *Louvre'daki Kopyacı,* Charles Stanley Reinhart'ın çizimi, *Harper's Weekly,* 4 Ocak 1890. Ahmed İhsan'ın Fransız müzelerinde rastladığı sahneler böyle olmalıydı. (Library of Congress, Cabinet of American Illustration)

sonra girişten başlayarak çeşitli salonları anlatıyordu. Gözlemlerini birkaç mekanik, yansız gözlemle özetliyordu: "'Roma' dairesini, 'Yunan-ı kadim' dairelerini sıra ile gezip bu zamandan kalma asar-ı atika ile nadideyi seyir ettik; ondan sonra Fenikelilerden, Asurilerden, kadim Mısırilerden, İranlılardan kalma asar dairelerini gezdik. Müzenin her parçasını ayrı ayrı ve kemal-i dikkatle dolaştık." Dünyanın her yerinden insanların kıyafetleri ve günlük eşyalarıyla sergilendiği Alem-i Ensab (Etnografya) Galerisi çok hoşuna gitmişti. Pek çok tartışmaya yol açan müzenin en ünlü parçaları arasındaki Elgin Mermerleri'ni yok sayması ilginçti; bunların bulunduğu yer ve Londra'ya taşınmaları konusunda sessiz kalmıştı. Müzenin muhteşem kütüphanesi Ahmed İhsan'ı hazırlıksız yakalamıştı; kütüphanenin güzel salonu, 80.000'i çok nadir olan 1,5 milyon kitabı karşısında şaşırmıştı; her yıl buraya 30.000 kitabın eklendiğini belirtiyordu. En uzun betimlemeyi bu bölüme ayıran yazar, araştırmacılar için izinler çıkarıldığını ve ziyareti sırasında yaklaşık 150 kişinin çalışmaya gömülmüş olduğunu söylüyordu (**RESİM 4.9**).[47]

Ahmed İhsan'ın kütüphane ve etnografik sergi karşısındaki heyecanı, belki de Osmanlı İmparatorluğu'ndaki benzer kurumlarla ilgili deneyimi çerçevesinde açıklanabilirdi. İstanbul'daki yepyeni Müze-i Hümayun onu bir antik eserler müzesinin normlarına alıştırmıştı, *Servet-i Fünun*'da yayımladığı bu müzeyle ilgili resimli yazılar kurum hakkındaki bilgiyi yaymayı misyon edinmişti. Ancak Müze-i Hümayun'un kütüphanesi henüz devam eden bir projeden ibaretti (bkz. **RESİM 1.10**).

---

47   Agy., 236–238.

RESİM 4.8 Musée du Louvre, Apollon Salonu. (Ahmed İhsan, *Avrupa'da Ne Gördüm*, 98)

RESİM 4.9 British Museum, Okuma Odası; Edward Edwards'ın çizimi, *Memoirs of Libraries*, Londra, 1859. (Library of Congress, Prints and Photographs)

Osman Hamdi'nin 19. yüzyıl sonu Osmanlı kültürüne yaptığı bir başka önemli katkı olan bu zarif alan, müzenin tamamı nasıl kullanılıyorsa, aynı şekilde bir avuç biliminsanı tarafından ziyaret edilecekti. İstanbul'da bununla karşılaştırılabilecek bir başka kamu kütüphanesi bulunmadığından Ahmed İhsan, benzer kurumları takdir edebilecek okurlarına bir mesaj yollamak için müzenin kütüphanesiyle bu kadar ilgilenmişti. Osmanlı başkentinde bir etnografi koleksiyonuna en yakın sergi, Mecma-ı Asar-ı Atika'nın (Eski Silahlar Koleksiyonu) "yeniçeri" bölümüydü.

Müze-i Hümayun'un öncülü olan bu koleksiyon 1846'da Ahmed Fethi Paşa tarafından Aya İrini Kilisesi'ne yerleştirilmişti. Tophane-i Amire Müşiri, eski Viyana ve Paris elçisi Ahmed Fethi Paşa, Osmanlı ordusu tarafından kullanılan silahları kronolojik bir sırayla sergilemenin dışında, çeşitli rütbelerdeki yeniçerileri temsil etmek üzere alçıdan yapılma 140 manken ısmarlamıştı. Günlük faaliyetleri yerine getiren ve Viyana'da yapılmış kıyafetleri giyen bu mankenler kısa sürede askeri koleksiyonun en popüler parçası haline geldi. Yeniçeri ocağının tarihsel önemini vurguluyor, ayrıca ocağın 1826'da kaldırılmasının ordunun modernleşmesinin bir simgesi olduğunu hatırlatıyorlardı.[48] Dar odağıyla bu koleksiyon elbette British Museum'un Etnografi Galerisi'yle karşılaştırılabilecek düzeyde değildi.

Ahmed İhsan, Berlin'deki müze kompleksini ziyaret ederken diğer kentlerde izlediği yoldan gitti; binaların bulunduğu yeri ve aralarındaki ilişkileri tarif etti ve kuruldukları tarih ve boyutları hakkında temel bilgiler verdi. Üç müzeden en çok Altes Museum'da zaman geçirdi, Karl Friedrich Schinkel'in çığır açan mimarisine beklendiği gibi hayran kaldı ancak koleksiyonları geçiştirerek okurları Baedeker rehber kitabına yönlendirdi; kendisi de her parça hakkında özel bilgi edinmek için bu kitaba başvurmuştu. Antik eser müzelerine yaptığı ziyaretler arasında ilk ve tek kere Altes Museum'da sergilenen parçaların bulundukları yer hakkında birkaç söz etti: Galeriler arasında yavaş yavaş yürürken, bir tanesinde "İzmir vilayetindeki Bergama'dan çıkarılmış pek çok asar-ı atika"ya rastladığını belirtti.[49] Avrupalıların Osmanlı topraklarından eski eserleri yağmalaması karşısında yazarın takındığı bu mesafeli ve soğukkanlı tutumu yorumlamak zordu, üstelik sorunun farkında olduğu da görülüyordu. Ancak bu yansız tutum, eski eser nizamnameleri, özellikle de 1884 nizamnamesi ışığında, okurlar üzerinde yine de güçlü bir etki yaratmış olabilirdi. Almanların Bergama'daki eski eserleri sahiplenmesi, 1874 nizamnamesindeki açıkların fark edilmesinde ve daha katı önlemler alınmasına giden yolun açılmasında rol oynamıştı. Alanda bulunan arkeolojik parçaların arazi sahibi, kazan ekip ve Müze-i Hümayun arasında üçe bölünmesini öngören nizamnameyi ustaca kullanan Alman arkeolog Carl Humann, araziyi satın alarak payını üçte ikiye çıkarmıştı; sonra da Osmanlı hükümetiyle özel bağlantılarını kullanarak yaptığı keşiflerin gerçek değerini saklamış ve bulduklarının üçte birini İstanbul'daki müzeyi göndermemeyi başarmıştı.[50] Bu manevralardan hoşnut olan Humann "bilimsel araştırma"nın Bergama'da çok zengin bir malzeme topluluğunu ortaya çıkardığını

---

48 Shaw, *Possessors and Possessed*, 46–58; Mehmed Raif, *Topkapı Saray-ı Hümayunu*, 27.

49 Ahmed İhsan, *Avrupa'da Ne Gördüm*, 349–350.

50 Marchand, *Down from Olympus*, 94–95. Ayrıca bkz. Bilsel, *Antiquity on Display*, 91–100.

RESİM 4.10 Roma Forumu. (Ahmed İhsan, *Avrupa'da Ne Gördüm*, 505)

ve kraliyet müzelerinin bu büyük hazineler sayesinde zenginleştiğini belirtmişti.[51] Böylece bulduklarını Berlin'e götürmüş, Ahmed İhsan da onları orada görmüştü.

Ahmed İhsan'ın Roma'daki forumlarla ilgili anlatıları eski kamusal alanları eğlenceli bir tarzda açıklıyor, bu alanların varlığını imparatorlar arasındaki rekabete bağlıyordu; her yeni imparator kendisinden önce gelenin yaptırdığı forumu kendi yaptığı katkıyla boyut ve gösteriş açısından aşmaya çalışmıştı. Yazarın düşüncesine göre, bu rekabet sonucu ortaya çıkan forumlar topluluğu imparatorluk projelerine büyük paralar harcandığını ortaya koyuyordu, ama bunların tarihsel değeri, özgün (Cumhuriyet döneminden kalma) foruma ulaşamamıştı (**RESİM 4.10**).[52] Eğer Osmanlı okurları aynı dönemde İstanbul'un dokusuna girmiş olan parçalarla arada bir paralellik kurulmasını bekliyorlarsa, bu kitapta bulamamışlardı. Aradaki bağlantı yirmi yıl kadar sonra *Şehbal* dergisindeki kısa bir yazıda kurulacaktı: "Yeni Roma"da, İmparator Arcadius, babası Theodosius'un anısına kendi adıyla anılan bir forumda 35 metre yüksekliğindeki Arcadius sütununu yaptırmıştı. "Eski Roma"daki Traianus sütunu gibi İstanbul'daki de Theodosius'un ünlü savaşlarını

---

51   Duchéne, "Les musées royaux enrichis," 141.
52   Ahmed İhsan, *Avrupa'da Ne Gördüm*, 499–505.

anlatan kabartmalarla süslüydü. Bir depremde hasar gören sütun, şimdi 6 metre yüksekliğindeydi ve eskiden kadın kölelerin satıldığı "kadınlar pazarı" denen bir mahallede bulunuyordu.[53]

Ahmed İhsan'ın seyahatnamesinden yirmi yıl sonra, o sıralarda Paris'te yaşayan Osmanlı ressamı Nazmi Ziya, Paris'teki çeşitli müze ve sergi salonlarının yüzeysel bir tablosunu çizmişti; asıl gündemi, devletin sanatçıları desteklemekte ve halkın eğitimi ve geliştirilmesi için güzel sanatları popüler hale getirmekte oynayabileceği rolü vurgulamaktı. Baştan itibaren güzel sanatların "bir milletin ilerleyişi"ni hızlandıracağını ve Avrupa hükümetlerinin sanata cömertçe yatırım yaptığını belirterek, her Avrupa kentinin bir müzeye sahip olduğunu, büyük kentlerdeyse birden fazla müze bulunduğunu ekliyordu. Fransa ve Paris'in her köşesinde müzeler kapılarını para almadan halka açıyordu. Başka ülkelerde, örneğin İngiltere ve Almanya'da "iyi kötü" bir müzesi ve kütüphanesi bulunmayan tek bir küçük kent yoktu. Hükümetin bu "fedakârlık"ının en parlak örneği, Paris'in ortasında dünyadaki en büyük binalardan birini işgal eden Louvre'du. Hükümet bu çok değerli gayrimenkulden büyük vergiler almayı tercih edebilirdi, ancak bunun yerine dikkatini "tarihi ve milli" değerlere çevirerek, yeni parçalar alınması bir yana, müze yönetimi, çalışanları ve bakımı için büyük paralar harcıyordu. Nazmi Ziya daha sonra Grand Palais ve Petit Palais'deki çağdaş sanat sergilerini ayrıntılarıyla açıklıyordu. Ancak yazısında tarihi "güzel sanatlar"a da genel olarak atıfta bulunuyordu. Paris müzelerini tanıtmaktaki amacının "Fransa'da böyle yapılmıştır, biz [de] yapmalıyız" gibi basit bir çağrı yapmak olmadığını, gerçekçi bir gözle "mahrumiyetimizi, geriliğimizi" kabul etmek ve güzel sanatları iyileştirmek için çalışmak ve "fedakârlık yapmak" olduğunu yazıyordu. Sonunda da, "bizde sanayi-i nefiseye meyil ve istidad bizim seviyemizde bulunan her milletten ziyade" olduğundan, hükümetin kültürü ve güzel sanatları desteklemekle yükümlü olduğunu belirtiyordu.[54]

Odak Noktası Değişiyor: Osmanlı Mirası

Osman Hamdi'nin 1910'da ölümü üzerine erkek kardeşi Halil Edhem, Müze-i Hümayun'un müdürü oldu. Geçmiş konusunda ağabeyi kadar tutkulu olan Halil Edhem'in başlıca ilgi alanı Osmanlı mirası ve bazı anıtların o sırada içinde bulunduğu acıklı durumdu. *Şehbal* için yazdığı resimlerle zenginleştirilmiş bir dizi makalede, artık herkese tanıdık gelen "asar-ı atika" başlığıyla kaygılarını okurların

---

53   "Asar-ı Atika: Arkadyus Sütunu Bakiyesi (Avrat Taşı)," *Şehbal* (Sene 5) 4, no. 91 (15 Şubat 1329/28 Şubat 1914): 367.

54   Nazmi Ziya, "Sanayi-i Nefise: Müzeler ve Meşherler."

dikkatine sunarken, bazıları diğerlerine göre daha mütevazı bir dizi yapıdan örnekler seçmişti. Topkapı Sarayı'nın dış bahçelerinde çeşitli güçlü paşaların sultanlar için yaptırdığı güzel köşklerden söz etmişti. Bunların çoğu, "mürur-ı zaman" (zaman aşımı) nedeniyle çoktan yıkılmıştı, ama Hicri 997'de (1588) "dünyanın en güzel ve en muhterem noktalarından biri"nde, yarımadanın ucunda Sultan Mahmud için yaptırılan Sinan Paşa köşkü, harap halde olmasına rağmen hâlâ ayaktaydı (RESİM 4.11). Halil Edhem köşkü kolay kolay unutulmayacak fotoğraflarla belgeledikten sonra iki kapsayıcı soru soruyordu: "Asar-ı milliye ve tarihimizin kıymetini biliyor muyuz?" ve "[Bu bölgenin] bundan tahminen üç asır evvelki mamuriyetine malik olduğunu görebilecek miyiz?" İkinci Meşrutiyet rejiminin dilini kullanan ama zamanın mali gerçeklerini de yansıtan yazar, restorasyon projelerinin gerçekleşemeyeceğini biliyor, ancak umut etmeye devam ediyordu.[55] Yine Topkapı Sarayı'nın parçası olan kayıkhaneler yıkılıyordu, Haliç'in ağzındaki bu "eski İstanbul'un bir mühim parçası" sultanlara ve valide sultanlara ait kayıklarla birlikte tamamen yok olacaktı. Bu eşsiz koleksiyonun içinde bulunduğu acıklı durumu gösteren birkaç fotoğraf, yıkım sürecinin acilen durdurulması çağrısını destekliyordu (RESİM 4.12).[56]

İlginç bir şekilde, Anadolu'nun en uzak köşelerindeki yerler ve Osmanlı mirasının mütevazı kalıntıları İstanbul dergilerinde boy göstermeye başladı. Bunlar arasında Ezine'de (kuzey Ege bölgesinde, Troya'dan fazla uzak değil) bir zeytinliğin ortasında bulunduğu için halk arasında "Zeytinli Cami" diye bilinen 16. yüzyıla ait bir cami, 14. yüzyıldan kalma Ahi Yunus türbesi ve tekkesi, 17. yüzyıldan iki şehzadeye ait olan daha önce dikkati çekmemiş türbeler bulunuyordu.[57] Bunlara eşlik eden çizimlerin basitliği, yapıların yerel konumlarını ve hüzünlü durumlarını vurguluyordu (RESİM 4.13). Halil Edhem en güçlü kanıtları sunabilmek için de Anadolu'ya dönmüştü. Konya'yı (Orta Anadolu) merkeze alarak iddialarını inandırıcı biçimde savunmuş, kentin İslami antik döneme ait altmıştan fazla yapı barındırdığına ve bunların her birinin ayrı bir tarihsel veya sanatsal önem taşıdığına dikkati çekmişti. Konya'nın tarihi mirası Osmanlı, Selçuk ve Bizans dönemlerini kapsıyor, kaledeki bir Bizans kilisesinin kalıntıları üzerine yapıldığı iddia edilen 13. yüzyıldan kalma Alaeddin Camii örneğinde görüldüğü gibi bu dönemler zaman zaman birbiriyle iç içe geçiyordu. Caminin mihrabındaki çiniler ve süslemeli oymalar kısmen restore edilmiş,

55 Halil Edhem, "Asar-ı Atika: Sinan Paşa Köşkü," *Şehbal* (Sene 4) 3, no. 60 (1 Eylül 1328/14 Eylül 1912): 224–225.

56 Halil Edhem, "Asar-ı Atika: Kayıkhane Ocağı," *Şehbal* (Sene 5) 4, no. 75 (1 Mayıs 1329/28 Mayıs 1913): 147–148.

57 Mehmed Ziya, "Asar-ı Atika: Şimdiye Kadar Tedkik Olunmamış Bir Şehzade Mezarı," *Şehbal* (Sene 4) 3, no. 58 (1 Ağustos 1328/14 Ağustos 1912): 194.

RESİM 4.11 Sinan Paşa Köşkü'nde harabe halinde bir çeşme.
(*Şehbal* [Sene 4] 3, no. 60 [1 Eylül 1328/14 Eylül 1912])

RESİM 4.12 Saray kayıkhanelerinin durumuyla ilgili bir makale, terk edilmiş saltanat kayıklarının fotoğraflarıyla. (*Şehbal* [Sene 5] 4, no. 75 [1 Mayıs 1329/28 Mayıs 1913])

fildişinden minberi İstanbul'daki Müze-i Hümayun'a götürülmüştü. Halil Edhem, caminin farklı bölümleriyle ilgili ayrıntılar verdikten sonra içkale bölgesinin genel durumu üzerine yaptığı gözlemleri aktarıyordu; burası iki yüzyıl öncesine kadar, evlerin serpiştirildiği muhteşem bir görüntüye sahipti. Ancak ilgisizlik nedeniyle evler korunamamış, hatta Alaeddin'in efsanevi köşkü bile "gözlerimizin önünde" yıkılıp gitmişti.

Halil Edhem'in daha sonra tartıştığı anıtlar Konya içinde ve civarındaydı: 13. yüzyıldan kalma Karatay Medresesi (ki buna "darü'l-fünun" diyordu), Kayseri yolu üzerindeki Karatay Hanı ve güçlü Selçuklu veziri Sahib Ata'nın yaptırdığı 13. yüzyıldan kalma mimari yapılar. Halil Edhem, Sahib Ata'nın Anadolu'daki çok sayıda vakfı arasında İnce Minareli Medrese'yi Selçuklu ve Osmanlı sanatları arasında bir geçiş noktası, incelikli bir mimari ve süslemeye sahip bir eser olarak tanımlıyor, yapının bir zamanlar çok yüksek olan minaresinin 1319'da (1904) bir fırtına sırasında yıkıldığını, geriye sadece bugün görülen bodur parçanın kaldığını belirtiyordu (RESİM 4.14). Halil Edhem makalesini İstanbul'da Osmanlı döneminden kalma bazı yapıların durumunu tartışırken ifade ettiği benzer kaygılarla bitiriyordu:

RESİM 4.13 Troya yakınındaki Ezine'de bir şehzadenin mezarı. (*Şehbal* [Sene 4] 3, no. 58 [1 Ağustos 1328/14 Ağustos 1912])

[...] memleketimizin sair mahallinde, eski eserlerin içinde bulunduğu kötü şartlar derin endişe kaynağıdır. Zaman geçiyor, bunların yıkılmasını önleyecek ciddi bir tedbir alınmıyor [...] Hükümetimizin yapacağı kanunlardan biri de muhafaza-i asar-ı milliyeye aid bir kanun olmak gerekir. Çok beklemeğe vakit yoktur: en nefis ve en muhterem mukaddes-i mebani günden güne mahv oluyor.[58]

Halil Edhem mirasın fiziksel kalıntıları konusundaki makalelere artık alışmış olan bir grup okura seslenerek "asar-ı atika-i milliyemiz" ile ilgili görüşlerini *Şehbal*'in sayfalarında yeniden dile getirdi. Burada, ihmal nedeniyle yok olma tehlikesiyle karşı karşıya olan tarihsel eserlerin boyutuna ilişkin kayıtlarını, kendi kişisel kararlılığı ve hükümetin üstlenmesi gereken rolle bir araya getiriyordu. Okurlara samimi bir dille seslenerek ve mesajının içtenliğini anlayacaklarını umut ederek, iki yıl içinde ülkenin farklı yerlerini en az bir, zaman zaman iki kere ziyaret ettiğini, binaları içlerindeki nesnelerle birlikte incelediğini ve fotoğraf çektiğini belirtiyor, örnekler veriyordu; bunların ilki, Gebze'de Mimar Sinan'ın tasarladığı 16. yüzyıldan kalma Çoban Mustafa Paşa Camii'ydi. Halil Edhem camiyi incelemiş, fotoğraf çekmiş, özellikle Mısır'da yapılmış olan "son derece değerli" dört tunç fenere büyük ilgi duymuştu. İki yıl sonra aynı külliyeyi ziyaret ettiğinde, bu fenerlerin ortadan kaybolduğunu görmüştü. Fotoğrafları Evkaf Nezareti'ne yollayarak bir soruşturma

---

58   Halil Edhem, "Asar-ı Atika: Yine Konya," *Şehbal* (Sene 4) 3, no. 59 (15 Ağustos 1328/28 Ağustos 1912): 212–213.

RESİM 4.14 İnce Minareli Medrese, Konya. (*Şehbal* [Sene 4] 3, no. 59 [15 Ağustos 1328/28 Ağustos 1912])

açılmasını istemişti. Üzüntüyle şöyle devam ediyordu: "Tabii bulunamadılar ve şimdi de unutuldu gitti." Mısırlı mimar Ahmed Usta'nın yaptığı abanoz işlemeli fildişi iki mushaf-ı şerif sandukası çürümek üzereydi. Buna benzer Mısır, Suriye ve Elcezire'de yapılmış, nadir, eski ve zarif fener ve kandillerle süslü pek çok cami ve türbe tehlike altındaydı. Niğde'deki bir camideki iki kandil mütevelli heyeti tarafından açık artırmaya sokulmuştu; sonunda "gavur" bir askerin (biraz tuhaf) şikâyeti üzerine kurtarılmışlardı.[59]

Orta Anadolu'ya dağılmış ilk türbeler, "eski mimarimizin üslup tarihi" açısından benzersiz öneme sahip bir mimari çeşitlilik sergiliyordu. Ne yazık ki bunların gördüğü hasar inanılmaz boyuttaydı. Sivas yakınlarında 629 (1231) yılından kalma güzel bir kare formlu türbe harabeye dönmüştü, çünkü restorasyonu için toplam 4.000-5.000 kuruş bulunamamıştı; camiden kalan birkaç kalıntı da Sivas idadisinde çürümekteydi. Tamirat için yalnızca küçük bir bütçe gereken Ilgın'daki küçük Bedreddin Türbesi, Niğde'deki 745'ten (1345) kalma bir başka türbe gibi kaderine terk edilmişti.[60]

Başka binalar da aynı hazin kaderi paylaşıyordu. Bunlar arasında Karaman'daki imaretle ona yakın Karamanoğlu İbrahim Bey Türbesi bulunuyordu. Şu andaki hallerinde bile, tek bir bekçi tamamen yok olup gitmelerini engelleyebilirdi. Yerel korumayı alışılmamış biçimde benimseyen Halil Edhem, türbede kalan ve para

---

59 Halil Edhem, "Asar-ı Atika: Asar-ı Atika-i Milliyemiz Nasıl Mahvoluyor?" *Şehbal* (Sene 2), no. 36 (15 Mart 1327/30 Mart 1911): 226.

60 Agy., 226–227.

RESİM 4.15 Halil Edhem'in Anadolu'nun harabe halindeki çeşitli anıtlarıyla ilgili makalesinden iki sayfa; fotoğraflar bir dizi örneği gösteriyor. (*Şehbal* [Sene 2], no. 36 [15 Mart 1327/30 Mart 1911])

almadığı halde onu koruyan "fakir bir yaşlı adam"la karşılaştığından söz ediyordu; o da öldükten sonra, incelikle işlenmiş alçı lahitler vahşi bir şekilde kırılmıştı. Yazara göre, Konya en çok zarar görmüş kentti. Hükümetin Beyhekim Camii'ne tamirat için 1.500 kuruş ayırmasına rağmen binayı kurtarmak için artık çok geçti; eşsiz çini mihrabının yerine "çamur"dan bir mihrap koyulmuştu, caminin içi yangın yerine benziyordu, seccadeleri bile çalınmıştı. Konya içkalesindeki muhteşem saraylardan geriye kalan sonuncusu, Alaeddin Köşkü o kadar ağır hasarlıydı ki, binayı kurtarmak için sarf edilen son umutsuz çabalar bir işe yaramamış, yeniden yapım sırasında köşk tamamen çökmüştü. Örneklerin sonu yoktu: 13. yüzyıl Sahibiye Medresesi'nin durumu insanın gözlerini yaşartıyordu; Akşehir'deki Seyyid Mahmud ve İbrahim Paşa türbelerinden İslam sanatının eşsiz örnekleri olan ahşap lahitler çalınmıştı.[61] Halil Edhem bina ve eşyalarla ilgili iddialarını şahsen çektiği fotoğrafları üç sayfalık bir metnin içine özenle dağıtarak destekliyordu (**RESİM 4.15**).

Halil Edhem, tarihi bir binanın tek bir insanın bakımına verilmesi gibi "garip bir alışkanlık"ı büyük sorun olarak görüyordu; bir ziyaretçi geldiğinde bu bekçinin

---

61 Agy., 227.

orada olup olmayacağı belli değildi. Ancak bu kişilere o kadar az para veriliyordu ki, işlerini doğru dürüst yapmamaları anlaşılabilirdi. Bazı durumlarda, Sahib Ata Külliyesi'ndeki gibi, medrese, büyük bir cami, türbe ve zaviyeden oluşan dev bir külliye tek bir adamın sorumluluğuna veriliyor, bu kişinin koruma görevini gerektiği gibi yerine getirmesi de mümkün olmuyordu. Sonuç olarak binalar tamamen yağmalanıyordu. Mantık, buraya gece ve gündüz görev yapacak iki-üç bekçinin atanmasını gerektiriyordu. Halil Edhem makalesini Edirne'den Irak, Suriye ve Filistin'e kadar dağılmış köyler dahil, imparatorluğun dört bir köşesinin değerli tarihi eserlere ev sahipliği yaptığını hatırlatarak bitiriyordu. Kaçınılmaz son gelmeden önce yapılacak tek bir iş vardı; bu eserlerin korunması için yeni bir kanun çıkarmak gerekiyordu.[62]

İslami eski eserlerin yağmalanması sadece Halil Edhem'in kafasını kurcalamıyordu. Mimar Mukbil Kemal de bu konuya bir makale ayırarak, bunun ülkenin "ahlaki ve içtimai" sorunlarından biri olduğunu belirtmişti. Hırsızlığa karşı Osmanlı İmparatorluğu'nun tepkisini Avrupa ile karşılaştırıyor, Avrupa'da durumun daha iyi olduğunu, bir müzede hırsızlık yapıldığında ulusal basının haberleri yaydığını, güvenlik kuvvetlerinin bütün ülkeyi hallaç pamuğu gibi attığını, telgraflarla yabancı hükümetlere haber verilerek işbirliği istendiğini yazıyordu. Evdeki durumsa bunun tam tersiydi. Örneğin güzel Kütahya çinileriyle büyük hayranlık uyandıran bir cami İslami antik eser hırsızlarının hedefi olabiliyordu; yapılan kısa araştırma, geceleri binanın boş bırakıldığını ortaya koyuyordu; gece binaya giren bir grup uzman işçi çinileri zarar vermeden sökebiliyor, özenle çuvallara ve sandıklara yerleştiriyor, saatler süren bu hırsızlıktan sonra çekip gidebiliyordu. "Nereye?" diye soruyordu mimar, sonra da şöyle cevap veriyordu: "Nereye olacak? [...] Avrupa müzelerine." Gerçekten de diye ekliyordu, Avrupa müzelerinde bugün sergilenen çoğu İslami eser "yağma yöntemi"yle toplanmıştı.[63]

Halil Edhem gibi Mukbil Kemal de sorunun bütün Osmanlı İmparatorluğu'na yayıldığını yazıyordu. Halep'te kent altyapısına yapılan müdahalelerin sonuçlarını anlatan bir mektuptan alıntı yapmıştı: Bir yolun genişletilmesi sırasında, duvar ve tavanları güzel resim ve yazılarla süslü pek çok eski ev yıkılmıştı ama tavanlardaki sanat eserleri hiçbir hasara yol açmadan parçalar halinde sökülmüştü. Bunlar İstanbul'daki Evkaf Müzesi'ne paha biçilmez bir katkı olabilirdi ama şüphesiz sonunda yabancıların eline düşeceklerdi, yabancılar çoktan evlerin sahipleriyle pazarlığa oturmuştu. Aynı yenileme çalışması sırasında tarihi bir çeşme yıkılmıştı. Maarif

---

62   Agy., 227–228.

63   Mukbil Kemal, "Memalik-i Osmaniye'de Asar-ı Atika ve Nefise-i İslamiye Hırsızlığı," *Bilgi Mecmuası* 1, no. 5 (Mart 1329/Mart-Nisan 1913): 535–537.

müdürünün ayırmayı başarabildiği birkaç taş, Halep'teki idadiye götürülmüştü. Mimar, çeşmenin aynen Evkaf Müzesi bahçesinde yeniden kurulması fırsatının kaçırılmasına yanıyordu. Yağmanın Halep bölgesinde arttığını söyleyerek devam ediyordu; yabancılar her tür güzel mezartaşını ve eski türbelerden her trabzan parçasını çalıyordu, kısa sürede zengin olmak isteyen yerliler sayesinde bu süreç daha da kolaylaşmıştı. Ne yazık ki yeni ve yaygın demiryolları bu yasadışı ticarete hizmet ediyordu, çünkü çalınan nesnelerin Avrupa müzelerine rahatlıkla taşınmasını sağlıyorlardı, oysa eskiden bunların götürülüp taşınması çok daha çabuk fark ediliyor ve yetkililere bildiriliyordu.[64]

Halil Edhem ve Mukbil Kemal'in neredeyse klasik antik dönemi bir kenara koyarak Osmanlı dönemi ve Osmanlı öncesi İslami sanat ve mimarlığa duyduğu ortak tutku, siyasi iktidardaki değişiklikle ilgili, zamana uygun bir gelişmeydi. İkinci Meşrutiyet rejimi Abdülhamid dönemine kıyasla milliyetçiliğe yaptığı yatırım açısından farklıydı, bu da İslami eserleri yeni resmi ideolojiye bağlayan söylemin gündemi ve dilinde yankısını buluyordu. Osmanlıların klasik antik döneme ilişkin iddiası, kısmen imparatorluğu Batı modernitesiyle eşit duruma getirme isteğiyle ve özel olarak da Osman Hamdi'nin çağdaş arkeolojik bilime yaptığı yatırım ve katılımla açıklanabilirdi. Osman Hamdi döneminde Müze-i Hümayun imparatorluğun İslami döneminden bazı nesneleri barındırmıştı ama bunlar ana koleksiyonun kıyısında kalmıştı. Halil Edhem, Müze-i Hümayun'un gündemini korumuş ancak İslami koleksiyonları Evkaf Müzesi'ne yollamıştı.

Evkaf Müzesi, Salomon Reinach'ın Osman Hamdi'ye 1883'te klasik antik döneme büyük paralar harcamaktan vazgeçmesi, bu mirası antikitenin köklerine kültürel olarak bağlı olan Avrupalılara bırakması ve onun yerine gerçekten Osmanlılara ait İslami mirası değerlendirmesi çağrısına bağlanabilirdi.[65] Ancak bu gelişme, imparatorluktaki ve dışarıdaki kilit diğer gelişmelerin ürünüydü; bunlar, müze kültürünün temelinin atılması, eski eserlerle ilgili yasaların çıkartılması, İslami eserlerin yavaş olsa da kaçınılmaz olarak Müze-i Hümayun'a girmesi, yabancı koleksiyoncuların ilgisi ve siyasal ortamdaki değişimdi. İlk beş yılından sonra Evkaf Müzesi'ni değerlendiren Ahmed Cemal, bunu İslami eserlerin korunması ve sergilenmesinde bir dönemeç olarak görüyordu. Değerli sanat ürünlerinin türbelere, kütüphanelere ve kutsal binalara bağışlanması üzerine kurulu, Avrupa'nın "müze yöntemlerinden" hayli farklı olan "Türk âdeti" değişmişti. Bunlar kamu binaları

---

64 Agy., 537–539.

65 Salomon Reinach'ın "Le vandalisme moderne en Orient" adlı makalesinin bir tartışması için bkz. Üçüncü Bölüm.

olduğundan, sanat eserleri de çok sayıda insan tarafından görülüyordu.[66] Ancak perişan durumları, maruz kaldıkları suiistimali gösteriyor ve yağmalanmalarını kolaylaştırıyordu. Korumalı müze ortamına aittiler.

Osman Hamdi, Müze-i Hümayun ile "Türk zihniyeti"ne Avrupa tarzı müze anlayışını sokmayı başarmıştı. Evkaf Müzesi onu izledi. Daha geniş bir ölçekte, bu durum küresel bir olguyu yansıtıyordu: Ulus-devletler yüzyılın ilk dönemlerinde kendi müzelerine Yunan ve Roma antik eserlerini koymak için büyük harcamalar yapmaya istekliydi, ancak bir süre sonra "ulusal" antik eserler ya özel müzelerde ya da var olan müzelerin belli bölümlerinde görülmeye başlamıştı.[67] Evkaf Müzesi'nin kurulmasından dört yıl sonra yazılan bir makale, kurumun statüsünü değerlendiriyordu. Bu kısa sürede müze çeşitli cami, türbe, zaviye ve kütüphanelerden toplanmış değerli ve nadir tarihi sanat eserleriyle dolmuştu; seçimi Evkaf Nezareti'nin memurlarına havale ederek vilayetlerden daha fazlası da toplanabilirdi. Şu anki haliyle müze Süleymaniye Külliyesi'ndeki bir binada bulunuyordu; koleksiyonunda halılar, porselenler, çanak çömlek, lahitler, çeşitli aletler, ayrıca birkaç süslü pano ve İstanbul'daki Yeni Cami'nin bir modeli vardı (Bunlardan bazıları Müze-i Hümayun'un İslami eserler bölümünden alınmıştı). Başkentteki müzeler (yani Müze-i Hümayun, Topkapı Sarayı Müzesi ve Askeri Müze) arasında Evkaf Müzesi daha iyi bir sınıflandırma sistemiyle, en yararlı kültürel kurumlardan biri haline gelebilirdi.[68]

Edebi Bir Parantez: Londra'dan İstanbul'a Sardanapalus

Arkeoloji tarihinin kaynaklarını seyyah ve kâşiflerin metinlerinin ötesinde genişletmek gerektiğini söyleyen Michael Seymour, "Arkeoloji tarihi fiziksel keşif kadar entelektüel gelişmenin de tarihidir" dedikten sonra, Babil'i ele alan edebiyat metinlerini ayrıntılı bir şekilde inceler.[69] Bir yandan Mezopotamya'ya duyulan yeni ilgi, bir yandan da büyük Avrupa müzelerinin Mezopotamya uygarlıklarından nesnelerle dolması üzerine sanatçı ve yazarlar, lanetli Asur Kralı Sardanapalus'u bir metafor olarak kullanmaya başladı. Eugène Delacroix'nın *Sardanapalus'un Ölümü* adlı anıtsal resmi (1827) o zamanın pek çok Sardanapal'i arasında en iyi bilineniydi. Resim, onu kendisiyle birlikte bütün çevresini de feci bir sona sürükleyen bir Doğulu hükümdar olarak anlatıyordu. Kral, harabeye dönüşmüş, dekadan bir Doğu'nun ortasında,

---

66 Ahmed Süreyya, "Evkaf-ı İslamiye Müzesi," 1112–1113.

67 Diaz-Andreu, *A World History of Nineteenth-Century Archaeology*, 21.

68 Ahmed Süreyya, "Evkaf-ı İslamiye Müzesi," 1113–1116.

69 Seymour, *Legend, History and the Ancient City*, 2.

Oryantalist söylemin en sevdiği temalardan birini pekiştiriyordu.[70] Müzikte Hector Berlioz'un *La dernière nuit de Sardanapale* [Sardanapalus'un Son Gecesi] (1830) adlı kantatı, Franz Liszt (1845-1852), Victorin de Joncières (1867) ve Victor-Alphonse Duvernoy'un (1884) hepsi de *Sardanapale* adını taşıyan operaları, son Asur kralının hikâyesini sahneye taşımıştı. Ancak Sardanapalus'ların öncüsü, Lord [George Gordon] Byron'ın *Sardanapalus* (1821) isimli oyunu oldu; bu eser genellikle çeşitli sanat alanlarının hikâyeye duyduğu ilginin kaynağı olarak biliniyordu.[71]

Abdülhak Hamid, kendi Sardanapalus'unu 1876'da, Avrupa'nın duyduğu bu tutkunun en ateşli günlerinde yazmaya başlamış ancak çok daha sonra, 1919'da yayımlamıştı. Bir dizi tarihsel kişiliği işlediği kariyerinde, Sardanapalus'un da Abdülhak Hamid oyunlarının repertuvarına katılması şaşırtıcı değildi.[72] Çeşitli Avrupa ülkelerinde (ayrıca Hindistan'da) diplomatik görevle bulunan ve Avrupa kültürleri konusunda bilgili olan yazar, Byron'ın oyununun etkisi altında kalmış olmalıydı. Ancak karakter ve olayları kullanış biçimi başka yorumlar taşıyordu ve oyununun yapısı Byron'ınkinden çok farklıydı. Byron'ın *Sardanapalus*'u halkının ve atalarının şiddet dolu uğraşlarına yatkın olmayan, nazik, yorgun, zevkine düşkün ve kadınsı bir ruh olarak Doğu'nun gücünün çöküşünün bir simgesiyken, Abdülhak Hamid'in *Sardanapal*'i mutlak otoriterliğin temsilcisi olarak Osmanlı sultanları Abdülaziz (saltanatı 1861-1876) ve II. Abdülhamid'i (saltanatı 1876-1909) eleştirmek için kullanılmıştı.

Byron ile Abdülhak Hamid'in oyunlarını edebi yönleriyle karşılaştırmak bu kitabın kapsamının çok dışındadır ve İnci Enginün tarafından daha önce yapılmıştır.[73] Mezopotamya eserlerine Londra'daki British Museum ile İstanbul'daki Müze-i Hümayun'da ulaşılabilmesi, ayrıca görsel bilginin her iki ülkede çeşitli yayınlar aracılığıyla yayılması sonucu, iki oyun arasındaki bağlantılar Mezopotamya antik eserlerinin 19. yüzyılın kültürel alışverişine girişine alışılmamış yeni bir açı sunar.

Byron oyununu yazdığında, Mezopotamya'nın eski eserleriyle ilgili fazla şey bilinmiyordu. Bütün sahne 1849'da Austen Henry Layard'ın *Nineveh and Its*

---

70 Bu yorumun klasik metni Linda Nochlin, "The Imaginary Orient," 118–131, 187–191.

71 Lord Byron, *Sardanapalus: A Tragedy*. Michael Seymour, Aeskhylos'un *Persler* adlı eserinin Sardanapalus'a "dekadan bir hedonizm" atfeden ilk metin olduğunu ve "Şark despotu tipinin modern, edebi ve sanatsal mecazı haline dönüşmesi için gereken zemini hazırladı"ğını belirtir. Bkz. Seymour, *Legend, History and the Ancient City*, 64–65.

72 Abdülhak Hamid'in tarihten yaptığı atıflar için bkz. Uğurcan, *Abdülhak Hamid Tarhan'ın Eserlerinde Tarih*.

73 Enginün, "Byron ve Hamid'in Sardanapal Piyesleri Üzerinde Mukayeseli Bir Araştırma," 13–44. www.journals.istanbul.edu.tr/tr/indexphp/turkdili/article/viewfile/17616/16859.

Remains [Ninova ve Kalıntıları] adlı eserinin yayımlanması, ardından da British Museum'un ciddi eserler satın almasıyla değişti. Dolayısıyla Byron'ın 1821'de tanımladığı sahnenin kabataslak ve eksik olması şaşırtıcı değildi. Örneğin birinci perde sadece "sarayda bir salon" diye belirtilen bir yerde, ikinci perde "saraydaki aynı salonun kapısının önü"nde, üçüncü perde "aydınlatılmış olan sarayın salonu"nda geçiyordu; dördüncü perde "Sardanapalus bir sedirde uyurken" açılıyordu ve oyun beşinci perdede "aynı salon"da sona eriyordu. Charles Kean oyunu Londra'daki Princess Tiyatrosu'nda 1853'te sahneye koyduğunda, sahne tasarımı konusunda çok çalışmak zorunda kalmıştı çünkü, kendi sözleriyle belirtmek gerekirse "Ünlü bir İngilizin [Layard] o sıradaki keşiflerini, başka bir ünlü İngilizin şiirsel çalışmasıyla birleştirmesine izin verilmişti". Kean, "Eski Asur halkının kabartmalarda doğrulanan kıyafet, mimari ve gelenekleri"ni kullanırken "özen ve sabırla gerçeği aradı"ğını iddia ediyordu.[74]

Charles Calvert'in New York'taki Booth Tiyatrosu'nda sahnelediği muhteşem yapım da Layard'ın keşiflerine dayanıyordu. Calvert, bu yapım dolayısıyla oyunun 1876 baskısı çıktığında, Byron'ın sahnelerindeki belirsizliği incelikli ayrıntılarla değiştirmişti. Giriş yazısında bu noktayı açıklığa kavuşturuyordu:

> Byron'ın büyülü satırlarında anlatılan Sardanapalus'un gösterişli saltanatı ve trajik sonu şimdi tarihsel olarak kanıtlandı; eski Dicle kıyılarında bir süre önce yapılan ve bugün de süren şaşırtıcı keşifler bu esere yeni bir soluk getiriyor [...] Müzelerimiz Asur İmparatorluğu'nu sona erdiren yangında kavrulup sönmüş oymalı levhalarla dolu.[75]

Calvert, "başarılı bir temsil için eserin değerine yakışır bir sahne düzeni yaratmak üzere özenle çalıştı"ğını, "Asur kraliyet hayatının aşılması zor görkemini, zenginliğini, ilk dönemlerdeki şanını, uzak olsa da yüksek uygarlığını" ortaya koyarak, aynı zamanda "sanat ve tarih meraklısı"nı da tatmin ettiğini yazıyordu. Sahne tasarımında (British Museum Doğu Eski Eserleri Bölümü'nden) George Smith'in uzmanlığından yararlandığını kabul ediyordu.[76] Birinci perde "Dicle'nin karşı kıyısından Ninova Kraliyet Sarayı'nı gösteriyordu, sahnenin önü süs bahçelerindeki bir taraçayı temsil etmekteydi." Tıpkı Keen'in de daha önce yaptığı gibi Calvert de sahneleri Fırat'tan Dicle'ye kaydırarak Byron'ın yaptığı hatayı düzeltmişti. Bir notta, sahneyi Layard'ın Ninova'sından aldığını açıklıyordu; "Dicle Nehri'nin suladığı düzlüklerde durduğu haliyle sarayın dış görünüşüyle ilgili genel fikri vermek için

---

74 Kean'in prodüksiyonuyla ilgili bir tartışma için bkz. Bohrer, *Orientalism and Visual Culture*, 178–180.

75 *Lord Byron's Historical Tragedy of Sardanapalus*, iii.

76 Agy., iv.

bu saygıdeğer otorite"ye dayanmıştı. Sahne düzeninin kalıntıları gösteren plan ve çizimlere göre yapıldığını ekliyor ve ne kadar hakiki olduğunu göstermek için başka ayrıntılar da veriyordu: Uzakta görülen kule kralın mezarı, mezarın yanındaki küçük yapı bir tapınaktı; saray replikası "bugün British Museum'da o kadar hayranlık uyandıran başlıca Asur heykellerinden" basılarını gösteriyordu.[77] Akademik bilginin sahne tasarımıyla birleştiği iddiası ikinci perde için de tekrarlanıyordu; burada "Köşk denilen Yazlık Saray"ın bir kopyası yapılmıştı:

> Bu sahne, gerçek kalıntılara ve kalıntılarda bulunan parçalara dayanılarak yapılan bir restorasyondur. Kaymaktaşından oymalı taş levhalar çiviyazısıyla kaplıdır; insan başlı kanatlı yaratıkların oluşturduğu girişler, ortaya çıkarılan binaların bazılarında hâlâ bulunmaktadır.

Kabartma ve heykellerin boyalı olduğuna dair Layard'a yapılan gönderme, ayrıca sıvalı duvarlardaki süslemeler, tarihsel doğruluk iddiasını güçlendiriyordu.[78]

Üçüncü perdedeki "saraydaki salon" Calvert tarafından özelleştirilerek "gösterişli ihtişamıyla Büyük Nemrud Salonu" olarak değiştirilmişti; burada kaymaktaşından basamaklar kristal, fildişi ve altından "çeşitli tahtlar"a doğru yükseliyordu. Çatı sedir ağacından kakma kirişlerle yapılmış ve "insan başlı kanatlı aslanlar" tarafından desteklenmişti. Byron'ın "aydınlatma" detayı, "sarkıtılmış lambalar ve hoş kokulu tütsülerin yakıldığı buhurdanlıklar"la gerçekleştirilmişti. Arkadaki bir açıklık, "sarayın uzun kanadının ve ay ışığında Ninova şehrinin bir bölümü"nün perspektifini gösteriyordu.[79] Sahneler, bütününde, Layard'ın Dicle kıyısındaki rüya sarayının hayali temsilini tamamlıyordu; Layard'ın hayal gücü de ilginç bir şekilde bilimsel açıdan kabul ediliyordu.[80] Aslında sahneler bunu da aşarak üç boyutlu Oryantalist fantezileri geniş kitlelere taşıyordu.

Abdülhak Hamid, oyununu yazmaya başladıktan eserin ilk yayımlanışına kadarki dönemde çeşitli Avrupa başkentlerinde yaşamıştı; tarihe duyduğu ilgi düşünüldüğünde, büyük müzeleri ziyaret ettiği ve Mezopotamya parçalarına az çok aşina olduğu düşü-

---

77 Agy., 1.

78 Agy., 22.

79 Agy., 25.

80 Layard'ın ünlü çizimindeki bilim mitinin çözülmesiyle ilgili olarak bkz. Bahrani, "History in Reverse," 15–28. Frederick Bohrer tarafından incelendiği gibi, Eylül 1908'de Berlin'de sahnelenen *Sardanapal, Historische Pantomime*, yine son arkeolojik bulgulara dayanıyordu. Oyuna eşlik eden bir broşürde, sahne setlerinin Mezopotamya anıtlarının akademik rekonstrüksiyonundan nasıl kopyalandığı belirtiliyordu. Kuşkusuz Byron'ın oyunundan ilham alınmıştı. Bkz. Bohrer, *Orientalism and Visual Culture*, 198–299. Calvert'in, Byron'ın *Sardanapalus*'u için verdiği bilgilerin *Historische Pantomime*'ye de ilham vermiş olması daha muhtemeldi.

nülebilirdi. Müze-i Hümayun'daki Mezopotamya koleksiyonları bu yıllar boyunca genişlemişti, yani yazarın kendi kentindeki müzenin koleksiyonlarını incelemiş olması da mümkündü. Başlangıçta Londra'daki prodüksiyonlardan esinlenmiş olsa bile, bu nesnelerle ilk kişisel karşılaşması, *Sardanapal*'de tanımladığı sahnelerin zenginliğinde rol oynamış olabilirdi. Aslında Abdülhak Hamid'in *Sardanapal*'inde on iki kere sahne ("manzara") değişiyordu; sahnelerin her biri sarayın içinde ve dışında başka bir görüntü sunuyordu. Byron'ın oyunu tek bir günde geçmesine rağmen Abdülhak Hamid'inki çok daha uzun bir süreye yayılmaktaydı.[81]

Abdülhak Hamid'in mekânı ayrıntılarda farklılaşıyordu. Oyun Babil'de bir devlet dairesinde başlıyor, dışarıda ay ışığında devam ediyor, sonra Ninova yakınlarında bir hurma bahçesine taşınıyordu; bu sahnede uzakta Asur sarayı gibi tarihsel kalıntılar gözüküyordu.[82] Dördüncü perdede sahne tanıtımları daha da ayrıntılı hale geliyordu; müneccimbaşının bir tapınakta geniş bir odası, odanın ortasında da bir sedir vardı. En büyük Asur tapınağı olan Baal Tapınağı'nda görüldüğü gibi, sıvalı duvarlarda taş ve altından oyma tanrı ve put heykelleri yerleştirilmişti; bunlar kartal başlı kanatlı insan, insan başlı boğa veya at bedenli insan başlı olarak tasvir ediliyordu.[83] Beşinci ve yedinci perdeler, Ninova'daki kraliyet sarayında büyük bir gösterişle döşenmiş başka bir odada geçiyordu. Burası sedirlerle çevriliydi, avize büyüklüğünde şamdanlarla aydınlatılan, kapıları fildişi ve değerli ahşap oymalarla süslü "gayet uzun ve fakat ensiz" bir alandı; yaldızlı duvarda hükümdarı ve çeşitli törenleri gösteren resimler vardı.[84] Daha sonra tanımlamalar basite indirgeniyordu, örneğin "Sardanapal'in yatak odası, karanlık" (yedinci perde), "Sardanapal'in sarayı, sadece mefruş bir oda. Bir sönük kandil" (sekizinci perde) ve "sadece mefruş bir habgah" (dokuzuncu perde). Ancak, hikâyenin gittikçe yükselen trajedisini yansıtmak için yedinci ve dokuzuncu perdeler tekrarlanan şimşeklerle canlandırılmıştı; yedinci perdedeki son şimşek sanki bir "zincire bağlı" gibi gözüküyordu.[85] Onuncu perde "Ninova şehrinin haric-i suru"nda yer alıyordu ve oyun Sardanapal'in sarayında uzunlamasına bir salonda sona eriyordu; bütün saray halkı buraya toplanmış, yağmur pencereleri dövüyor, çakan şimşekler yansıyordu.[86]

---

81 Enginün'e göre, derli toplu bir yapısı olan Byron'ın oyununa kıyasla, zaman ve mekânda birlik olmayışı, Abdülhak Hamid'in oyununun dağınıklığının bir işaretidir. Bkz. Erginün, "Byron ve Hamid'in Sardanapal Piyesleri," 27–28.

82 Abdülhak Hamid, *Sardanapal: Bir Facia-i Tarihiye*, 9, 18, 30.

83 Agy., 66.

84 Agy., 75, 99.

85 Agy., 109, 118, 128.

86 Agy., 132, 149.

RESİM 4.16 Bir Asur tanrısı Nisroch, çizim. (*Tarih-i Umumi*, İstanbul, 1285 [1868])

Bugüne kadar sahneye koyulmamış olan oyunun geçtiği yere Osmanlı okurlarının gösterdiği tepki, 19. yüzyıl sonunda Mezopotamya tarihiyle ilgili gittikçe artan literatürün ışığı altında daha iyi anlaşılabilir. Yayınlar genel tarih kitaplarından (tarih-i umumi) Mezopotamya'daki arkeolojik kazılar ve bölgede bulunan eski eserlere ilişkin dergilerde çıkan çeşitli haberlere kadar uzanıyordu (**RESİM 4.16**). Osmanlılardaki durumu 19. yüzyıl Büyük Britanyalı okur ve tiyatro seyircisinin aşina olduğu bilgi ve söylemin boyutu ve yoğunluğuyla karşılaştırmak mümkün değilse bile, bu ortam Büyük Britanya'daki ortamı uzaktan çağrıştırıyordu. En büyük paralellik, British Museum ve Müze-i Hümayun'da sergilenen eski eserlerin kendisine dairdi, gerçi ziyaretçi sayısı British Museum'da çok daha fazlaydı. Ancak Abdülhak Hamid'in *Sardanapal*'inin bir avuç okurunun Müze-i Hümayun'u ziyaret ederek aradaki bağlantıyı kurmuş olduğunu düşünmek fazla gerçekdışı sayılmaz.

BEŞİNCİ BÖLÜM

Emeğin Durumu

İşgücü

Arkeoloji tarihlerinde eksikliği açıkça görülen bir bölüm de emeğin durumudur. Arkeolojik çalışmalar her zaman, yerel halktan gelen ve mevsimine göre her gün yüzlerce kişiye ulaşabilen geniş bir emek gücüne dayandı (RESİM 5.1). Arkeologlarla saha çalışanları arasındaki ilişki vazgeçilmez ve yakın olmasına rağmen, o dönemdeki anlatılarda olduğu gibi sonrakilerde de bundan söz edilmiyor, arkeologlar ilkel bir insan denizinin ortasında bilimsel keşiflerin kahramanları olarak ortaya çıkıyordu. Stephen Quirke, bu konuya adanmış tek ve öncü kitabında arkeolojiyle Avrupa emperyalizmi arasındaki ortak soyağacını inceledi; ona göre arkeologlar yöntem ve davranışlarını Büyük Britanya ordusundan ödünç almıştı. "Sefer mevsimi"nde her kazı alanı bir savaş alanına dönüyordu, işin başında da "insan toplamanın ötesinde yerel dil ve âdetlerle ilgili bilgisi olmayan" Avrupalılar vardı.[1] Quirke'in bu metaforu çok güçlüydü ama arkeologlar aynı görüşte değildi. Tam tersine, kendilerini yerel toplum ve kültürlerin bilgili, anlayışlı gözlemcileri olarak görüyorlardı. Üstelik, mevcut siyasal mücadele ve çatışmalarla ilgili olarak kendilerinden emin bilgiler aktarıyor, görüşlerini otoriter bir tonla seslendirmekten kaçınmıyorlardı. Renkli ve kişisel öykülerle dolu bu anlatıların tarihsel ve etnografik olarak ne kadar doğru olduğunu saptamak her zaman mümkün değildir ama bunları kendi toplumsal, kültürel ve siyasal bağlamlarında ele almak, üretim koşulları hakkında bir şeyler anlamamıza yardım edebilir.

Belki de Quirke büyük sahneyi çizerken aceleci davranmış ve alandan alana, arkeologdan arkeoloğa değişen muhtemel farklılık ve nüansları gözden kaçırmıştı. Yine de koyduğu tanı, alternatif anlatılar geliştirme dürtüsü gerektiriyordu. Quirke, bu tanıyı İngiliz arkeolog Sir William Matthew Flinders Petrie'nin not defterlerini ayrıntılı olarak inceledikten sonra koymuştu. Bu defterlerde işçiler hakkında detaylı bilgiler bulunuyordu; Petrie işçilerin adlarını belirtiyor, yaş ve

---

1   Quirke, *Hidden Hands*, 9.

RESİM 5.1 Nippur, genel görünüm. Joseph Meyer, Nippur'u "Bizim Babil'in Pompeii'si" diye tanımlıyordu. (UPMAAA, Nippur 5814)

cinsiyetlerinden ücret ve alışkanlıklarına kadar birçok konuyu tartışıyor, onlarla birey olarak ilişkilerinden de söz ediyordu. Quirke, Petrie'nin günlüklerinden kazı alanlarındaki günlük hayatla ilgili ayrıntıları çözmüş, emperyal yük üzerinden yaratıcı bir okuma yapmıştı.

Arkeolojik araştırmayla ilgili ilk elden anlatılar her zaman kazı alanlarındaki günlük sıradan olaylar ve insan ilişkilerine ilişkin bilgi barındırıyordu, ancak tarihin bu yönü Quirke'in incelemesine kadar biliminsanlarının dikkatini çekmemişti. Bu alanların gözden kaçırılmış toplumsal tarihi, imparatorluk hedef ve iddialarına, kültürel yargılara ve bu disiplinin politikayla olan kopmaz bağlarına yeni bir gözle bakmayı sağlar. Aynı zamanda arkeolojik anlatıların arka planında sözel ve görsel olarak durmadan boy gösteren sayısız yüz ve bedenin nihayet hak ettikleri yere kavuşup varlıklarının tanınmasını da mümkün kılabilir.

Sahanın tarihyazımı sadece büyük biliminsanları ve kâşifleri yüceltti ama biz de yine bu kişilerin sözleri aracılığıyla işçilerin hikâyelerini ve oluşturdukları karmaşık insan manzarasını bir araya getirmeye çalışabiliriz. Aslında Austen Henry Layard ve Hormuzd Rassam'dan John Punnett Peters ve Osman Hamdi'ye kadar arkeologların anlatıları, bilimin yanı sıra etnografik ve antropolojik veriler, yerel çatışmalar ve daha geniş siyasal mücadeleleri de içeriyordu. Tek tek bireylerin adı

RESİM 5.2 Babil, operasyonun başındaki Alman biliminsanları komitesini gösteren kazı alanı. (İÜMK 90573)

geçiyor, belli kişilerle ilgili küçük öyküler aktarılıyordu; bunlar Osmanlı vali ve memurları, rehberler, çevirmenler, aşiret reisleri ve dini önderler, ustalar, kalifiye veya kalifiye olmayan köylüler ve aileleriydi.

Arkeolojinin geçmişindeki belirsiz kitlelerin yüzü tümüyle örtülü kalmadı; akademik başarıları belgelemeyi amaçlayan fotoğraflar aracılığıyla, bu disiplinin alanına istemeden de olsa görsel olarak girdiler. Fotoğraf fotoğraf üstüne, tek tek veya grup olarak, bazen Avrupalı patronlarıyla, bazen farklı kazı alanlarında emeğin örgütlenmesini ortaya koyan şekillerde işçiler de resimlendi. Rastgele iki örnek seçersek, Babil'deki kazı alanında çekilen bir fotoğraf, kazıya katılanların çoğulluğunu gösteriyordu: üç Avrupalı (resimaltı yazısına göre Alman biliminsanlarından oluşan bir komite), bir Osmanlı memuru (bir müfettiş?) ve yerel kıyafetleriyle işçiler. Bu karede gösterilen iş, kullanılan teknolojiyi, yani denetleyenlerin gözü önünde işçilerin bir demiryolu üzerinde arabaları ittiğini ortaya koyuyordu; arabalar arasındaki mesafe, fabrikaya benzer bir üretimi hatırlatan etkin ve seri bir düzenlemenin kanıtıydı (**RESİM 5.2**). Sardis'ten ikinci bir fotoğrafta Amerikalı bir arkeolog, işçileriyle birlikte poz vermişti. Döşenmiş raylar üzerindeki arabalar kalıntıların arasında bir kere daha parlıyordu. Tepedeki bir grup işçi, alanın farklı noktalarında aynı anda kazı yapıldığını ortaya koyuyordu, arka plandaki kulübelerse kazı alanının çevresinde işçi yerleşiminin kendiliğinden büyüdüğünü kanıtlıyordu (**RESİM 5.3**).

RESİM 5.3 Sardis, doğu ucuna yakın cellanın güney duvarının kazısı. Arkeolog solda. (Butler, *Sardis*, 70, illus. 62)

İşçilerle ilgili en sık rastlanan ve en kişisel olmayan veri, işçilerin sayısına dair arkeologların sunduğu bilgiydi; yüksek rakamlar bir çalışmanın önemini ortaya koyuyordu. Kişisel seyir defterleri, günlükler ve kâşiflerin anlatıları sistematik bir formatı izlemediğinden bunlardan her zaman tutarlı bilgi almak mümkün değildi. Koleksiyonlarıyla sonunda Metropolitan Museum of Art'ın antik eserler bölümünün temelini atan Kıbrıs'taki ABD konsolosu General Luigi Palma di Cesnola'nın 1860'ların sonu 1870'lerin başı arasında yaptığı kazılara dayanan anlatıları, saha raporlarında bulunabilecek bilginin özellikleri ve çeşitliliğiyle ilgili iyi bir örnek sunuyor. Cesnola yapılan işten sahiplenici bir şekilde hep birinci tekil şahısla söz ediyordu; haşmetli "Ben" baştan sona kendisini temsil ediyordu. Örneğin bir yaz boyunca Dali'de "Birkaç yüz mezar açtım" diye yazmıştı. Başka bir yerde, "Adamların kazdığı yerlerde sondaj yaptım" veya "Adamlarım dev bir Herakles heykelinin kaidesini gün ışığına çıkardılar" diyordu. Kullandığı dil daha da belirgin hale gelebiliyordu: Golgoi'de 1,9 metrelik "[Asur tarzı] heykelimi çıkarmak için dört adam çalışıyor." Gerçekçi bir şekilde, Golgoi'deki toplam işçi sayısını veriyordu (110 adam); bunların yaptığı işin boyutu da 228 heykelin çıkarılması olmuştu. Ancak daha sonra, 12,2-16,8 metrelik kuyulardaki ürpertici çalışma koşullarını anlatıyordu. Buna etkileyici bir çizim de eklemişti, "lahit, insan ve çöp kalıntıları"nı toplamak için Amathus'ta iki gün boyunca 15 kişiyi çalıştırmıştı (**RESİM 5.4**).[2]

---

2   Cesnola, *Cyprus*, 68, 128, 135, 143, 146, 255, 277.

RESİM 5.4 Golgoi, mezar kazısı. (Cesnola, *Cyprus*, 255)

Girişimin finansmanına bağlı olarak işgücünün boyutu önemli ölçüde değişiyordu. Yüz yıllık arkeoloji çalışmalarını tarayan Strasbourg Üniversitesi profesörlerinden Adolf Michaelis, sadece ilk operasyonlardan söz ediyor, sonradan olacaklara zemin hazırlıyordu. Buna göre, Lord Elgin'in Atina'daki macerası sırasında 1801'de "300-400 işçi bir yıl boyunca Parthenon'un heykellerini taşımıştı"; buna karşılık Aigina'da Nisan 1811'de 16 gün boyunca 30 kişi, Andritsena'da 12 Temmuz 1812'de 60-120 kişi çalışmıştı.[3] Austen Henry Layard'ın çığır açıcı Mezopotamya girişimi (Kasım 1845-Nisan 1847) önce "düzenli ücretin çekiciliğine kapılan 6 Arap [...] ve 5 Türkmen" gibi mütevazı bir işgücüyle başlamıştı. Layard, Koyuncuk tepesini

---

3   Michaelis, *A Century of Archaeological Discoveries*, 30, 34 ve 36.

RESİM 5.5 Ninova, "Devasa Bir Başın Keşfi," Layard'ın bu keşfi karşısında "yerli"lerin kapıldığı hayreti gösteriyor. (Layard, *Nineveh and Its Remains*, 1:72)

kazmaya başladığında 30 "Arap" tutmuştu; bunlar yaptıkları işe gittikçe daha çok kapılıyor, keşfettikleri "sakallı adamlar"ı birer cin olarak kabul ediyor, heyecanlarını aşiretlere özgü savaş çığlıklarıyla ifade ediyorlardı. İşçilerin duyguları kitaptaki en popüler gravürlerden birine yansıyordu; resimde yeni bulunmuş "sakallı" dev bir baş heykeli karşısında hayretler içinde duruyorlardı, bu insanların yüzyıllar boyu antik eserlerle birlikte yaşadıkları düşünülecek olursa ilginç bir sahneydi (**RESİM 5.5**). Layard sonunda British Museum'dan fon bulunca (Fransız rakibi Paul-Emile Botta'nın yalnızca Horsabad kazıları için aldığı paranın sadece bir bölümüne eşit olduğunu ona gıpta ederek not etmişti) ve yönetici pozisyonunu kabul edince, daha büyük bir Bedevi grubunu işe almış, bunlar da aileleriyle birlikte kazı alanının çevresinde kamp kurmuştu. Toprağı kaldırabilen ama kazacak güçte olmayan 80 "Arap"ın yanı sıra daha zor işi yapacak 50 "Nesturi Keldani"yi de işe almıştı.[4]

---

4   Layard, *Nineveh and Its Remains*, 1:44–45, 122, 126, 267–270.

RESİM 5.6 Ninova, kazı alanı, heykellerin kaldırılışı. (Layard, *Nineveh and Its Remains*, 1: başsayfa)

RESİM 5.7 Ninova, heykellerin taşınması. (Layard, *Nineveh and Its Remains*, 2: başsayfa)

Layard'ın iki ciltlik kitabındaki çarpıcı başsayfa resmi işgücünün boyutunun olduğu kadar çetin çalışma koşullarının da (hem itmek hem çekmek gerekiyordu) değiştiğini gösteriyordu. Bu resimler başka hikâyelerin de anahtarıydı. Dev heykellerin taşınması için özel olarak geliştirilen yaratıcı yöntemler, kazı alanındaki birkaç Avrupalının zekâsına işaret ediyordu; "yerliler" karşısındaki beden dilleri ve amir konumları üstünlük ve iktidarı vurguluyordu. Yerlilerin kıyafetleri ve derilerinin rengiyle ifade edilen egzotizmi, zamanın Oryantalist temsilleriyle yakın bir uyum içindeydi. Bu tür resimlerin vazgeçilmez öğesi olan mızrak ve develer, popüler beklentileri karşılamaktaydı (RESİM 5.6 ve 5.7).

James T. Wood da Efes'te on bir yıl sürecek araştırmasına 1863'te başladığında çok küçük bir grupla yola çıkmıştı. Bu ekip, geldiği gün Ayasuluk tren istasyonunda bulduğu, demiryolu memurlarının tam o sırada işlerine son verdiği beş Türk işçiden ibaretti. Sonraki aylarda bu sayıyı 20'ye çıkaracaktı. Ancak işgücü 1873 ilkbaharında 200'e, sonbaharındaysa 300'ün üzerine çıktı; 300 işçi için yedi denetçiye ihtiyaç duymuştu. İşçiler çevre köylerden gelen Türkler ve Araplardan (yaklaşık 100) oluşuyordu; Araplar eşleri ve çocuklarıyla birlikte kazı alanına yakın düzlük alanlara deve kılından çadırlarını kurmuştu. Sık sık aralarında çatışma çıksa da iki grup birbirini tamamlıyordu: Türkler güçlüydü ve ağırlık kaldırabiliyorlardı, Araplar ise çevikti ama "son derece kavgacı" olmak gibi bir kusurları vardı. Wood'un Rumlar konusunda ciddi çekinceleri vardı: Hızlı ve akıllı olmalarına rağmen tembeldiler. Bu nedenle sadece üç-dört Rum tutmuştu.[5] Şefleriyle birlikte bu işçilerden bir grubu gösteren fotoğraf sorunları yansıtmıyor, hepsini Wood'un disiplini altında, kamera karşısında düzgün bir şekilde sıralanmış, etnik bakımdan karışık bir grup olarak gösteriyordu (RESİM 5.8).

Çalışan sayısındaki artış, çoğu zaman yerel ekonomik koşulların kötüleşmesine işaret ediyor, bu da arkeologların işine geliyordu. Mezopotamya'da Hormuzd Rassam 1882'de Koyuncuk ve Nemrud'da 400-500 işçi çalıştırdığını kaydetmiş ve her yıl kazı mevsiminde daha fazla sayıda insanın başvurduğunu, bunun da işin çekiciliğini

RESİM 5.8 Efes, denetçileriyle birlikte bir grup işçi. (Wood, *Discoveries at Ephesus*, 1877)

5   J.T. Wood, *Discoveries at Ephesus*, 24, 26, 226, 228–230, 246.

gösterdiğini belirtmişti.[6] Robert Koldewey 1899'da Babil'de yaklaşık 200-250 işçiyle anlaşmıştı.[7] John Punnett Peters'ın 1889 yılına ait saha notları, kazının başlamasından itibaren işgücünün günden güne nasıl arttığını kesin rakamlarla gösteriyordu. Günlüğe eklenmiş her not, kazıdaki işçi sayısıyla başlıyordu. Rastgele bir örnek vermek gerekirse, ilk gün 7 Şubat'ta iş birbirine yakın altı noktada 32 adamla başlamıştı; işçi sayısı 11 Şubat'ta 56'ya, 18 Şubat'ta 92'ye, 28 Şubat'ta 125'e, 16 Mart'ta 144'e çıkmıştı. Bu tarihten sonra Peters sayının istikrar kazandığını belirterek işçi sayısıyla ilgili bilgi kaydetmeyi bırakmıştı.[8] 1890'da yazdıkları, ilk günden itibaren daha büyük bir işgücüyle başladığını ortaya koyuyordu; "14 şebeke"yle çalışmaya başlamıştı (şebekeler bir önderin kontrolünde belli işleri yapan işçi gruplarıydı, boyutları değişiyordu); altı gün içinde sayı "tam olarak 200 adam, 4 denetçi ve 21 şebeke"ye çıkmış, dört gün sonra da 50 adam eklenmişti.[9] Nippur'daki aynı alanda, 1899'da "hafta içinde toplam 1800 iş saati kaydedilmişti, her gün ortala -

RESİM 5.9 Nippur, sepet taşıyan işçiler, kazı alanı. (UPMAAA, Nippur 5555)

6   Rassam, *Asshur and the Land of Nimrod*, 198–199.

7   Koldewey, *Excavations at Babylon*, v, 24.

8   UPMAAA, Near East, Nippur I/II. Peters's Field Notes. I. Expedition, 1889. *Journal of Excavations*, 8 Şubat-16 Mart.

9   UPMAAA, Near East. Peters, Journal. II. Expedition. 1890. I Journal, 14–29 Ocak.

RESİM 5.10 Öğle molasında işçi grupları. (UPMAAA, Nippur 5323)

ma 300 kişi çalışıyordu."[10] (RESİM 5.9 ve RESİM 5.10). Peters, Hilprecht ve Koldewey'in yayımladığı fotoğraflar, işgücünün yalnızca bir bölümünü gösteriyordu. Kazı alanının belli köşelerinde çekilmiş bu grup fotoğrafları yine de burada çalışanların sayısının yüksekliği kadar iş örgütlenmesi konusunda da bir fikir veriyordu.

Yüksek düzeyde örgütlenme ve denetim gerektiren geniş kazı alanlarına kıyasla pek çok alan da görece küçüktü. Örneğin Amerikan Arkeoloji Enstitüsü'nün 1882 ve 1883'te Assos'taki mütevazı misyonu 12-45 kişi arasında değişen bir işgücüne dayanıyordu; çalışanların çoğu denizin karşısındaki Midilli (Lesbos) Adası'ndan gelmişti.[11] Sardis'te 1910 mevsimi yalnız 30 işçiyle (toprağı yumuşatan kazıcılar, toprak kürekleyenler ve sepet taşıyanlar) başlamış ama bu sayı 1911 mevsiminde ciddi şekilde artarak 250'ye çıkmıştı.[12]

Bazı durumlarda arkeologlar belli görevlere tahsis edilmiş işçilerin sayısını kaydediyordu. Nemrud Dağı'nda Osman Hamdi ve Osgan Efendi, Grynium nekropolündeki bir düzine mezarı açmak için "yaklaşık 15" kişiye ihtiyaç duymuştu; dağın kuzey eğimindeki anıtın üzerindeki karı temizlemek için 30-40 işçi gerekmiş, güneybatıda aynı işi yapmak için sonraki günlerde cumartesiden perşembeye kadar 18, 13, 33 ve 34 işçi çalıştırılmıştı.[13] Üç lahit mağarasına giden bir siperi devreden çıkartmak için Osman Hamdi'nin Sayda'daki işgücü 25 kişiden oluşuyordu; gece gündüz nöbet tutmak zorunda olan jandarmalar bu ekibe eklenmişti. En büyük lahitlerden birinin çıkarılması 50-60 kadar adam gerektirmişti.[14]

İşgücü, arkeoloji dilinde "şebeke" denen gruplarla örgütleniyordu. Bazı anlatılar bunlardan sayı olarak söz ediyor ve yapılan işin özelliklerine ilişkin bilgi veriyordu. Örneğin Rassam'ın Kalaa-Şirgat'taki (Musul'dan 100 kilometre

10   UPMAAA, Near East. Daily Work Reports by Mrs. John Henry Haynes, 30th Report, 2 Eylül 1899.

11   Clarke, *Report on the Investigations at Assos*, 23–25.

12   Butler, *Sardis: The Excavations*, 1:39, 68.

13   Eldem, *Le voyage à Nemrud Dağı*, 39, 63, 64.

14   O. Hamdy Bey and T. Reinach, *Une nécropole royale à Sidon*, 14, 26.

mesafede) şebekeleri 7 kişiden oluşuyordu ve 8-10 şebeke vardı.[15] Koldewey'in Babil'deki şebekeleriyse 16 işçiden oluşuyordu. Her şebekenin başında çalışmaları denetleyen bir önder vardı, bu kişi toprağı bir kazmayla açıyordu; 3 kişi sepetleri toprakla dolduruyor, geri kalanlar ise bunları rayların üstündeki arabalara taşıyordu. Hiyerarşi ücretlere yansıyordu; önder beş kuruş, toprağı dolduranlar dört, taşıyanlar üç kuruş alıyordu.[16]

Peters, Nippur'un Koldewey'inkine benzeyen örgütlenme şemasını daha ayrıntılı olarak anlatmıştı. "Şebeke başları" toprağı dikkatle, içinde bulunabilecek nesnelere zarar vermeden kazmaktan sorumluydu; günlük olarak aldıkları altı kuruş en yüksek ücretti. "Başlar" Cimcime ve Hille'den seçiliyordu, çünkü buradakiler "Bağdat'taki Keldani ve Yahudi antikacıların hizmetinde [...] eski eser aramak"ta ciddi bir uzmanlığa ve etkileyici bir beceriye sahiptiler. Görevleri arasında, dört kuruş alan sıradan kazıcıları denetlemek de vardı. Her kazıcı toprağı tarayıp sıyıran ve sepete yerleştiren bir kişiyle çalışıyordu, bunlara üç kuruş veriliyordu. Sonra sıra merdivenin en altındaki sepet taşıyıcılara geliyordu; bunlar "çevredeki vahşi Araplar" arasından seçilen 5-10 kişilik şebekelerden oluşuyor, her birine iki buçuk kuruş veriliyordu. Aslında bu taşıma sistemi arkeoloğun seçimi değildi, ona kalsa el arabası kullanırdı. Ancak Araplara bu el arabalarını kullanmayı öğretmek büyük sabır gerektirdiğinden bölgedeki ilkel yönteme, "ülkedeki usule göre toprağı küçük sepetler içinde kalçada" taşıma şekline geri dönmüşlerdi.[17] 1894'te John Henry Haynes'in Nippur'da çizim yaparak bulguları belgelemek için işe aldığı MIT'de eğitim görmüş mimar Joseph Andrew Meyer, günlüğünde süreci ayrıntılarıyla anlatmış, metin arasına kullanılan aletleri gösteren çizimler yapmıştı (RESİM 5.11).

> Şebekenin başı Hille'den işe alınmış uzman bir kazıcı, kazmasını sallıyor. Hemen yanında duran yardımcısı sepetleri küçük bir çapayla dolduruyor. Bütün bu şebekelerin sepet taşıyıcıları var; sepetleri kalçalarının üzerinde, bir elleri sepetin altına gelecek şekilde taşıyorlar. Sepeti kazı alanından yukarıya taşıyarak moloz yığınına boşaltıyorlar.[18]

---

15   Rassam, *Asshur and the Land of Nimrod*, 13.

16   Koldewey, *Excavations at Babylon*, 24.

17   Peters, *Nippur, or Excavations and Adventures*, 2:88–89, 110–111. Peters o dönemki döviz kurunu 3 kuruş = 12 sent olarak verir.

18   SPHC, James Andrew Meyer, Diary (1894), 4 Haziran 1894. Hilprecht Avrupa, Ortadoğu ve Türkiye'de anıtları çalıştığı için Meyer'in "son derece nitelikli" olduğunu söyler ve onu "konularına coşkuyla bağlı [...] yanlış yapmayan bir teknik ressam" olarak tanımlar. Meyer dizanteri ve sıtmaya yakalanarak Aralık 1894'te Bağdat'ta öldü, oraya bir ay önce getirilmişti. Bkz. Hilprecht, *The Babylonian Expedition*, 1:351–353.

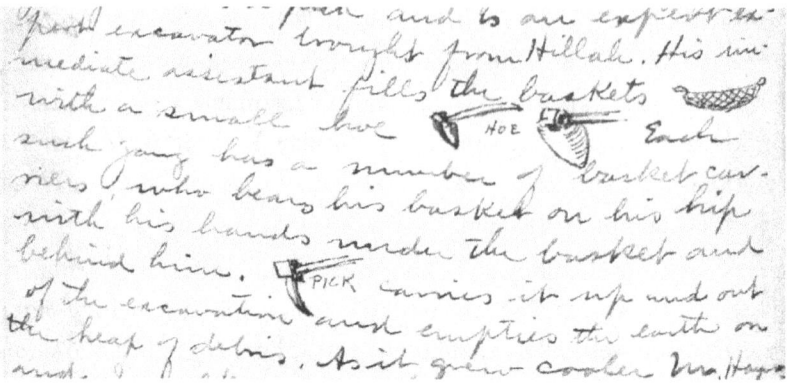

RESİM 5.11 Nippur, Meyer'in kazıda kullanılan aletlerle ilgili çizimi. (SPHC)

Meyer ayrıca on bir saat süren bir günlük çalışma için sepetçilere 13, kazıcılara 23 sent ödendiğini ekliyordu.[19]

Peters'in 1890'da tuttuğu günlük, kitabıyla kıyaslandığında, işçilerle, özellikle ustabaşılarla daha yakın bir ilişki içinde olduğunu ortaya koyuyordu. Bunların isimlerini (Hüseyin, Abbas Davud, Musa, İsmail, Mehmet Türki ve diğerleri) veriyor, sorumluluklarını ve yaptıkları işi anlatıyordu. Örneğin 4 Şubat tarihinde şunları yazmıştı: "Musa el-Cervani, İbrani evinin üçüncü odasında iki gündür çalışıyor", "Hamud el-Hacı zigguratın doğusundaki odasının duvarlarında en dibe ulaştı", "Hasan odalarından ikincisinin, taraçanın bir parçası olduğu anlaşılan basamağa benzer bir duvarın üzerinde durduğunu ortaya çıkardı" ve "Musa el-Kadim batı tarafında daha öteda yeni bir odalar topluluğunu kazıyor." Ertesi gün, diğer keşifler arasında şunlar vardı: "Hisbat basamaklı yapının içinde güzel gözüken kerpiçten dev bir duvar buldu", "Dhaki kazdığı duvarda kapısız bir oda buldu" ve "Abbas, İsmail'in güneyinde tuğla bir oda buldu." Peters'in anlatısı, kazı alanının haritasını çıkarıp farklı kazı yerlerini göstererek her yeri numaralar ve numaraları işçilerin isimleriyle ilişkilendirirken işgücüne daha da fazla yetki tanıyordu: Birinci bölgede, Hüseyin Davud "gediğin batısında dıştan kazarak odaları çıkarıyor", "Dhaki gediğin doğusunda içeriden kazarak odaları çıkarıyor", ikinci bölgede "Hüseyin el-Halif yaylanın eğimindeki eski bir tuğla duvarı kazıyor" ve "Abdullah el-Uda merkezin doğusundaki ilk payandada uzun bir duvarın temeline doğru iniyor" ve benzeri (**RESİM 5.12**).[20]

Günlükteki anlatı ve dil, Peters'in kitabındakinden önemli ölçüde farklıydı. Günlükte "Araplar" öne çıkıyor, bireyselleşiyor ve kazıya faal bir şekilde katılıyor-

---

19   SPHC, Meyer, Diary, 7 Temmuz 1894.

20   UPMAAA, Near East. Peters, Journal II, Expedition, 1890. I Journal, 1-5 Şubat.

du. Alanın belli bir bölümünden sorumluydular, kendi keşiflerini yapıyorlardı; Peters'ın günlüklerindeki not ve diyagramlar da onların katkılarını kabul ediyordu. Yani günlük, kazı alanının her günkü gerçeklerine daha yakın bir versiyon gibiydi, bu da arkeologla işçiler arasındaki girift ilişkiyi kurmamıza yardımcı oluyordu. Peters bu özel anlatıda uzak bir diyar ve egzotik bir halk hakkında belli beklentileri olan bir kitleye seslenmiyor, sa-

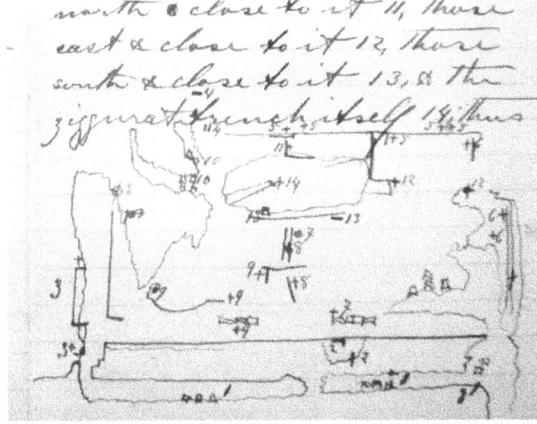

RESİM 5.12 Nippur, kazı alanının bir kesitinin planı. John Punnett Peters'ın çizdiği plan işbölümünü gösteriyor. (UPMAAA)

dece günlük çalışmaların nasıl ilerlediğini ciddiyetle not ediyordu. Meyer'in günlüğünde de aynı tavır seziliyordu; mimar, işçilerden, özellikle de ekip başlarından adlarıyla söz ediyordu.

Arkeologların günlüklerinin hepsinde aynı tavır görülmüyordu. Howard Crosby Butler'ın 1910'da Sardis'te günlüğüne yazdığı notlarda bireylerin isimleri yoktu, yalnızca sıradan bir şekilde sayılar veriliyordu: İlk gün 18 işçi vardı, altıncı gün sayı 54'tü; Butler daha sonraki günlerde sayı vermeyi bırakmıştı.[21] Ancak, gün gün çekilen fotoğrafları zaman sırasına koyduğumuzda işgücünün büyüdüğü ortaya çıkıyordu (RESİM 5.13 ve 5.14). Çalışanların etnik kökenleriyle ilgili bazı bilgiler, kıyafetlerinin çeşitliliğiyle zımnen verilmiş oluyordu (RESİM 5.15). Amerikalı arkeologlar, Türk müfettiş Yakub Bey ve işçiler arasındaki ilişkilerin doğası fotoğraflarda sezilebilirdi. Dördüncü gün taşımayı daha verimli hale getirebilmek için Salihli'den atlı araba getirtilerek gösterilen çaba da gururla belgelenmişti (RESİM 5.16).[22]

Emeğin durumuyla ilgili başka önemli veriler de arkeologlar tarafından belirtilmişti. Örneğin yapılan işin çapının genişliğini özetlemek için Peters, düşük ücretlerden alayla söz ediyordu:

> On sentlik işçilerimizin lehine söylenebilecek bir başka şey de şu: Altı aylık kazı süresince çıkardıkları toprak gerçekten çok büyük, öyle ki kazdıkları toprağı metreküp olarak alırsak ve siperlerin boyunu ve derinliğini hesaba katarsak, bizim yaptığımız kazılar hem Babil'de bugüne kadar yapılmış tüm

---

21 PUAA, Howard Crosby Butler Arşivi, Howard Crosby Butler, *Journal of Excavation at Sardis* (1910), 1, 11.

22 Agy., 7.

RESİM 5.13 Sardis, kazı alanında ilk gün. Amerikalılar ikinci sırada sağda. (PUAA, Sardis, A.9)

RESİM 5.14 Sardis, Paktolos'un doğu kıyısında işçiler. Fotoğraf işgücünün nasıl büyüdüğünü gösteriyor. Kazı evi arka planda. (PUAA, Sardis, A.83.b)

RESİM 5.15 Sardis, "yerli" bir çocuk. (PUAA, Sardis, B.107)

RESİM 5.16 Sardis, kazı alanı, yeni edinilmiş atlarla ikinci haftanın başlangıcı. Tepede güvenlik güçleri duruyor. (PUAA, Sardis, A.17)

kazıları, hem de Tello'da altı küsur mevsimdir de Serzac'ın yaptığını kat kat geçer.[23]

Bazen bir günlük düzenli çalışmanın programı veriliyordu. Nippur'da iş güneşin doğuşuyla başlıyor, batışıyla sona eriyordu; öğleyin bir saat dinleniliyordu. Öğle yemeğinden önce ve günün sonunda, ekip liderleri arkeoloğa kendi alanındaki keşifleri ve işin ilerleyişini bildiriyordu. Ödemeler her cumartesi öğleden sonra yapılıyor, iş iyi gitmişse o gün bir de ziyafet veriliyordu.[24] Osman Hamdi'nin Sayda'da işçilerinin izlediği günlük rutinde de yine öğleyin yemek ve dinlenme için bir "paydos" veriliyordu. Ancak günler yapılan işin zorluğuna da bağlı olarak uzun ve tüketici olabiliyordu. Osman Hamdi bir gün işçileriyle birlikte bir yeraltı mezarında on bir saat geçirdiğini bildirmişti.[25] Sardis'te "gün ışığı" iş gününün başlangıcıydı, 8.30'da kahvaltı için otuz dakika, öğleyin de yemek için bir saat paydos veriliyor, çalışma daha sonra "günbatımına kadar" sürüyordu.[26]

Yabancı Arkeologlar ve Osmanlı Memurları

Yabancı arkeologlar, Osmanlı hükümetinden izinlerini aldıktan sonra kazıların başına geçiyordu. Ancak yasalar sahadaki hiyerarşiyi karmaşık hale getirmiş, arkeologların Osmanlı memurları tarafından gözlenmesini öngörmüştü. 1874 nizamnamesi vilayetlerdeki yerel yetkilileri izin almış yabancıların faaliyetlerini denetlemek ve belirlenmiş koşullara uyup uymadıklarını doğrulamakla görevlendirmişti.[27] 1884 nizamnamesi yeni bir denetim düzeyi daha getirerek kazı alanlarında yardımcı olmak için gerekli bilgiye sahip bir memur bulunmasını şart koşmuştu.[28] Bu koşul, yabancı ekipler için birkaç düzeyde bir külfet haline döndü. Osman Hamdi'nin "antik eserleri sıkı denetimi"ne özellikle düşmanca yaklaşan bir makale, Osmanlı taşra memurlarının her durumlarda "parayla satın alınabilir" olduğunu, ama antik eserlerin buna bir istisna teşkil ettiğini öne sürüyordu. Bunun sonuçları, "Babil'deki kazıya binler harcamaya hazır olan ancak Hamdi'nin müzesini, kendisine tek bir şey bile ayırmadan zengin etmenin onur ve gururuyla yetinmesi

23 Peters, *Nippur, or Excavations and Adventures*, 2:111–112.

24 Agy., 2:89–90.

25 O. Hamdy Bey ve T. Reinach, *Une nécropole royale à Sidon*, 26, 35, 96.

26 PUAA, Butler Arşivi, Howard Crosby Butler, *Journal of Excavation at Sardis* (1910), 1–2.

27 Aristarchi Bey (Grégoire), *Législation ottomane*, Troisième Partie: Droit Administratif, Règlement sur les antiquités, Madde 9, 163.

28 Young, *Corps de droit ottoman*, 392 (Madde 21). Bu memurların ücretleri hükümet tarafından belirlenmişti ve kazı ajansı tarafından ödeniyordu.

beklenen" Amerikan Enstitüsü gibi akademik dernekler için üzücüydü.[29] *New York Times*'ın görece daha ılımlı diliyle, Nippur'da çalışan Amerikan ekibi için "en tatsız şey, bulunan nesnelere el koymak için her keşif gezisine eşlik eden bir Türk memuru"ydu.[30] Yabancı arkeologların artık, tek işi onların faaliyetlerini gözlemek olan bir kişiye tahammül etmesi gerekiyordu. İster istemez bu ilişki oldukça yakın hale geliyordu, çünkü bu memura arkeologların kampında oda vermek, onu bütün günlük faaliyetlere ve yemeklere dahil etmek gerekiyordu.

Osmanlıların yabancı arkeologları yasalara uymaya zorlamak için gösterdiği çaba her zaman iyi sonuç vermiyordu. Yasaların çiğnendiği olaylar hükümetin ek önlemler almasına yol açtı. 1899 tarihli bir belge, operasyonun boyutunu ortaya koyuyordu. Nemrud için alınmış bir izinle çalışan Alman arkeolog Karl Lehmann'ın kazı alanından dört parçayı izinsiz Musul'a götürmesi üzerine, Osmanlı hükümeti denetim ağını genişletti. O zamana dek Maarif Nezareti'nin vilayetlerdeki en yüksek dereceli memurları yabancıların faaliyetlerini gözlemek ve nezarete rapor etmekle yükümlüydü. Ancak, bu memurlar kentlerde çalıştıklarından, birçok kazı alanında görevlerini başarıyla yürütemiyorlardı. Şimdi onlara vali ve kaymakamları, büyük yerleşimlerdeki idadi müdürlerini, küçük kentlerdeki rüştiye öğretmenlerini, polisi ve jandarmaları da ekleyerek ağ genişletilmişti.[31] Dolayısıyla Sardis'te 1910'daki kazısının ilk iki ayında Salihli kaymakamının 5 ve 20 Mayıs'ta Butler'ı iki kez ziyaret etmesi şaşırtıcı değildi; ilk ziyaret sırasında Müze-i Hümayun müfettişi Yakub Efendi de gelmiş, ikinci ziyaret bayram zamanında gerçekleşmişti (RESİM 5.17). Amerikalı arkeolog, kaymakamın ziyaretlerine, onu ağırlamak zorunda kaldığı ve zamanını boşa harcadığı için içerlemişti.[32] Daha da kötüsü, bütün antik alanlar hükümetin atadığı görevlilerce korunuyordu. Bu kişilerin görev ve sorumluluklarıyla ilgili bir düzenleme, yabancıların denetlenmesinde hedeflenen düzeyi gösteriyordu: Bekçiler ziyaretçilere sahada geçirdikleri bütün süre içinde eşlik edecekler ve onların "en küçük bir taş" bile almadığından, kazı alanının ve eski parçaların fotoğraflarını çekmediğinden ve kalıplarını çıkarmadığından emin olacaklardı.[33] İmparatorluktaki

---

29 Bent, "Hamdi Bey," 617.

30 "Americans in Babylonia," *New York Times*, 3 Temmuz 1897.

31 BOA, DH.MKT, 2222/77, AH (9 Ramazan 1317/11 Ocak 1900).

32 PUAA, Butler Arşivi, Howard Crosby Butler, *Journal of Excavation at Sardis* (1910), 13, 76.

33 "Asar-ı Atika Hafriyat ve Harabiye Mevaki Bekçilerine Ait Talimname," madde 6 ve 7, *Maarif Vekâleti Mecmuası* 1, no. 2 (1 Mayıs 1341/1 Mayıs 1925): 80. Bu düzenleme 1920'lerden kalmış olmasına rağmen, Türkiye Cumhuriyeti'nin ilk yıllarında değişmeyen önceki uygulamanın bir tekrarıydı.

RESİM 5.17 Sardis, kaymakamın ziyareti; fotoğraf kazı alanının kuzeydoğu köşesinden çekilmiş. (PUAA, Sardis, A.202.a)

bütün arkeolojik faaliyet üzerindeki Osmanlı denetiminin etkinliğini göstermek ister gibi, 1903'te Maarif Nezareti'nin hazırladığı eğitimle ilgili bir salname, geçmişte ve o gün yapılan kazı çalışmalarının tam listesini veriyordu. Eğer arkeologlar yabancıysa, isimleri ve çeşitli üniversite ve müzelerle ilişkileri veriliyor, hepsinin hükümetten izin almış olduğu belirtiliyordu.[34]

Yüzyıl sonunda arkeolojinin toplumsal dinamikleri birbirinden farklı üç unsur çevresinde dönüyordu: yabancı arkeologlar, Osmanlı memurları ve yerel işçiler. Her biri farklı nedenlerle diğerlerini sıkı bir gözetim altında tutuyordu. İmparatorluk hükümetini temsil eden Osmanlı müfettişleri artık Batılı ekipler üzerinde iktidar sahibi olduğu için, kazı alanındaki hiyerarşik yapı bulanıklaşmıştı. Birden fazla düzeyde gerilim yaşanıyordu: Osmanlı devleti temsilcileriyle yabancılar arasında, arkeologlarla yerel işçiler arasında, merkezi otoriteyi temsil eden Osmanlı memurlarıyla yerel işçiler arasında. Her grubun kendi içindeki iç mücadeleler ise ayrı bir konuydu. Birçok senaryo hayal edilebilir. Maruz kaldıkları gözetim konusunda temkinli olan yabancı arkeologlar, kendi faaliyetleri üzerinde belli bir denetimi korumak için müfettişleri dikkatle izliyor olmalılardı; ayrıca Osmanlı orta sınıflarıyla ilgili meraklarını tatmin etmek için de bu bürokratları gözlemliyor olabilirlerdi.

---

34 *Salname-i Nezaret-i Maarif-i Umumiye*, 1321 (1903), 53–92.

Tabii kazının etkin biçimde işlemesini sağlamak ve herhangi bir "kuşkulu" davranışı önlemek için işçilerin üzerinden de gözlerini ayırmıyor olmalıydılar. Aralarında yaşamak zorunda kaldıkları yabancı ekiplerin içinde yalnız olan Osmanlı bürokratları, kazılan sahaların boyutu düşünülecek olursa ciddi bir çaba gerektiren resmi işlerini yapmak zorundaydılar. Bölgedeki etnik çatışmaların ve aşiret çekişmelerinin farkında olan hükümet temsilcileri olarak, işçi grupları arasındaki ilişkileri de gözetim altında tutmaları gerekiyordu. Yabancı arkeologların şikâyetleri, işçilerin gözlerinin onların üzerinde olduğuna işaret ediyordu; patronlarının alışık olmadıkları yaşam tarzları ve âdetleri herhalde duydukları merakın en önemli nedenlerinden biriydi. İşçiler büyük ihtimalle yabancılardan da çok devleti temsil eden Osmanlı müfettişlerini gözlüyordu. Başka bir düzeyde de, farklı aşiretlere ve etnisitelere mensup grupların yakın çalışma ve yaşama ortamında birbirlerini izlediğini düşünmek mantıklıydı. İlişkileri daha da karmaşık hale getiren unsur, arkeologların askeri memurların ziyaretlerini de her an beklemelerinin gerekmesiydi. Örneğin 30 Mayıs 1894'te, civarda konuşlanmış bir "teğmen veya yüzbaşı", yanında yirmi beş askerle Nippur'daki kazıyı ziyaret etmişti.[35]

Hiç kuşku yok ki, Osmanlıların aldığı önlemler, parçalara el koymak için farklı seçenekler aramayı sürdüren yabancı arkeologların umut ve beklentilerine karşıydı. Örneğin Peters yerel antikacılardan tabletler satın almıştı; antikacılar tabletlerin yasadışı yollardan Londra'ya yollanması, oradan da gemiyle New York'a gönderilmesi konusunda güvence vermişti. Hilprecht de "Şark kanunları"ndan kaçınmak için, Amerika müzelerini Bağdat'ta karaborsadan bulduğu nesnelerle doldurma eğilimindeydi.[36] Her durumda, Osmanlıların antik eserlerin yurtdışına kaçırılmasına karşı verdiği toplu mücadele, Birinci Dünya Savaşı'nın başladığı sırada kaybedilmiş bir davaya benziyordu. 1914 yazında Maarif Nezareti, Dahiliye Nezareti'ne yazarak, yarım yüzyıl önce Ninova ve Horsabad'ın İngiliz ve Fransızlar tarafından, "tarihi Asurya toprağı"nın da son on yılda Almanlar tarafından "yağmalandı"ğını hatırlatmış, artık kazı izni verilmemesini istemişti.[37] Üç hafta sonra Musul valisi Süleyman Nazif, Dahiliye Nezareti'ne yazarak, resmi izin belgelerine sahip olanların bile yasa dışı faaliyetlerini durdurmanın imkânsız hale geldiğini belirtmişti. Umutsuz bir çare olarak vali, bütün dikkate rağmen durumun elli yılı aşkın bir süredir denetlenemediğini belirterek, nezaret-

---

35 SPHC, Meyer, Diary, 29 Mart 1894. Meyer memurun Amerikalılarla birlikte "müthiş bir yemek"te ağırlandığını, bu arada adamlarının da bütün "tavuk ve pirinç" stokunu tükettiğini belirtmişti.

36 Kuklick, *Puritans in Babylon*, 49.

37 BOA, DH. İD, 28–2-39 (14 Ramazan 1332/6 Ağustos 1914).

ten "bizde ashab-ı ihtisası yetişene kadar" yabancıların arkeolojik çalışmalarının durdurulmasını istedi.[38]

Aletler ve Teknoloji

Arkeolojik çalışma incelikli, emek yoğun ve yavaştı. Çalışma koşullarını, mezarların nasıl kazıldığını gösteren Cesnola'nın anlatısındaki iki çarpıcı çizim kadar iyi açıklayan başka bir belge yoktur. Çizimlerin ilki birkaç kuyudan birini konu alıyordu; iki işçi madenlerdekine benzer biçimde bu dar kuyuya sığışmıştı. Yer yüzeyindeki diğer işçiler sepetleri yukarı çekiyordu; "ilkel" aletler sağdaki sanatsal bir kompozisyonda verilmişti. İkinci görüntü kuyudan ulaşılan bir mezar odasını yakından gösteriyordu. Yarı çıplak işçi ısı düzeyinin işaretiydi, elindeki meşaleyse karanlıkla ilgili bir fikir veriyor, hatta keşfin heyecanını yansıtıyordu; yerde dağınık halde çeşitli eski eser parçaları ve iskeletler vardı.[39] Bazı durumlarda ipuçlarını beklenmedik kaynaklarda bulmak mümkün. Osman Hamdi ve Théodore Reinach'ın *Une nécropole royale à Sidon*'undan alınmış sıradan bir enine kesit çizim, çalışma koşullarını sergiliyordu. Ağlayan Kadınlar Lahdi'nin çıkarılışını gösteren çizimde lahit 1,60 metre yüksekliğinde bir tünelden raylar üzerinde çekiliyordu. Operasyonun hassasiyeti nedeniyle bu son derece rahatsız ortamda muhtemelen saatlerce çalışmak gerekmişti, keşif anlatılırken bu noktadan hiç söz edilmiyordu (RESİM 5.18).

Kazı alanına getirilen yeni aletler ve teknoloji özellikle taşıma konusunda verimliliği artırıyordu, ancak çalışma yöntemlerini tümüyle modernleştirmek hiçbir zaman mümkün değildi. Bazı durumlarda işçiler alışkanlıklarını değiştirmek istemiyordu. 1870'lerde Cesnola, kazmak için demir kürek ve atıkları taşımak için tekerlekli araba kullanmayı reddeden Kıbrıs'taki Rum köylülerin direncinden şikayet etmişti. "Kazdıkları toprağı bir iple omuzdan sarkıtılan yerel sepet yöntemiyle taşımak"ta ısrar edişlerinden, süreci yavaşlatan bu alışkanlıktan "inat"la vazgeçmemelerinden hoşnutsuzlukla söz ediyordu.[40]

Zamanla rayla taşıma bütün büyük kazı alanlarında zorunlu hale geldi. Kaldewey'nin anlatısına göre, Babil'deki İştar Kapısı'nda kazı başlamadan önce ilk zorunlu adım olarak rayların döşenmesi gerekmişti.[41] Sardis'te, bu sahada sayıları çok fazla olan dev mermer blokları kaldırıp taşıyan "ağır vinci bir yerden bir yere

---

38   BOA, DH. İD, 28–2-39 (8 Şevval 1332/30 Ağustos 1914).

39   Cesnola, *Cyprus*, 255–256; resim için bkz. s. 272.

40   Agy., 138.

41   Koldewey, *Excavations at Babylon*, 40, şekil 25.

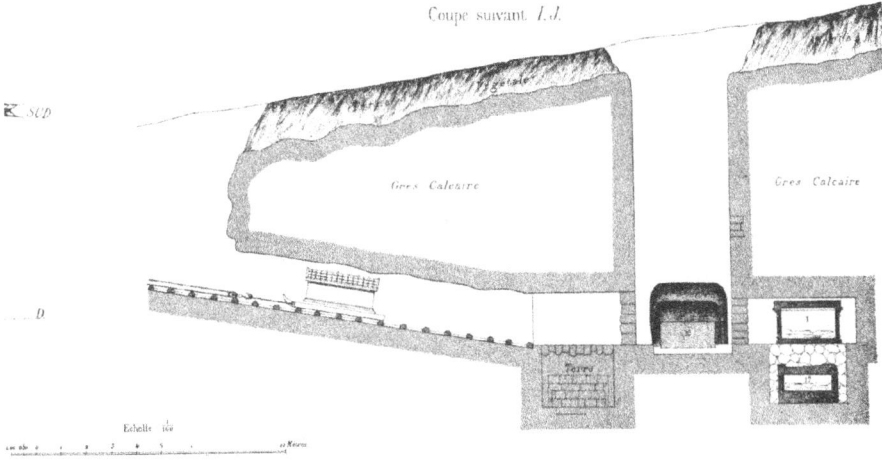

RESİM 5.18 Sayda, kazı alanının kesit çizimi, bir lahdin çıkarılış yolunu gösteriyor. (O. Hamdy Bey ve Théodore Reinach, *Une nécropole royale à Sidon*)

taşımak" için trene ihtiyaç duyulmuştu. Ancak treni Sardis'teki alana getirmek bürokratik bir maceraya dönüşmüştü. Amerikalı arkeologlar hükümetle muhtemel bir çatışmaya girmemek için çeşitli manevralar yapmak zorunda kalmıştı, çünkü devletin demiryolu şirketine verdiği imtiyazın kurallarına göre, "[Sart şehriyle kalıntıların yakınındaki köy arasında kurulacak] küçük ve geçici bir demiryolu bile Türk Régie demiryollarının işine müdahale" olacaktı. "Bitmek bilmez sıkıntılar"dan kaçmak için, her defasında sadece 100 metrelik bölümler inşa edilmiş, bu nedenle taşıma süreci bölünmüş ve hantallaşmıştı:

> Kazının mühendis ekibi, dış yardım almaksızın Sart'tan kazı alanına kadar Paktolos'un kıyısı boyunca bir yol yatağı inşa etti, lokomotifin ve lokomotif vincinin parçalarını bir araya getirdi, vagonları ortaya çıkardı, bir tren yaparak fazladan raylar ve başka aletlerle doldurdu. Bu tren [...] yüz metre kadar gitti; sonra işçiler rayları sökerek trenin önüne taşıyıp döşediler [...] Bütün bu operasyon için tam on gün harcandı, on birinci günde işçilerin çiçekler ve yeşil dallarla süslediği lokomotif treni bir zafer havası içinde kazıların olduğu noktaya götürdü.[42]

Zorluklara rağmen, fotoğraflarla belgelenen raylar, vagonlar ve vinç, 250 kişilik bir işgücüyle, kazının boyut ve hızını artırdı (**RESİM 5.19**).[43]

---

42   Butler, *Sardis*, 68.

43   Agy.

RESİM 5.19 Sardis, "Makine." (PUAA, Sardis, C.7.4)

Etnografik Kargaşa, Oryantalist Zihniyet

Operasyonların boyutu ve kazı çalışmasına katılan yerel halkın sayısını vermekte rakama dayalı bilgiler yararlıydı. Bu tür dolaysız bilgiler proto-etnografik ve antropolojik anlatılarla tamamlanıyordu; bunlar işgücü konusunda fazladan bir fikir veriyordu ancak bu fikir arkeologların ve ait oldukları dünyanın çerçevesiyle sınırlıydı.[44] Emperyalizm, sömürgecilik ve Oryantalizmin zirve noktasına ulaştığı bu zamanın şekillendirdiği toplumsal, kültürel ve ideolojik zihniyet, ilerleme ve uygarlığın temsilcileri olarak kendilerine güvenleri tam olan Batılı arkeologların tepeden bakan tavırlarına yansıyordu. Hilprecht, yaptıkları çalışmayı sömürgeciliğe özgü bir çeşit uygarlaştırma misyonuna (*mission civilisatrice*) bağlıyordu: "Yabancı kazıcılar, kalıntılarda yaptıkları sürekli araştırmalarla ülkeye yeni fikirler soktu, halkı önemli keşiflerle tanıştırdı ve her şeyden önemlisi onlara zaman ve çalışmanın değerini öğretti."[45] Arkeologların bu kendinden emin tutumu, farklı sahalarda farklı zamanlarda çekilmiş fotoğraflar aracılığıyla ortaya çıkıyordu. Layard'ın işçilere bir tepenin üzerinden kumanda edişini gösteren litograflardan (bkz. **RESİM 5.6**) altmış

44　Arkeoloji, etnografi ve antropoloji arasındaki ilişki bu disiplinlerin tarihindeki ilk yıllara kadar gider ve eski nesnelerle aynı yerlerde kazı sırasında kullanılan eşyalar arasındaki benzerliklere dikkat çeker. Etnoloji geçmiş ve bugünle ilgilendiği için, arkeolojiyle özellikle ilintili olarak görülür. Bkz. Stocking, *Victorian Anthropology*, 173, 245.

45　Hilprecht, *Excavations in Assyria and Babylonia*, 1:438.

RESİM 5.20 Sardis, işçileri denetleyen arkeologlar. (Butler, *Sardis*, 1:43, illus. 30)

RESİM 5.21 Sardis, işçileri denetleyen arkeologlar. (Butler, *Sardis*, 1:48, illus. 38)

yıl sonra Sardis'te çalışmayı tepelerden denetleyen arkeologların fotoğraflarına (RESİM 5.20 ve RESİM 5.21) kadar kesintisiz bir çizgi uzanıyordu.

Osmanlı arkeologları (Osman Hamdi ve Osgan Efendi'yle birlikte Hormuzd Rassam'ı da sayarsak), yerel insanlara dair algılarında yabancı meslektaşlarıyla genel olarak aynı görüşü paylaşıyor, dolayısıyla Doğu-Batı ikiliğini bir kenara koyarak sınıf farkını ve eğitim arka planını daha çok öne çıkartıyorlardı. Osman Hamdi'yi Nemrud Dağı'nda gösteren ve sık sık basılan bir fotoğraf bu durumu özetliyor: Arkeolog eski bir nesneyi özenle temizlerken, arkasında, elinde buluntular için bir kap tutan, zamanda donmuş bir heykele benzer bir işçi duruyordu. Osgan Efendi de bir fotoğrafta, yandaki bir kayada yerelden bir adam onu seyrederken, eylem halindeki becerikli arkeolog olarak gözüküyordu.[46] Osman Hamdi fotoğraflarda işçileriyle birlikteyken hep sahnenin ortasını işgal ediyordu; beden dili mirasa sahip çıktığını gösteriyordu, elleri korumak ister gibi antik parçaların üzerindeydi (RESİM 5.22).

Arkeologlar yerel halklar konusundaki görüşlerini rahatça ve büyük bir otoriteyle ifade ediyorlardı. Anlatıları, beklendiği gibi, 19. yüzyıl sonu Avrupa söylemlerine girmiş tanıdık klişelerle doluydu. Birkaç yerde kaymalar görülse bile, işçilerle kazı alanındaki yakın koşullarda kurdukları günlük ilişkiler kabul edilmiş formülleri aşmalarına izin vermemişe benziyordu. Arkeolojik alıntılardaki "yerli"lerle ilgili bölümler üzerine ciltler yazılabilir ama bu çalışma, dönemin hiyerarşiye dayalı alı-

RESİM 5.22 Palmira, harabeler üzerinde hak iddia eden Osman Hamdi Bey. (İÜMK 91525-0002)

46 Nemrud Dağı kazısı fotoğrafları Eldem tarafından yayımlandı, *Le voyage à Nemrud Dağı*; tipik pozlar için bkz. örneğin levha 29, 31, 32, 39 ve 40.

şılmış gözlemlerine yeni bir ek olmaktan öteye gitmez. Ancak bunu tamamen yok saymak da yanıltıcı olur, çünkü arkeologların yerel sakinlerin karakter ve zekâsına ilişkin tavizsiz yargıları çalışma koşullarının dinamiklerini derinden etkiliyordu. 19. yüzyıl ortasından 20. yüzyılın ilk yıllarına kadar birkaç örnek, durum hakkında fikir vermeye yeter.

Layard kendisiyle çalışan işçiler arasında bir ayrım yapıyordu: Dağlı Keldaniler "güçlü ve zorluklara alışkın" adamlardı, kazabiliyorlardı; ancak fiziksel açıdan daha zayıf olan Araplar sadece toprağı taşımakta işe yarıyordu. Sonraki onyıllarda aynı sınıflandırma başkaları tarafından da tekrarlanmıştı. Nemrud Dağı civarında kamp kurmuş olan Ebu Salman Araplarını ziyaret eden Layard, görünüş ve kişilik olarak istisnai bir Arapla karşılaşmıştı: Yakışıklı, "uzun, güçlü, biçimli, cesaret ve kararlılık kadar zekânın da belli olduğu bir yüz ifadesine sahip" bir Araptı bu. Üstelik şeyh, hiç Araba benzemeyen bir davranışla sakalını da tıraş etmişti. Kadınların, iki kısrağın ve bir kolt tabancanın bulunduğu çadır, sadece sakinleriyle değil halılar, yastıklar ve ortada deve tezeğiyle yakılmış ateşte kahve yapan "yarı çıplak" bir Arap nedeniyle de merak konusuydu. Şeyhin tersine, çadırdaki adamlar "uyumsuz bir görünüş"e sahipti. Yarı etnografik bir tonla devam eden Layard, bir grup Kürtle ilgili alaycı bir betimleme yapıyordu; bunlar akla gelebilecek "her renkte", "en son moda" giyinmişlerdi, silahları "üstün bir tasarım ve işçilikte, türbanları da uygun boy ve kapasitede"ydi.[47] Metinde sözlü anlatımlar gravürlerle desteklenmişti; bunlarda çadırlar, zengin kıyafetli insanlar ve develerin serpiştirildiği geniş manzaralar gözüküyordu (RESİM 5.23 ve 5.24). Arkeologlar yöntemli bir şekilde sunup tartışmasalar da, yerel kıyafetler hakkındaki gözlemlerini sık sık kaleme alıyordu; örneğin Wood'un *Discoveries at Ephesus*'unda [Efes'teki Bulgular] yer alan, elinde silahı, mızrağı ve belindeki üç bıçağıyla "Bir Türk Eşkiyası" adlı renkli çizim gibi. Kitaptaki tek resim olması, çizimin etkisini daha da artırıyordu.[48] Gelenek, örneğin Peters ve Hilprecht'in çalışmalarında da olduğu gibi onyıllarca devam etti. Peters bulunan parçalar için ölçü olarak yerel figürleri kullanıyordu ama aynı zamanda bu insanları baştan aşağı kıyafetleriyle (hatta bir tabancayla) veya yarı çıplak olarak gösteriyordu.[49]

Avrupalıların büyülendiği başlıca konu olan kadınlar Layard'ın kitabında sık sık ortaya çıkıyordu. Gerçekten de Layard, Şark kadınlarının, kendi kitlesi için ne kadar çekici olduğunun farkındaydı ve bu durumu açıkça ifade ediyordu. "Okura büyük

---

47 Layard, *Nineveh and Its Remains*, 51, 65–66, 78.
48 Çizim, J.T. Wood'un *Discoveries at Ephesus* kitabının sonundaki levhalar arasındadır. Bu bölüm sayfaları numaralandırılmamıştır.
49 Örneğin bkz. Hilprecht, *Excavations in Assyria and Babylonia*, 1:154, 222 ve 298.

THE TOMB OF JONAH, KOUYUNJIK, AND THE RUINS OPPOSITE MOSUL

RESİM 5.23 Musul çevresinde manzara. Aşiretler ve çadırlar bazı etnografik veriler sağlıyor. (Layard, *Nineveh and Its Remains*, 1:123)

TEL AFER

RESİM 5.24 Tel Affar, genel görünüm. "Yerli"ler, develer ve çadırlar bazı etnografik veriler sağlıyor. (Layard, *Nineveh and Its Remains*, 1:256)

RESİM 5.25 "Deve üzerinde Şammarlı hanım." (Layard, *Nineveh and Its Remains*, 1:283)

bir Arap şeyhinin evi hakkında bir fikir vermeye çalışmalıyım" diye yazmış, Şeyh Sofouk'un cinsel iştahına gönderme yaparak devam etmişti: Şeyh her ay yeni bir eş alıyor, ayın sonunda onu boşayarak yenisiyle evleniyordu; bitmeyen bir döngüydü bu. O zamanki eşleri Layard üzerinde büyük bir etki yaratmıştı. Güzel ve asil Amşa "çöldeki her Arabın şarkısı"nda yüceltilmişti. Yastık ve halıların üzerine uzanmış, ekmek pişirmekle meşgul "elli hizmetçi kızı" denetliyor, bu arada üç çocuğu, başlarının tepesinden sarkan uzun bir atkuyruğuyla süslü, "güneş ve çamurla kararmış, küçük, çıplak yumurcaklar" etrafta yuvarlanıyordu.[50]

Araplar için "mükemmellik" kavramını temsil eden Şeyh'in uzun, açık tenli, kara gözlü ikinci karısı Hatem'di.[51] Aslında son derece egzotik bir şekilde, "sanatlarının bütün kaynaklarını, doğanın başlattığını tamamlamak için harcamışlardı":

> Dudakları koyu maviye boyalıydı, kaşları burnunun üstünde buluşuncaya dek çivitle tamamlanmıştı, yanakları ve alnı benlerle doluydu, kirpiklerine rastık çekilmişti: Bacaklarında ve göğsünde, bütün vücudunu kaplayan çiçek dövmelerinin ve süslemelerin ucu gözüküyordu.[52]

Layard'ın kadının takılarını anlatışının yanında, herhangi bir Oryantalist resim veya metin solda sıfır kalırdı:

---

50 Layard, *Nineveh and Its Remains*, 98, 100.

51 Agy., 98–99.

52 Agy., 99.

Her bir kulağından sarkan ve beline kadar uzanan dev altın küpelerin ucunda, aynı malzemeden, dört turkuvazla süslenmiş ve oyulmuş birer levha vardı. Burnu da muazzam bir altın halkayla süslenmişti; mücevherlerle süslü bu halka o kadar büyüktü ki, ağzını kapatıyor ve hanımefendi yemek yerken çıkartılıyordu. Boynundan ağır boncuklardan sıralar, Asur silindirleri, mercan, akik ve kısmen boyalı taşlar sarkıyordu; el ve ayak bileklerini gevşek gümüş halkalar sarıyordu.[53]

Kışkırtıcı tanımlamalara görsel temsiller eşlik etmiyordu. Aslında kadınlar hiç gösterilmiyordu; yalnızca "deve üstünde Şammarlı hanım" figürü vardı, bu resim deve sırtındaki küçük kulübede (eclah) yolculuk eden Hatem'i okurların gözlerinin önüne getirebilmeyi amaçlıyordu (RESİM 5.25).

Egzotik yan malzemeler açısından zengin olan Layard'ın kitabı, bilimsel bir belge olma iddiasındaydı ve saha planlarından içme kabı gibi en küçük nesneye kadar bol bol eski eser çizimleriyle doluydu. Cesnola Kıbrıslı köylüleri korkutmak için kitabı kullanmıştı; pek çok anlatının ortak teması olan bir başka konuydu bu: Yerel halkın aptallığı. Amerikan konsolosu, bazı köylüleri ellerindeki antik parçaları kendisine vermeleri için "incelik ve manevra"yla ikna etmek üzere *Nineveh and Its Remains* kitabının bir cildiyle etkilemişti. Bir köylüye üzerinde kendisininkine benzer bir nesnenin (köylünün bu eşyaya sahip olduğuna dair özel istihbarat alıyordu) çizimlerinin bulunduğu bir sayfa gösteren Cesnola, bunun bir kehanet kitabı olduğunu söylemiş, böylece köylünün elinde antik eserler olup olmadığını anlamıştı. Köylünün tepkisi, bir şaşkınlık çığlığı atarak "Panagia Mou!" (Yüce Meryem!) diye bağırmak olmuştu. "Elinde her şeyi söyleyen bir kitap vardı." Bunun sonucunda da tabii sakladığı antik eserleri Cesnola'ya vermişti.[54] Kıbrıs'taki Rum köylüsünün aptallığıyla ancak Türklerin tembelliği yarışabiliyordu. Cesnola adada Türklerin yaşadığı her yerin "pis, sefil, her türlü çöküş işaretiyle dolu" olduğunu yazmıştı. Dolayısıyla "bu dejenere olmuş ırkın herhangi bir meslek veya el becerisi edinmeye kafa yormayıp zamanını kahvelerde içerek ve tüttürerek geçirmesi" onu şaşırtmamıştı.[55] Rum ve Türk karakterler arasında kıyaslama yapma ihtiyacı, Joseph Thacher Clarke'ın Assos'taki işgücüyle ilgili anlatısında da ortaya çıkıyordu: "Rumlar kaygısız, hatta zaman zaman delidolu [...] ama Türkler, daha güçlü ve cesur olmakla birlikte daha sessiz ve dikkatli." Rumların batıl inançları çok olmasına rağmen öylesine "paraya düşkün"düler ki, pazarları, bayram günleri, hatta Noel'de bile çalışmaya hazırdılar.[56]

---

53 Agy.

54 Cesnola, *Cyprus*, 126–127.

55 Agy., 193.

56 Clarke, *Report on the Investigations at Assos*, 18, 20.

Bu tür iddialar Araplarla ilgili olanların yanında sönük kalıyordu. Kendisinden önce ve sonrakiler gibi Peters'ın yerel aşiretlerle ilgili hikâyeleri alışılmış tanımlarla süslüydü: (Araplar) savaşçıydı ve birbirleriyle sık sık kavga ediyorlardı; cahildiler ve Batılıların bilgisi karşısında hayrete düşüyorlardı (Peters'ın tıp bilgisi onların arasında efsaneye dönüşmüştü), geçmişe dönüktüler ama çevrelerini saran tarihi mirası takdir edemiyorlardı. Eski eserlere yönelik tek ilgileri hazine bulmaktı. Çalma arzusu ve altın aşkı ortak yanlarıydı. Gerçekten de arkeoloğun altın diş kronu öyle bir merak uyandırmıştı ki Peters "gruplar halinde gelip karşımda çömelerek ağzımı açana kadar bakıyorlardı" diye yazmıştı. Bu kron yüzünden Peters hayatından endişe duymuştu![57]

Hilprecht işçilerini "başlıca 'erdemleri' yalan söylemek, çalmak, öldürmek ve şehvet olan kaypak Araplar" diye tanımlıyordu. Mantıksız derecede savaşçıydılar: "En küçük bir kışkırtmada, çoğu zaman da görünür hiçbir neden olmaksızın raklelerini ve sepetlerini bir kenara atıp mızraklarını veya tabancalarını havada sallayarak ve özel olarak o duruma uygun bir meydana okuma cümlesi haykırarak savaş dansına başlıyorlar." Bunlar arkeologların yaşam tarzını "tuhaf" bulan "çölün cahil çocukları ve [...] bataklıkların yarı çıplak köylüleriydi." Zekâ seviyeleri o kadar düşüktü ki, yabancıların büyülü güçleri olduğuna ve düşmanlarına kolera gibi hastalıklar getirdiklerine inanıyorlardı.[58]

İki dünyanın da hem içinde hem dışında olan Hormuzd Rassam, başlangıçta yerel halka karşı farklı, "bazı seyyah ve tarihçilerin düşünceleriyle ayrışan" bir bakış açısına sahip olduğunu iddia etmişti. "Araplar, Kürtler ve Türkmenler"le geçinmeyi kolay buluyordu; Avrupalı ve Amerikalı meslektaşlarına karşı açıkça eleştirel bir tutumla, bu insanlara "hiç uygun olmayan bir küçümsemeyle, tepeden bakarak" davranmamanın önemini vurgulamıştı. Basmakalıp dili ve genel tonuyla Batılı arkeologların yankısını taşımasına rağmen, onun tanımlamaları daha değişken mesajlar içeriyordu. Kendi sözleriyle, yerliler "dürüst, sadık ve son derece misafirperver"di. Rassam'ın etnografik kalıplara oturttuğu kadınlar bile yabancılara "yardımcı olmaya, onları ağırlamaya" hazırdı.[59] Tirmanin'de (Suriye) onu ağırlayan kişinin dört eşiyle (iki Türkmen, bir Arap, bir Çerkes) ilgili betimlemeleri, kıyafet üzerinden bölgenin geleneklerindeki çeşitliliğe ilişkin küçük bir anlatıya dönüşüyordu; ancak bu, Oryantalist küçümseme ve alaycılıkla lekelenmiş bir anlatıydı:

---

57   Peters, *Nippur, or Excavations and Adventures*, 2:82–83, 90.

58   Hilprecht, *The Babylonian Expedition*, 314–315, 317, 324.

59   Rassam, *Asshur and the Land of Nimrod*, ix.

Arap iç çamaşırı giymeyecektir, çünkü bu utanç vericidir; diğer ırklar giy-
melidir, çünkü iç çamaşırsız insan içine çıkmanın utanç verici olduğu kabul
edilir. Arap çıplak bacaklarını sergilemenin uygunsuz olduğunu düşünmez,
ama göğüslerini göstermenin son derece uygunsuz olduğunu düşünür ve
göğsünün görünmesini engellemek için onu kirli bir örtüyle kapatmayı göze
alır, hatta bacaklarını dizlerine kadar açmak pahasına da olsa gömleğinin alt
kısmıyla kapatır; diğerleri tam tersine, göğüslerinin bir bölümü açık olarak
dolaşmaya razıdır ama bacakları ve ayakları tamamen kapalı olmalıdır.[60]

Hormuzd Rassam aynı zamanda yerel giysileri, değişen alışkanlıkları ve "Doğu
ile Batı arasında günümüzde sürekli iletişim olmasına rağmen" Batılıların bunlarla
bağ kurmakta çektiği güçlüğü anlıyordu. "Arap modasına uygun" giyinen Wilfrid
Scawen Blunt ve Lady Anne Blunt'ı eleştirirken, Avrupa tarzı giysilerin "Türkler,
yerel memurlar ve Türkiye'deki diğer saygıdeğer kimseler tarafından" benimsenmiş
olduğuna dikkat çekiyor ve "eski moda ve hantal giysilerin bir İngiliz leydisi ve
centilmeni tarafından giyilmesi bir kapris gibi gözüküyor" diyordu.[61]

Hormuzd Rassam'ın etnografik ilgisi, yerel yemeklere ve bunların hazırlanışına
kadar uzanıyordu. Örneğin bademli ve üzümlü "pilav"ın ve çok daha etkileyici
biçimde "dolma"nın hazırlanışını anlatıyordu. Dolmayı "pirinç ve kıymayla doldu-
rulmuş, soğan, biber ve tuzla lezzet verilmiş, üzüm veya limon suyu veya 'sumak'
denen bir bitkiyle asitlendirilmiş suda kaynatılan herhangi bir sebze" diye tarif
ediyordu.[62] Hormuzd Rassam'ın bu yemeğin lezzeti karşısında duyduğu zevki
yerel kökenine bağlamak mantıklı olabilir; onun için bu sonradan edinilmiş bir
tat değildi. Ancak kullandığı dil, seslendiği kitlelerin beklentilerini karşılayacak
şekilde yemeklere bir ötekilik duygusu veriyordu.

Osman Hamdi'nin yerel halka karşı ataerkil, Oryantalist ve neredeyse sömürgeci
tutumu, Edhem Eldem tarafından iki bağlamda incelenmiştir: Bunlardan biri
Osman Hamdi'nin 1860'ların sonunda Araplar ve Bedevilerle ilgili olarak babasına
yazdığı mektuplar, diğeri de 1863'te Nemrud Dağı arkeolojik araştırması sırasın-
da defterine kaydettiği notlardır.[63] Kürt aşiretlerinin "Doğu'daki bütün halklar
arasında rastlanan" misafirperverliği, anlatılarda sık sık tekrarlanan bir temaydı;
verdikleri ziyafetlere danslar, müzik ve her türlü kutlama eşlik ediyordu. Bir örnekte,
arkeologlar Göksu Nehri'ni geçmek için yerel bir aşiretin hizmetinden yararlanmış,
"büyük zilli defleri çalarak şarkı söyleyen [...] bazıları tamamen çıplak, diğerleri

---

60 Agy., 69.

61 Agy., 284.

62 Agy., 131–132.

63 Eldem, *Un Ottoman en Orient*, 2010.

sadece gömlek giymiş [...] dervişler" görmüşlerdi; bunlar nehirden rahatça geçmek için "Tanrı'ya ve azizlerine ateşli dualar" okurken "çok eğlenceli ve pitoresk" bir görüntü oluşturmuştu. Osman Hamdi ve Osgan Efendi, Adıyaman'daki askeri karargâha ulaştığında, Osmanlı arkeologlarını yabancı turistmiş gibi karşılayan karargâhtaki binbaşı onların şerefine "yerli" bir ziyafet hazırlamış ve "Kürt askerleri" "milli dans"larını sergilemişti.[64]

Osman Hamdi'nin 1892'de Sardis'teki işçileriyle ilgili anlatılarındaki tutumu, Nemrud Dağı araştırmasındakine göre farklıydı; bunu iki bağlamdaki farklılıkla açıklamak mümkündü. Nemrud Dağı'nda Osman Hamdi ve Osgan Efendi "medeniyet"ten uzakta, güneydoğu Anadolu'nun vahşi alanlarında maceraya atılırken, Sayda modern imkânlarla dolu, büyük, kozmopolit Osmanlı liman şehri Beyrut'a yakındı. İki beyefendinin yüksek evrensel kültürün taşıyıcıları olarak kendilerinden emin tutumu Nemrud Dağı'ndaki insan manzarası karşısındaki tepkilerine renk katmış, Oryantalist eğilimlerini –Sayda'daki birkaç belirtiye kıyasla– tamamen ortaya çıkarmıştı. Osman Hamdi, Sayda'da Batılı anlatılardan bir dereceye kadar sapmıştı; Batılı meslektaşlarıyla benzer olayları anlatmasına rağmen, yerel kültürle ilgili fikir sahibi olduğu için bunları filtreden geçirebiliyordu. Dolayısıyla, iki yeraltı galerisinin birbirine kavuşması kutlanırken işçiler "hurra" diye bağırmış ve alelacele yaptıkları bir kaval eşliğinde "Arap havaları" (yabancı arkeologların iddia ettiği gibi savaş çığlıkları değil) söylemişlerdi. Bir başka olayda, arkeoloğun "siyah mermerden muhteşem bir antropoid lahdi" bulması üzerine kapıldığı büyük sevinci anlayamayan Arap işçiler, "mutlu bir şey" olduğunu fark etmiş ve "çılgınca çığlıklar" (yine, savaş çığlıkları değil) atarak dans etmeye başlamışlardı. Osman Hamdi, ağır bir şey kaldırırken hem Müslüman hem Hıristiyan işçilerin bulundukları yerin âdetlerine göre Allah'tan yardım isteyen sözler söylediklerine dikkat çekiyordu. "Ya Rabbelbeyt" dediklerini duymuştu. "Beyt" Müslümanlar arasında Kabe'ye gönderme yaptığı halde, Müslümanların yanı sıra Hıristiyanlar tarafından da kullanılıyordu. Osman Hamdi bu nedenle sözün "Kabe'nin Allah'ı"na atıfta bulunamayacağı, belki de "ilkel inançların bilinçsiz bir kalıntısı, Lares tanrılarının karışık bir hatırası" olduğu sonucuna varmıştı.[65] Böylece en köklü Oryantalist bağlantılardan birini kuran Osman Hamdi, yerel kültürü karanlık ve sabit bir geçmişin içine yerleştiriyordu.

Sayda araştırmalarının fotoğrafları iş sürecini ve aktörleri, yani hem işçileri hem denetçileri (**RESİM 5.26**) gösteriyor. Bu fotoğraflardan yapılmış ve *Une nécropole*

---

64   Eldem, *Le voyage à Nemrud Dağı*, 30–33.

65   O. Hamdy Bey ve T. Reinach, *Une nécropole royale à Sidon*, 21, 96, 63.

RESİM 5.26 Sayda, işçileri ve Osmanlı memurlarını gösteren fotoğrafta bir lahit çıkarılıyor. (İÜMK 91533-0002)

royale à Sidon'da yayımlanmış iki gravür, lahitlerin mağaralardan çıkarılışını resmediyordu; Osmanlı memurları koyu renk kostümleri ve denetleyici rolleriyle açıkça tanınıyordu. Kötü basılmış bir fotoğraf olan üçüncü bir görüntü, "Büyük Lahit"in bir kayığa yüklenmesine odaklanmıştı. Nemrud Dağı yerlilerinin fotoğrafları farklı bir tema içeriyordu: Eldem'in de iddia ettiği gibi, sert ve egzotik manzaralarla tamamlanan etnik özellikleri betimliyorlardı; bazıları Osman Hamdi ve Osgan Efendi'yi Oryantalist *"tableau vivant"*ın içindeki iki "beyaz" adam olarak öne çıkarıyordu.[66]

Akıntıya Karşı

Arkeologların yerel halkla ilgili görüş ve gözlemlerine karşılık öbür taraftan verilmiş bir cevap yoktur, bu konuda kayıtlar tamamen boştur. Fotoğrafları dolduran işçilerin beden dili ve bakışları bazen insanı senaryo kurmak için kışkırtır ama tarihçinin mesleği kurgu yazarı ve sanatçınınkine göre çok daha kısıtlıdır. Bir kurgu yazarı veya bir sanatçı, örneğin Babil fotoğrafını (yukarıda tartışılan fotoğraf, bkz. RESİM 5.2) alarak buradaki insanlara hayali hayatlar verebilir. Golgoi'daki kuyunun kesitini gösteren çizime baktığımızda, o delikte günde sekiz saatini geçirmek zorunda olan işçinin duygu ve düşünceleriyle bir empati kurmamak zordur (bkz. RESİM 5.4). Ancak tarih yazmanın, gittikçe yoruma açık olmasına rağmen günümüz ortamında bile kendi kuralları vardır. Eğer tarihçi kayıp bakış açısını merak ediyorsa, yöntemsel olarak riskli yollara girecek ve arkeologların anlatılarına dönerek onları tersinden okumaya çalışacaktır. Yerel halkın gelenekleri, giysileri, kişilikleri, toplumsal kural ve alışkanlıklarıyla ilgili tekrarlanan klişelere rağmen, bu anlatıları geniş ve türdeş bir söyleme indirgemek yanıltıcı olabilir. Her küçük resim birden fazla yoruma açık olduğundan, eğer satırların arası okunursa, bunlar alternatif hikâyeler anlatılacak şekilde esnetilebilir. Bu tarz yoruma dayalı bir tavır, Michael Woods'un sözleriyle "bir zamanlar hayranlık duyulan bildiğimizden fazlasını söylememe ilkesi"ne karşı çıkar, ancak bu, bizi "hissettiğimiz veya düşündüğümüzü söylemeye" çağırır; günümüz biliminsanından beklenen bir tavırdır.[67] Biliminsanlarının sorumsuzca yeni anlamlar uydurması anlamına gelmez bu, ancak ellerindeki kanıtları daha özgürce ve daha akrobatik değerlendirecekleri bir esneklikten yararlanabilir ve okuru da daha aktif bir tepki vermesi için yüreklendirebilirler.

İktidar ilişkileri, anlatılardan çıkarılabilen temalar arasında yer alır; bunları incelemek, orantısız yargıları dağıtarak yetkili olduğu varsayılan Batılı arkeolog-

---

66   Eldem, *Le voyage à Nemrud Dağı*, 34.

67   M. Wood, "The Question of Shakespeare's Prejudices," 62.

Modern Priest.

Stone head from Golgoi.

RESİM 5.27 Golgoi, modern bir rahip ve taştan bir başın çizimleri. (Cesnola, *Cyprus*, 180)

PLATE LXXXIV

1. A LIVING AMORITE.

2. SURVIVING HITTITE TYPE.
From a sketch by Mr. Horst Schllephack.
(See p. 16, note 2, and cf. A. 48.)

RESİM 5.28 "Türkmen"lerle Hititler arasındaki benzerlikler. (Garstang, *The Land of the Hittites*, 320)

ların pozisyonunu alt üst eder. Örneğin kazıların köylüler için yeni gelir kaynağı yarattığı konusunda kuşku yoktu; tarım sektörünün içinde bulunduğu vahim ekonomik koşullar düşünülecek olursa, bu iş büyük bir çekim gücüne sahipti. Bu durumdan yararlanan arkeologlar fonlarının daha uzun süre dayanması için ücretleri düşük tutuyor, ancak yine de ihtiyaç duydukları işgücünü bulabiliyorlardı. Ancak iş programını her zaman denetleyemiyorlardı. J.T. Wood ilkbaharda Efes'te elinde yeterli sayıda işçi tutamamaktan yakınıyordu; o mevsimde sayı 35 kişiye iniyordu. Wood ne önerirse önersin işçiler üzerinde "hiçbir etkisi olmuyor"du, kendi tarla ve çiftliklerine dönüyorlardı. Onun sözleriyle, "Günde bin kuruş için bile kalamayacaklarını kesin olarak söylediler". Günde 10 kuruş aldıklarını düşününce bu ironik ve umutsuz bir ifadeydi.[68] Hilprecht aynı durumla Nippur'daki kazı alanında karşılaştı; burada "yerli Araplar" hendekleri nisan ortasında terk edip "arpa hasadına ve tarım uğraşına dönüyor"du.[69] Benzer bir olay Sardis'te de yaşanmıştı: "Hasat olgunlaşınca" işgücü o kadar azaldı ki kazının durması gerekmişti, geride kalan az sayıdaki kalifiye işçi kazı evinin inşaatıyla uğraşmıştı.[70] Yani sonuçta kazı sezonunun uzunluğu gibi önemli bir kararı veren, arkeologlar değil işçiler oluyordu.

Arkeologlar yerel kültürün donuk olduğu, dinamizm ve değişiklikten nasibini almadığı konusunda yaygın bir görüşü paylaşıyor, bazı durumlarda "şimdi ve eskiden" giyilen giysilerdeki benzerlikleri buna bağlıyorlardı; örneğin Cesnola'nın Golgoi'daki son keşiflerinde bulunan "taştan heykel başı" ile "modern rahip" aynı başlıkları takıyordu (RESİM 5.27). John Garstang bu görüşü fiziksel özelliklere kadar genişletiyordu; Türkmenleri "Doğu'dan gelen göçebelerin torunları" olarak tanımlayıp, yüzlerinde "Hitit portrelerini hatırlatan bir şey var, kadınlarda genel olarak görülüyor, erkeklerin bazılarında da daha belirgin" diyordu. Garstang bir fotoğraf ve bir çizim eklemişti, ikisi de profildendi; "gerideki alınla aynı çizgide güçlü bir burun, başın arkasında yuvarlak çıkıntı, kalın dudaklar, sakal ve duygusuz bir bakış. Vücut kısa ve tıknaz, dayanıklılık ve güç işaretleri taşıyor" (RESİM 5.28).[71] Başka örneklerde, çağdaş nesnelerle tarihsel nesneler arasındaki biçim benzerlikleri gösteriliyor, arkeolojik bilgiye hızla etnografik bir ışık tutuluyordu. Nippur'daki kadınların sepet tasarımı bir tabut ve cenaze kabına benzetiliyordu (RESİM 5.29).

68   J.T. Wood, *Discoveries at Ephesus*, 234, 257.

69   Hilprecht, *Excavations in Assyria and Babylonia*, 446.

70   Butler, *Sardis*, 52.

71   Garstang, *Land of the Hittites*, 12.

Peters günlüğüne şöyle not almıştı: "İki örgü ve bağlamak için küçük bir yüzükten oluşan [...] bakır top [...] Arap çocuklarının oyuncak olarak kullandığıyla aynı."[72]

Geçmişle şimdiki zaman arasındaki devamlılık, arkeologlar için çözülmüş bir sorun değildi. Bir yanda bu bağlantıyı kullanarak yerel toplumların değişime karşı direncini ve geriliğini açıklıyor, diğer yandan yerel sakinlerin geçmişe yönelik saygısızlığından söz edip duruyorlardı. Nippur bölgesinde eski ve yeni evlerin mimarisi ve kullanılan inşaat malzemeleri, ayrıca evlerde ve mezarlarda bulunan çanak çömlek birbirine o kadar benziyordu ki, Peters tarih belirlemenin çok zor olduğunu kabul ediyordu; bu olgu, geçmişe duyulan güçlü bağı gösteriyordu. Nippur'da Peters'ın kazı anlatılarından iki hikâye, arkeoloğun ilginç ve çelişkili görüşlerine ışık tutmaktaydı. İlkinde Peters, Nippur'daki büyük Baal Tapınağı'nın karşısındaki bir kulübede bulduğu "küçük, yuvarlak, dikdörtgen veya sekizgen kilden nesneler"in anlamı konusunda "umutsuzca şaşkınlığa düştü"ğünü yazmıştı. Bu gizem, Necef ve Kerbela camilerinin kapılarında çağdaş hacılara satılan yadigârlar sayesinde çözüldü; boyutları ve şekilleri aynı olmakla kalmıyordu, alına değdirilmesi amaçlanan bir el veya sadece bir daireden oluşan süsleme unsurları bile aynıydı. Peters bu sürekliliği "halkın [dört bin yıl önceki Babillilerle] aynı hayatı yaşaması"na bağladı, tek istisna "kahve ve tütün kullanmanın getirdiği değişiklikler"di; böylece halkın zamana

RESİM 5.29 Çağdaş ve tarihsel nesneler arasındaki benzerlikler. (Hilprecht, *The Excavations in Assyria and Babylonia,* 336)

---

72 UPMAAA, Near East, Nippur I/II. Peters's Field Notes. I. Expedition, 1889, 20 Şubat 1889.

bir türlü ayak uyduramadığını vurguluyordu.[73] Eski uygarlıkların yerel sakinler için anlam taşımadığı yolundaki Batı görüşlerini yıkmak için "yerli arkeoloji"lerin gücü iddiasını ortaya atan Yannis Hamilatis'e dayalı bir başka okuma, Peters'ın gözlemlerinin tam tersi bir sonuca ulaşabilir ve olguyu tarihe duyulan bağlılık ve ona verilen değerin bir kanıtı olarak görebilirdi.[74] Bu bakış açısına göre, Peters'ın anlattığı, "Arapların sürü halinde, bazen aynı anda bütün bir aşiret üyelerinin" kazı alanındaki tünellere, kuyulara ve galerilere üşüşmesi, belki de –arkeologların inandığı gibi– yabancıların yerlileri şaşkınlığa sürükleyecek zekâ gösterileri sergilemesine değil, bu insanların yaşadıkları toprağın tarihine duydukları gerçek bir ilgiye bağlanabilirdi. Peters yine kendisiyle çelişerek bu ziyaretler için "bizim bir müzeye yapacağımız [ziyaretler]" benzetmesini kullanıyordu.[75] Arkeoloğun anlattığı gibi yerli halkın geçmişle sürekliliğini göz önünde tutarsak, yerel kalabalıkların Batı bilgi ve teknolojisi karşısında çaresiz bir hayranlıktan çok tarihe karşı bir merak ve gurur duyduklarını öne sürmek saçma mıydı?

Osman Hamdi, Sayda'da ortaya çıkardığı lahitlere duyulan yerel ilgiyi daha geniş bir açıdan yorumluyordu. Bunları görmek konusunda yerel sakinler ve seyyahlar o kadar istekliydi ki, Osman Hamdi bir limon bahçesinde "sahici bir müze", "bir eski eserler bahçesi" kurmak zorunda kaldı; "sanatsal harikalar" burada bir süre sergilendi.[76] Aynı zamanda kazı alanının kendisi bir şölen platformuna dönüştü. Kazı sürecinin sonuna doğru bir günde bir başka güzel lahit daha bulununca, Osman Hamdi işçilerin isteği üzerine çalgıcıları çağırdı. Müzik, çalışmaya eşlik etti ve siperin etrafında toplanmış "dört-beş yüz insan" lahit çıkarılırken "kendiliğinden bir heyecan patlaması içinde" işçilere katıldı.[77] Bu müzisyenler kimdi, nasıl bir müzik çalıyordu, bunu bilmemize imkân yok, fakat çaldıkları yerel şarkı ve havaların Osman Hamdi'nin Avrupa klasik müziği zevkiyle uyuşmadığını düşünebiliriz. Yine de yerel sakinlerin kendi toprakları ve geçmişleri karşısında duyduğu heyecan, arkeoloğun keşfinden dolayı duyduğu gururu artırmıştı.

Yerel halkın alanda bulunan küçük nesnelere olan ilgisi, bunları antikacılara satmak üzere kaçırma isteğine bağlanıyordu. Ancak arkeologların kendi kayıtları başka bazı nedenler olduğunu da gösteriyordu. Peters, Varka civarında küçük antik nesneler ve mühürler arayan köylü kadınlar olduğunu yazmıştı. Arap kadınlarının bunları "kendileri için" topladığını öğrenince hayretten kalakalmıştı. Özellikle

73 Peters, *Nippur, or Excavations and Adventures*, 2:185, 326.
74 Hamilakis, "Indigenous Archaeologies in Ottoman Greece," 49–69.
75 Peters, *Nippur, or Excavations and Adventures*, 2:81–82.
76 O. Hamdy Bey ve T. Reinach, *Une nécropole royale à Sidon*, 59.
77 Agy., 84.

sağanak yağışlardan sonra aramalara katılıyorlar ve "bir tabutun varlığını gösteren işaretlere rastlayınca, parmaklarıyla gerçek bir sırtlan kadar ustaca ve vahşice bir delik kazıyorlar, ne varsa çıkarıyorlar [...] ve süslere el koyuyorlar"dı. Şöyle devam ediyordu: "Her kadın kendi yeniden canlandırma çabası sayesinde bir araya getirdiği veya korkunç ataları tarafından bağışlanmış boncuklar ve ufak tefek ilginç şeylerden oluşan sıra sıra gerdanlıklar takıyor."[78] Muhtemelen bin yıl boyunca devam eden bu uygulama, eski uygarlıklara ait sanat eserlerinin estetik olarak takdir edildiğini ve bunları kendi çağdaş takılarını yaratmak için kullanan yerel kadınların pratik zekâsını gösteriyordu. Günümüzde müze mağazalarında satılan tarihi örneklerden esinlenmiş takılardan o kadar farklı mıdır bunlar?

---

78   Peters, *Nippur, or Excavations and Adventures*, 2:305.

ALTINCI BÖLÜM

İkili Yerleşimler

Harabeler Arasında Geçmiş ve Bugün

Palmira harabelerini 1780'lerde anlatan Constantin-François Volney, Baal Tapınağı'nın (Güneş Tapınağı) avlusunda bir "manzara"dan söz ediyordu; ona göre bu, "bir filozof için [tapınaktan] daha ilginç"ti:

> Yani, güçlü ve seviyeli bir halkın ihtişamını yansıtan bu kutsal harabelerde, köylü ailelerinin sefalet içinde yaşadığı balçıktan otuz kulübe görmek [...] Bu Arapların bütün işi birkaç zeytin ağacı ve yaşamak için yetecek kadar buğday yetiştirmek; bütün zenginlikleri çölde otlattıkları birkaç keçiyle birkaç koyundan ibaret.[1]

Avrupa uygarlığının temelleriyle arasında bağlantı kurulan geçmiş uygarlığın şanı ve geri kalmış insanların oturduğu şimdiki köyün sefaleti, başkaları tarafından da sık sık sözü edilen bir ikiliği ortaya koyuyordu. Palmira, gençlere Büyük Çin Seddi'nden Niagara Şelaleri ve buharlı makineye kadar dünya harikalarını tanıtmak amacıyla 1825'te yazılmış bir kitapta karşımıza çıkıyordu. Yazar "çarpıcı harabeleri" ayrıntılarıyla anlatırken bunların "iki İngiliz, Sayın [James] Wood ve [Robert] Dawkins" tarafından bulunduğuna gururla dikkat çekiyordu; iki İngiliz *Ruins of Palmyra*'yı [Palmira Harabeleri] yazmış, çağdaş sahnenin çizimini yapmış ve Volney'in mesajını tekrarlamıştı:

> Bir zamanlar o kadar muhteşem olan kentte şimdi otuz kadar Arap ailesi oturuyor. Kulübelerini büyük tapınağın avlusunda inşa etmişler. Feci durumdaki mısır ve zeytinliklerle kaplı bu muhteşem kalıntıların çevresi balçıktan duvarlarla kapalı.[2]

1830'larda Suriye'ye giden Charles G. Addison kulübelerle ilgili ayrıntılı bilgi veriyordu. Büyük tapınağın "köyün balçıktan kulübeleriyle çevrili, görüntüsü bozulmuş olması"ndan duyduğu üzüntüyü belirtiyor, "Binanın farklı yerlerine

---

1 Volney, *Voyage en Syrie et en Égypte*, 2:264.

2 Wightman, *The Wonders of the World*, 111, 112–113. Bkz. R. Wood, *The Ruins of Palmyra*.

gitmek için kulübelerin içinden geçmek zorundasınız" diye yazıyordu. Bu yakın deneyim sayesinde Arap köyünün mimarisi üzerine bazı gözlemlerde bulunabiliyordu: "Damları toprak, yaprak ve kuru ağaç dallarından yapılma samanla karışık çamurdan dört köşe evler." Tapınağın sol ucunda camiyi fark etmişti: "Fantastik biçimde süslenmiş ve duvarlarına Kuran'dan pasajlar yazılmış." Addison, Roma kalıntılarının ortasında yuva yapmış köyden etkilenmişti; "geçmiş zamanların ihtişamıyla günümüzün fakirliği ve kötülüğü arasındaki çarpıcı tezat"tan söz ediyordu.[3]

Sonraki yıllarda pek çok başka gezgin daha köy üzerine yorumlar yaptı, fotoğrafçılar pitoresk genel görünüm fotoğrafları çekti (RESİM 6.1, 6.2 ve 6.3). Yerel yerleşim, bazı düzgün sokaklarla (ana sokaklar) belli bir düzene sahipti. Köyün yerleştiği noktaya bakıldığında, bir sokağın (bir gezginin deyişiyle "anacadde"nin) tapınağın kapısına çıkışı, köylülerin çevrelerinin farkında olduğunu ve bunu takdir ettiğini hissettiriyordu. Ayrıca alanın aşağı düzeyinde kalmayı seçmişlerdi, belki de kalıntıların anıtsallığına müdahale etmemek için bilinçli olarak bu tercihi yapmışlardı. Evlerden çoğu (aynı gezgine göre "başka herhangi bir şeyden çok arı kovanı gibi") duvarlarla çevrili bahçelere ve süslemeli ayrıntılara sahipti.[4] Bu görüntüleri gezginlerin yorumlarıyla birlikte incelemek başka bir bakış açısı sunuyor; bulunduğu yerle, tarihle olan ilişkisiyle ve estetik kurallarıyla gurur duyan bir köy düşüncesini uyandırıyor. İstisnai bir örnekte, Avrupalı bir gezgin köy sakinlerinin antik yerleşime "saygı" gösterdiğini dahi kabul etmişti, kalıntılara neyse ki bir taşocağı muamelesi yapmamışlardı, evlerini "suyla karıştırılmış toz"dan inşa etmeleri de bunda etkili olmuştu.[5] Ancak köylülerle topraklarının geçmişi arasında uyumlu bir ilişki olabileceği ihtimalini, aşağıdaki pasajda ifade edildiği gibi, zamanın Avrupalı kafası almıyordu:

> Halkın geçmişle bugün arasında herhangi bir uyumsuzluk hissetmediği açık. Onlar için eski zamanın daha asil insanlarının yapıları, dağlar ve su kaynakları gibi kendilerini içinde buldukları dünyanın bir parçasından ibaret. Gerçekten de eski binalara o kadar az saygı duyuyorlar ki kalıntılar arasında eşekleriyle dolaştıkları bile görülüyor [...][6]

Ancak, geniş ölçüde yabancı gezginlerin taleplerinden ve kaçakçılık için gittikçe daha ağır cezalar öngören Osmanlı yasalarından dolayı, köylüler üzerinde yaşadıkları

---

3   Addison, *Damascus and Palmyra*, 2:300–302, 334.

4   Kelman, *From Damascus to Palmyra*, 224.

5   Eugène Guillaume, "Les ruines de Palmyre," *Revue de deux mondes* (Période 4) 142, (1897): 395.

6   Kelman, *From Damascus to Palmyra*, 225.

RESİM 6.1 Palmira, harabelerin arasındaki köy, yaklaşık 1900-1920. (Library of Congress, Prints and Photographs)

RESİM 6.2 Palmira, harabelerin arasındaki köyün anacaddesi, yaklaşık 1900-1920. (Library of Congress, Prints and Photographs)

RESİM 6.3 Palmira, harabelerin arasında yapılmış bir ev, 1929. (Library of Congress, Prints and Photographs)

RESİM 6.4 İsmail Fazıl Paşa (ortada) ve Osmanlı memurları köylüler tarafından ağırlanıyor. (*Şehbal* 2, no. 45 [15 Teşrinisani 1327/28 Ekim 1911])

geçmişin tamamen farkındaydı ve bundan para kazanmak için yararlanıyorlardı. Peters, tapınağın sınırları içindeki sokaklarda yürürken birçok kapının açıldığını ve köylülerin kendisine yerin altına, fırınlara ve bahçelere saklanmış "çok iyi Palmira parçaları" teklif ettiğini yazmıştı.[7]

Geçmişle bugün arasındaki ikilik üzerine yorum yapmak Batılı gözlemcilerin tekelinde değildi. 1911'de antik Gerasa kentinin ihtişamı üzerine yazan dönemin Suriye valisi İsmail Fazıl Paşa onlarla aynı görüşü paylaşıyor, Osmanlı seçkinlerinin bölgeye nasıl mesafeli durduğunu ve kendilerini yerel halkların üzerine yerleştiren toplumsal ve kültürel hiyerarşiye nasıl sıkı sıkıya inandıklarını ortaya koyuyordu. Eski yerleşim kalıntılarının eski uygarlıkların refahının kanıtı olduğunu belirtiyor, ancak, 20. yüzyılda bu muhteşem eserlerin kara çadırlarla ve topraktan yapılma, göçebe ve çobanların oturduğu, köstebek yuvalarına benzeyen viranelerle yer değiştirdiğini ekleyerek devam ediyordu. Valiyi bir aşiretin verdiği ziyafet sırasında çadırlardan birinde gösteren bir fotoğraf, onun "yerli"lerle arasındaki farkı ortaya koyuyor ve bu mesajı tekrarlıyordu (**RESİM 6.4**).[8]

---

7   Peters, *Nippur, or Excavations and Adventures*, 2:349.

8   İsmail Fazıl Paşa, "Asar-ı Atika: Suriye Vilayetinde," *Şehbal* 2, no. 45 (15 Teşrinisani 1327/28 Ekim 1911): 417.

Kazı Alanında İkilik

Gezginlerin gözlemlediği, geçmişin ihtişamıyla bugünün sefaleti arasındaki çelişki, kazı alanlarında bu defa arkeologların kaldığı binalarla işçilerin mahalleleri arasındaki bir başka ikilikle paralel gidiyordu. Arkeologlar, malzeme ve inşaat teknikleri açısından yerel kaynakların sınırları içinde kalsalar bile kendi yaşam tarzlarına uygun alanlara ihtiyaç duyuyorlardı. Ancak içinde yaşamak ve buldukları nesneleri depolamak için inşa ettikleri yapılar, etraftaki köylere günübirlik gidiş geliş mesafesinde olmayan alanlarda çalışan işçilerin mantar gibi ortaya çıkan kamplarından çok farklı oluyordu. İşgücünün mevsimsel göçü bütün aileleri kapsıyor, işçiler böylece yaşam tarzlarını kazı alanlarına taşıyordu. Sonuçta ortaya çıkan ikilik, sömürgeci ile sömürülenin mimari olarak farklı yerleşimlerde birbiriyle yan yana ama ayrı olarak yaşadığı sömürge kentlerinin fiziksel yapısını andırıyordu. Bu şema ilk kazı alanlarına kadar gidiyordu. Örneğin 1812'de, Mora Valisi Veli Paşa'dan Peloponez'deki Bassae Tapınağı'nda çalışmak için izin alan Alman arkeologlar Otto Magnus Stackelberg ve Carl Freiherr Haller von Hallerstein, çalışmaya katılan on dört Avrupalı için çadır ve kulübelerden oluşan geçici bir kamp kurmuştu. Yerel halk da kampa hemen "Frenk Şehri" adını takmıştı.[9]

Austen Henry Layard'ın popüler Mezopotamya keşif anlatıları, buralardaki halkın canlı betimlemelerine, farklı etnik ve dinsel gruplara ait aşiretlere, kıyafet ve yaşam çevrelerine kadar gelenek ve göreneklerine çok şey borçluydu. Layard'ın hayal gücü bu proto-etnografik anlatılarda önemli rol oynamış olabilirdi ama çokboyutlu ve renkli bir tarzda sunulan insani sahneye duyulan ilgiyi de artırmıştı; ayrıca bu anlatılar bölgedeki İngiliz yayılma projeleri için de istihbarat verisi sağlıyordu.[10] Horsabad'da Layard'ın kazı alanının yakınında oluşan, kadınlar ve çocuklarla dolu köy, kendiliğinden ortaya çıkmış bir "yerli kasabası"ydı. Kasabanın yakınında ama ayrı bir birim halinde arkeolojik yerleşke vardı; burada bekçilerle korunan depolama çadırları, Layard ile yakın adamları (çevirmeni ve hizmetkârları) ve sık sık gelen ziyaretçileri için bir ev bulunuyordu. Layard evini göze batan tartışmalı bir bina olarak inşa etmekten dikkatle kaçınmıştı. İnşaat işçilerinin birbirinden eşit mesafede yaptığı dar pencereleri, bunların binaya bir kale havası verdiğini ve bunun da yerliler tarafından "memlekette kalıcı bir Frenk yerleşimi" kurduğu şeklinde yorumlanacağını düşünerek doldurtmuştu.[11] Britanya'nın emperyal iddi-

9   Michaelis, *A Century of Archaeological Discoveries*, 36.
10   Layard'ın İngiliz emperyalizmiyle ilişkileri hakkında bkz. Malley, "The Layard Enterprise," 99–123.
11   Layard, *Nineveh and Its Remains*, 1:44–45, 122, 126, 267–270.

RESİM 6.5 Sardis; arkeolojik alanı, arkeologların çadırlarını ve köyü içeren genel görünüm. (PUAA, Sardis, A.13.b)

RESİM 6.6 Sardis, arkeologların yerleşkesindeki bir çadırın içi. (PUAA, Sardis, C.7.5d)

alanı ve istihbarat çalışmalarıyla yakın ilişkisi göz önüne alındığında, Layard'ın bu hareketi yerel hassasiyetleri hesaba katan düşünceli bir davranıştan çok, bir ölçüde bu hassasiyetlerin gölgede kalmasını sağlayan zekice bir siyasi manevraydı.

Elbette bütün arkeologlar kendileri için rahat evler inşa edemiyor, bütün geçici işçiler de kendi tente ve çadırlarını kuramıyordu. Bir örnek vermek gerekirse, Assos'ta kazı yapan Joseph Thacher Clarke ve meslektaşları yakındaki köyde (Behram), "son derece rahatsız" bir kış soğuğunda "kötü yapılmış bir ev"de barınmak zorunda kalmıştı. Kazı ekibinin kaldığı iki odadaki pencerelerin sırlı olmasına rağmen, bu odaları bir mangalla ısıtmak mümkün değildi. Mytilene'den (Midilli/Lesbos) gelen Rum işçiler deniz kıyısındaki aynı zamanda "kahve, bakkal ve fırın" olan dört küçük evde kalıyordu. Kış aylarında "kahvenin yer döşemesi üzerinde birbirlerine sokulup yatıyor veya fırıncının ve bakkalın raflarına sığışıyorlardı."[12] Clarke'ın üstü kapalı olarak söylediği gibi, zor koşullar bile herkes için eşit derecede zor değildi.

Arkeologlar ancak sonraki daha zengin, daha uzun süren ve daha büyük kazılarda konforlu bir biçimde ve istedikleri gibi barınacakları evlere kavuştu. Howard Crosby Butler'ın 1909'da zengin New Yorklu bağışçıların, antikacıların ve Metropolitan Museum of Art'ın bazı üyelerinin desteğiyle kurduğu Sardis Kazısı Amerikan Derneği, ekibe iyi yaşam koşulları sunan ayrıcalıklı bir örgüttü. 1910'da ilk sezondaki çadırlar bile arkeologların rahatına verilen önemi yansıtıyordu. Paktolos Vadisi'nin yüksek bölümünde bulunan "kamp alanı", harabelere baktığı gibi, serin havadan da nasibini alıyordu. Dar bir yere kurulan kazı mahallesi, daha aşağıdaki köylü evlerinden belli bir mesafede duruyor, iki topluluğun ayrılmasında ilk adımı oluşturuyordu (RESİM 6.5). Kamp alanı beş bölümden oluşuyordu: yaşam alanı olarak bir çifte çadır, mühendislerin ofis olarak kullandığı daha küçük bir çadır, üç uyuma çadırı (ikisi düzenli üyeler, diğeri yardımcılar için), bir mutfak çadırı ve ziyaretçilerin uyuması için bir başka çadır daha. Bütün çadırların zemini ahşaptı, ayrıca kitaplar, malzemeler ve alanda bulunan küçük nesneler için ahşap raflar vardı (RESİM 6.6).[13]

Kazı evinin inşaatı ilk sezonda başlamıştı. İkinci çalışma ayında Butler, Salihli kaymakamıyla tapınağın doğusundaki tepedeki araziyi satın almak için pazarlık yaptı; arazi çevredeki manzaraya ve aşağıdaki kalıntılara panoramik olarak bakıyordu, tek başına duran iki ünlü sütunla birlikte çarpıcı bir görüntüydü bu. İnşaat sürecini kolaylaştırmak için, kazı alanına doğru bir demiryolu hattı çekilmişti.[14] Ev

---

12 Clarke, *Report on the Investigations at Assos*, 364.

13 Butler, *Sardis*, 38.

14 PUAA, Howard Crosby Butler Arşivi. Howard Crosby Butler, *Journal of Excavation at Sardis* (1910), 76, 87, 88.

RESİM 6.7 Sardis, genel görünüm, kazı evi ("Villa Omphale") arka planda. (PUAA, Sardis, A.247)

RESİM 6.8 Sardis, kazı evinin içi. (PUAA, Sardis, Butler Archive Album, 3b)

bir avlunun çevresine kurulmuştu; tek katlı yaşam alanları cepheden, batıdaki kazı alanına bakıyordu. Doğuda, arkada yine tek katlı bir depo vardı. Avlunun kuzey kanadında yatak odaları, güney kanadındaysa mutfak ve hizmetçi daireleri vardı; bu kanatlar iki katlıydı. Bir sonraki sezonda binanın kuzeyine bir çavuş ve iki erden oluşan askeri muhafızların kalması için bir bölüm eklenmişti (RESİM 6.7 ve 6.8).[15]

Oturma odasının önündeki kemerli bir sundurma, kuzey ve güneydeki iki kanadı birbirine bağlıyordu; ana cepheye hâkim olan sundurma, bölgeye yabancı bir düzendi. Ancak biçim özellikleri ve inşaat teknikleri açısından, Amerikalı ekip yerel kaynakları ve kalifiye olmayan yerel işçileri kullanmaya karar vermişti. İlk katın dış duvarlarında çamur harçla birlikte dere taşı kullanılmıştı, diğer duvarlarsa kerpiçti. Üst katların yapısal sistemi bölgedeki mimaride olduğu gibi ahşap karkastı. Tenteler binaya bir başka bölgesel renk katıyordu. Kalifiye işçilere yalnızca sundurmanın ve içerisinin yapımında ihtiyaç duyulmuştu. Bu görevler için yakındaki Salihli kasabasından Rum ve Giritli işçiler tutulmuştu.[16] (RESİM 6.9-6.12).

Arkeologlar yeni binaya, Yunan mitolojisindeki Lidya kraliçesinden esinlenerek "Villa Omphale" adını takmıştı. Kraliçe Omphale, "hikâyesi eski Lidya'nınkiyle bağlantılı, en önemli efsanevi kahramanlardan biri"ydi. Yerel mimari kavramlarını tercih etmelerinin ironik olduğunu kabul ediyorlardı; bu görüşü paylaşmayan işçiler binayı "büyük bir ilgi ve coşku"yla karşılamıştı: "Gerçek bir Amerikan sarayı inşa ettiklerini düşünüyorlardı, oysa biz son derece Oryantal ama basit bir ev planladık."[17] Aslında kazı evi proto-bölgesel bir üslupta modern bir denemeydi; mimarisi, im-

RESİM 6.9 Sardis, kazı evinin ön cephesi. (PUAA, Sardis, C.7.7.f)

---

15 Butler, *Sardis*, 58, 86.
16 Agy., 58–60.
17 Agy., 60.

RESİM 6.10 Sardis, kazı evinin arka cephesi. (PUAA, Sardis, C.7.7.h)

RESİM 6.11 Sardis, inşaat sırasında kazı evinin görüntüsü, yerel malzeme ve tekniklerin kullanıldığı görülüyor. (PUAA, Sardis, C.7.7.c)

RESİM 6.12 Sardis, kazı evinin avlusu. (PUAA, Sardis, B.524)

paratorluğun her yerinde görülen, hükümet konaklarından okullara ve hastanelere kadar uzanan çağdaş resmi binalarınkinden fazla farklı değildi.[18] Konumu, boyutunu ortaya çıkarıyor ve iktidar ifadesi taşıyordu: Çevresine hâkimdi ve görünürdeki her şeyin üzerinde bir üstünlük kuruyordu. Amerikan varlığını sürekli hatırlatacak şekilde, çekilen sayısız kazı fotoğrafının arka planında görülüyordu.

İşçiler kazı alanına çevredeki köylerden ve Salihli'den geliyordu. Ancak vadide, antik yerleşimin kuzey ucunda, bir düzine haneden oluşan küçük bir yerleşim de gelişti (bkz. RESİM 6.5). Fotoğraflarda bu evler daha çok iyi inşa edilmiş yapılar olarak gözüküyor, mevsimlik bir barınaktan çok kalıcı bir köye dönüşmüş gibi. Ancak binaların boyutu, mimarileri ve arazide teklifsizce işgal ettikleri nokta, arkeologların tepedeki villasıyla bir tezat oluşturuyor, ikisi arasındaki mesafe, iki topluluğun arasındaki ayrımın tanığı. Amerikalıların yerel topluluğun etnografik boyutlarına gösterdiği ilgi, insanları egzotik giysilerle gösteren fotoğraflara yansımıştı ancak bunlar kapsamlı bir araştırma oluşturmuyordu (bkz. RESİM 5.15).

Bu geçici yerleşkeyi daha geniş bölge içinde düşünmek, yapıların nasıl bir görev üstlendiğini daha iyi anlamamızı sağlayabilir. Kalıntılar bölgedeki en büyük yerleşim olan Salihli'den 8 kilometre uzaktaydı. Salihli, İzmir ve Alaşehir arasında 1869'da demiryolu döşenmesinden önce elli haneden oluşan bir köydü. Ege denizindeki geniş ve kozmopolit limanı ülkenin iç kısmına bağlayan demiryolu üzerinde stratejik bir yeri olan bu köy çok büyüdü; nüfusu 1891'de 24.374'e, 1914'te 28.836'ya yükseldi. Bir Osmanlı salnamesi, Salihli'nin modern dünyanın bir parçası haline gelişini, sokaklarını aydınlatan altmış iki gaz lambasıyla özetlemişti.[19] İzmir'den gelen tren dört saatte buraya ulaşıyor ve kalıntıların yakınındaki küçük Sart köyüne uğruyordu. Müslümanlar (en büyük grup), Rumlar, Ermeniler ve Yahudilerden oluşan karma nüfusu, verimli bir tarım alanının ve ana taşıma yollarından birinin üzerindeki konumuyla Salihli (ve elbette İzmir'in kendisi), sunduğu hizmetler ve ürünlerle Amerikalı arkeologların günlük hayatlarının kalitesine, ayrıca çalışma koşullarına katkıda bulunabilecek bir zenginliğe sahipti.

Nippur: Arkeologların Kalesi

Pennsylvania Üniversitesi'nden John Punnett Peters, Hermann Volrath Hilprecht ve John Henry Haynes tarafından 1889-1900 arasında dört sezonda kazılan Nippur,

---

18   Bu konuyla ilgili bir tartışma için bkz. Çelik, *Empire, Architecture, and the City* [*İmparatorluk, Mimari ve Kent*], 3. ve 4. bölümler. Bu kitapta Osmanlıların son döneminde Arap vilayetlerinde uyguladığı proto-bölgeci denemeleri inceledim. İncelenmemiş olsa da bu olgu Osmanlı İmparatorluğu'nun diğer bölgeleri için de geçerliydi.

19   *Aydın Vilayetine Mahsus Salname*, 582; Karpat, *Osmanlı Nüfusu (1830–1914)*, 212.

Sardis'le karşılaştırıldığında Mezopotamya'da daha karanlık bir noktada bulunuyor ve ciddi sorunlara yol açıyordu. Ekibin 1899'da Ocak sonundan 4 Şubat'a kadar Bağdat'tan kazı yapılacak alana trenle ulaşması birkaç gün sürmüştü. Bu yolculuğun ayrıntıları ekibin boyutu, gidilen mesafe, katlanılan zorluklar ve taşınması gereken donanım hakkında bilgi veriyordu. Bağdat'tan ayrılan kervan, hepsi de malzemelerle dolu altmış iki deve ve birkaç katırdan oluşuyordu. Hille'de bu yük altı geniş "yerli teknesi"ne aktarılmıştı; teknelere geçen insanlar ise "ekip, Osmanlı müfettişi, yarım düzine hizmetkâr, Babil civarından yaklaşık 150 işçiyle işçilerin aileleri, erzakları ve hükümet tarafından muhafız olarak verilen altı zaptiye"den oluşuyordu. Tekneler Fırat boyunca Daghara Kanalı ve Khor el Afej'den Nippur'a doğru yola koyuldu.[20]

Osmanlı salnameleri Nippur'u, Divaniye'den "dört saat mesafede", Divaniye sancağında bulunan Suk el Afak köyünden "bir saat mesafede" diye tanımlıyordu; Divaniye'nin kendisi de Fırat Nehri'nin sol kıyısında, Bağdat'ın güneydoğusunda 160 kilometre öteydeydi. 1890'larda Divaniye'de 484 küçük kerpiç ev vardı (Peters bunları "balçıktan küçük ve sefil bir kulübe koleksiyonu" diye tarif ediyordu).[21] Kentte 200 dükkân, sekiz kahvehane, bir mescit, küçük çocuklar için üç okul, dört han, iki hamam, iki toptan satış yapılan pazar, bir telgrafhane ve askeri kışlalar bulunuyordu. Yerleşimin içinde ve yakınında yaklaşık dört bin palmiye ağacı, ayrıca birkaç sebze ve meyve bahçesi vardı. Divaniyelilerin çoğu tüccar veya zanaatkârdı. Suk el Afak köyü ise bu ismi taşıyordu, çünkü burada evden çok dükkân (130 dükkân ve iki kahvehane) vardı. Bölgede tarım ve hayvancılıkla uğraşan aşiretler köye alışveriş yapmaya geliyor ama kırsal alandaki topraklarında yaşamayı tercih ediyorlardı.[22]

Divaniye'nin 70 kilometre kuzeyinde, Bağdat'ın 95 kilometre güneyinde bulunan Fırat üzerindeki Hille buğday, arpa, pirinç, fasulye, susam tohumu ve hurma yetiştiren zengin bir tarım bölgesine bağımlı, bölgedeki en büyük yerleşimlerden biriydi. 1911'de 30.000 nüfusu, 2.636 evi, 30 kahvehanesi, sekiz hanı ("Hille'deki en iyi han" Peters'a göre "sefil bir yer"di),[23] büyük bir deposu, 120 pazarı ve 3.126 dükkânı vardı. Resmi binaların listesi, Hille'nin Osmanlı merkezileşme ve modernleşme programlarından ne derecede etkilendiğini gösteriyor, özel olarak da II. Abdülhamid döneminde Arap vilayetlerine yapılan yatırımı yansıtıyordu: hükümet

20   Peters, *Nippur, or Excavations and Adventures*, 1:432.

21   Agy., 1:227.

22   Eroğlu, Babuçoğlu ve Özdil, *Osmanlı Vilayet Salnamelerinde Bağdat*, 119–121. Bu yayın, 1309 (1892), 1312 (1895), 1313–1314 (1896) ve 1315 (1897) yıllarına ait Bağdat salnamelerindeki bilgileri bir araya getirir.

23   Peters, *Nippur, or Excavations and Adventures*, 1:212.

RESİM 6.13 "Grubumuzu [Haynes'in grubu] Bağdat'tan Hille'ye götüren araba." Fotoğraf onlara yolculuk boyunca eşlik eden güvenlik görevlilerini gösteriyor. (UPMAAA, Nippur 6957)

konağı, telgrafhane, eczane, gazhane, mezbaha, tohumlar için iki depo, askeri kışlalar, askeri hastane, polis merkezi, bir lise, 30 geleneksel ilkokul (müfredatında okuma yazma, matematik ve Kuran çalışmaları bulunan sıbyan mektepleri) ve iki modern ilkokul (mekteb-i ibtidai), ayrıca bir eski ve büyük camiyle 28 mescit. Askeri kışlalarla hükümet konağının mimarisinin "büyük ve düzenli" olduğu, telgrafhane, eczane ve hepsi 1900'de (1318) yapılmış olan iki ilkokulun "mükemmel" yapılar olduğu belirtilmişti.[24] Peters'a göre, hükümet konağı "Babil harabelerinden alındığı belli olan Nebukadnezzar damgasını taşıyan tuğlalardan yapılmıştı".[25]

Amerikalı arkeologlar Divaniye ve Hille'nin hizmetlerine başvurdukları gibi, devlet memurlarıyla da işlerini burada yürütmüşlerdi.[26] Yerel işgücünün yanı sıra Dahiliye Nezareti'nin emri üzerine Divaniye kaymakamının verdiği güvenlik güçlerinden de yararlanmışlardı; Nezaret, imparatorluğun her yerinde kazı alanlarında güvenlik koşullarının sağlanmasından yerel yönetimlerin sorumlu olduğunu bildirmişti.[27] Erzak bölgeden geliyordu; arkeologlar yerel ulaşım araçlarından (tekneler,

---

24   Eroğlu, Babuçoğlu ve Özdil, *Osmanlı Vilayet Salnamelerinde Bağdat*, 121–124.

25   Peters, *Nippur, or Excavations and Adventures*, 1:222.

26   Agy., 2:54, 60.

27   İAMA, Müze-i Hümayun, no. 1566 (3 Nisan 1315/15 Nisan 1899). Güvenlik güçlerinin parasını Amerikalı arkeologlar ödüyordu. Meyer'e göre, 1894'te ekip dört Türk "zaptiye-

arabalar, develer, katırlar ve atlar) ve modern iletişim sistemlerinden yararlanıyordu (RESİM 6.13). Haftada bir Divaniye'den kazı alanına posta ve telgraf iletilmesini ayarlayan Peters, "Böylece Nippur'daki bütün çalışmamız boyunca, posta ve telgraf sayesinde, dünyanın geri kalanıyla nispeten yakın ilişki içinde kaldık" diyordu.[28] Ancak Nippur'un çölün ortasındaki ıssız bir noktada oluşu, kazı alanın yakınında, kazı evinin hâkim olduğu gerçek bir köyün gelişmesinde büyük rol oynadı.

Amerikalı arkeologlar Nippur'a ilk araştırma (1888-89) için geldikten sonra çadırlarını alanın en yüksek noktasına, harabelerin güneybatısına kurdu. Kararı veren Haynes o noktanın avantajlarını şöyle açıklıyordu: bataklıkları ve çölü engelsiz görüş mesafesi, sıtmaya ve "Araplardan gelebilecek muhtemel saldırılar"a karşı korunma. Çadırlar daha geniş yerleşimin çekirdeğini oluşturuyordu, çevrelerinde kare bir plan içinde küçük yapılar bulunuyordu. Bunlar ahırlar, erzak, malzeme ve eski eser depoları, hizmetkârların odaları (altısı aileleriyle birlikte otuz iki işçi), muhafızlar için bir kulübe, atölyeler, bir mutfak ve bir yemek odasıydı. Komiser Bedri Bey ile Haynes, çadırda değil kulübelerde uyumayı tercih ediyordu. Haynes'in kulübesi bir fotoğraf atölyesiyle bitişikti. Yerel işçiler tarafından kamış ve palmiye ağacı yapraklarıyla üstü örtülen bu "yerli kulübeleri" sarifa denen evlerin taklidiydi. Bunun amacı çadırları çöl fırtınalarından ve "çöl çocuklarının hırsızlık eğilimleri"nden korumaktı. Ancak merkezde çadırlar, çevresinde de test edilip onaylanmış yerel mimari form ve inşaat teknikleriyle yapılmış kulübelerden oluşan bu alışılmadık köyün "çok büyük bir hata" olduğu anlaşıldı. Bulunduğu yüksek nokta nedeniyle sıcak rüzgâr ve çöl fırtınalarına açıktı ve "çevredeki her çapulcu ve yağmacı"nın dikkatini çekiyordu. "Zabtiye"ye rağmen, Araplar sahanın etrafında dolaşıyor, hatta çadırlara girerek "yaramaz oğlan çocuklarından oluşma bir kalabalık gibi" içeridekileri inceliyorlardı. Kazının sonu, yerleşimin öngörülmemiş sonuyla birlikte geldi. 18 Nisan sabahı çadırlar indirildikten sonra, bütün ekip gitmeye hazırken başlayan bir yangın (bir "Arap" tarafından gizlice çıkarılmıştı), bütün kampın beş dakika içinde yok olmasına neden oldu. Peters'ınki de dahil üç at "diri diri yandı".[29]

Arkeologlar ilk kazıda öğrendikleri dersleri ikinci kazıda (1889-90) uyguladı ve kamplarını "kalıntıların batı yarısının güneyi"ndeki ovada kurdu.[30] 1890'da çekilmiş

---

si" ve altı Arap muhafız tarafından korunmaktaydı, hepsinde de silah ve tabancalar vardı. Meyer "Sadık biçimde işin başındalar ve kazılarda her zaman ikisi bizimle birlikte oluyor" demişti. Bkz. SPHC, Meyer, Diary, 1 Temmuz 1894.

28 Peters, *Nippur, or Excavations and Adventures*, 1:228.

29 Hilprecht, *The Babylonian Expedition*, 1:304–306, 315, 317; Peters, *Nippur, or Excavations and Adventures*, 1:234–235, 284.

30 Hilprecht, *The Babylonian Expedition*, 1:322.

fotoğraflar, düz alanda merkezde dört çadır ve yine "yerli kulübeleri"yle çevrili, son derece düzenli bir yerleşim gösteriyordu; burada ekibe hizmet eden çeşitli tesisler vardı ve hiçbiri "selden farksız yağmur"dan koruma sağlamamıştı. İç bölüm kare bir plana sahipti, dört tarafında açık alanlar vardı, ancak etrafı alandan toplanan eski tuğlalarla döşeli 0,9 metrelik bir duvarla çevriliydi (RESİM 6.14 ve 6.15). Yine yerleşimin içinde ama daha da uzakta, işçilerin saz ve palmiye yaprağı mimarisindeki köyü bulunuyordu, evler dik açılı düzgün çizgiler halinde uzanıyordu, ortadaysa bölgede hiçbir örneği bulunmayan büyük bir açık avluya bakıyordu. Bu planı Amerikalılar dayatmıştı; böylece "yangınla yok edilmesinin daha zor" olacağına inanıyorlardı.[31] Dördüncü kazıda benzer bir müdahale, arkeologların düzene olan merakının devam ettiğini gösteriyordu. Haynes saha notlarına yerleşimlerini kurmakta sorun yaşayan işçilere yardım etmek için "bütün yönetimi üstüne alıp bir plan" benimsediğini ve "çizdiği caddeye uyumlu şekilde herkesin evini taşımasını sağlayarak güçlüklerin üstesinden gelmek" zorunda kaldığını yazmıştı. "İntikam isteğiyle dolu yerli"yi "eğitilmemiş yaramaz çocuk"a benzeterek şöyle ekliyordu: "Gerektiği gibi ele alınırlarsa hemen cevap veriyor ve bazen doğru kaynaktan gelirse disipline memnuniyetle boyun eğiyorlar."[32]

İşçilerin köyüyle arkeologların karargâhı arasına "ciddi bir mesafe" koymak, bilinçli bir stratejiydi. Arkeologların mekânının doğu tarafında, yerli köyüne arkası dönük tek bir giriş vardı ve böylece "iyilerin ihanete karşı korunması" sağlanıyordu. Bu arada, köyün ortasındaki açık alan, bu şekliyle köylülere yabancı olmasına rağmen, kısa sürede alışılmış şekillerde özellikle yemek yapmak ve sohbet etmek için kullanılmaya başlanmıştı.[33] Atları talim ettirmek için gereken "sirk" de buradaydı. Öbür uçta, "iç kamp"ın tam dışında bir misafir evi yapıldı. Amerikan *mudhif*'i (bu tür yerlere verilen isim) bölgedeki köylerin ortak özelliklerinden birini tekrar etmişti, tam anlamıyla "ülkenin modasına uygun"du. Ancak olduğu gibi kopyalanmamış, bazı değişiklikler yapılmıştı: Yerleşim şekli yeni bir stratejik düşünceyi yansıtıyordu, misafirler böylece "kampımızı istila edemeyecek ve malzemelerimizi gözetleyemeyecekler"di.[34]

İkinci kazı sırasında arkeologlar Nippur'daki günlük hayatlarını iyileştirmek için uğraştı. Daha iyi yaşama koşullarına ek olarak erzak için de özel önlemler

---

31 Peters, *Nippur, or Excavations and Adventures*, 1:64–65, 74.

32 UPMAAA, The Diary of Mr. J.H. Haynes (1899–1900), Expedition IV, 29 Temmuz 1899.

33 Peters, *Nippur, or Excavations and Adventures*, 1:65.

34 Hilprecht, *The Babylonian Expedition*, 1:315; Peters, *Nippur, or Excavations and Adventures*, 1:65.

RESİM 6.14 Nippur, kazı alanındaki kampın görünümü. (UPMAAA, Nippur 5302)

RESİM 6.15 Nippur, kazı alanındaki kampın daha yakın bir görünümü. (UPMAAA, Nippur 5303)

alındı. Önceki kazıda olduğu gibi bir et sıkıntısı yaşamamak için Amerikalılar bir koyun sürüsü getirmiş ve bir çoban tutmuşlardı, böylece "mükemmel koyun eti" yiyebilmişlerdi. Ayrıca tavuk satın aldılar ve tam donanımlı bir tavuk kümesinden yararlandılar. Haynes'in bir sebze bahçesi yetiştirme projesi başarısızlığa uğramışa benziyordu, ama daha sonraki kazılarda aynı fikir tekrar ortaya atıldı ve başarıya ulaştı. Yeşillik 1889-90'da zor bulunuyordu ve Hille'den getirilmeleri gerekiyordu. Yine de kampta yemekler, mükemmel sofralar hazırlayan Gerghiz adlı şişman, "harika" Keldani aşçı sayesinde çok daha iyileşmişti. İstanbul'daki elçilikten Fransız askeri ataşesinin yaptığı önemli bir ziyarette, Gerghiz on iki çeşitten oluşan unutulmayacak bir yemek hazırladı.[35] Sıradan bir pazar günü yemeğinde "çorba, börek, pilav, haşlama salatalık, taze salatalık ve ekşi lor" vardı.[36]

Üçüncü kazıda (1893-96) büyük bir adım atıldı; önemli bir bina sayesinde Amerikalıların bölgedeki varlığı kalıcı hale geldi (RESİM 6.16). Sezon, alışılmış şekilde memurları, güvenlik güçlerini ve hizmetkârları barındıran dört çadırla başladı. Erzak, malzeme ve donanımla dolu kutu ve sandıklar, çadırların dört tarafını çeviren boş alana koyuldu. Haynes günlüğüne "çünkü eski zamanlardaki kadar uçarı olan Arap hayal gücü, sandıkları altın ve gümüşle doldurmuştu" diye yazıyordu, bu nedenle sandıkları bu "hırsız halk"ın gözünden uzak tutmak çok önemliydi. Aslında, fotoğrafçılıkta veya gözlem yapmada kullanılan değerli araçların "yanan bir çölün kımıldayan kumları üzerine kurulu bir çadır"dan daha iyi bir yerde tutulması gerekiyordu. Üstelik "daha soğuk iklimlerde doğup büyümüş olanlar için çatı ve duvarların sunduğu barınak ve korumayı sağlamak çok daha önemli"ydi.[37] Üçüncü kazının öncekilerden çok daha uzun sürmesi beklendiğinden (iki buçuk ay ve dört aylık önceki kazılara karşılık kesintisiz iki-üç yıl), arkeologlar çadır veya sarifa yerine, kendi ihtiyaçlarına uygun bir kazı evi inşa etmeye karar vermişti. Bu bina onları hem sert iklimden (sıcak, kum fırtınası, yağmur fırtınası), hem de "Arapların hırsızlık merakı"ndan koruyacaktı.[38] Buna ek olarak, "çevrelerindeki insanları dışarıda bırakarak", arkeolojik ekibin iktidar ve statüsüyle ilgili bir mesaj gönderecek bir "güç görüntüsü" sergileyecekti. "Savunulabilir veya müstahkem" yapı karmaşık bir programa sahipti; başlıca üç özellikten oluşuyordu: bir kale, bir depo ve bir konut.[39]

---

35   Peters, *Nippur, or Excavations and Adventures*, 2:74, 87–88.

36   SPHC, Meyer, Diary, 10 Haziran 1894.

37   UPMAAA, J.H. Haynes, Expedition III, Report (kopya), 177.

38   Hilprecht, *The Babylonian Expedition*, 1:349.

39   UPMAAA, J.H. Haynes, Expedition III, Report (kopya), 178.

RESİM 6.16 Nippur, "Kale"nin görünümü. (UPMAAA, Nippur 6025)

Bütün operasyonun başında olan Haynes ikinci kazıda Peters'ın seçtiği yere, yani kalıntıların güneyindeki ovadaki noktaya yakın bir yer üzerinde karar kılmıştı. Bölgedeki "eski yapılar" konusundaki bilgisine güvenen Haynes, yapıyı yerleşimin ana noktalarına doğru çevirmişti; böylece yazın rüzgâr düzenli bir şekilde kuzey-batıdan eserken bina doğrudan doğruya bu esintiden yararlanacaktı. Bina toplam 21,3 metreye 15,2 metrelik bir alanı işgal ediyordu ve ortasındaki avlu 6 metreye 10,6 metreydi. Zemin kat erzak ve eski eserler için depo alanları, bir mutfak ve hizmetkârlarla güvenlik güçlerinin odalarından oluşuyordu; güvenlik güçleri "Arapların içeri alınmadığı" kapının yanına yerleştirilmişti. İkinci katta güneydoğu bölümündeki odalar kazı müdürüne aitti, Türk müfettiş Bedri Bey de bu katta kalıyordu. Aynı kattaki bir başka oda da tabletlerin kurutulması için ayrılmıştı. Haynes, ikinci katın üstündeki damın yaz aylarında "mükemmel" bir uyuma alanı olduğunu düşünüyordu. Avluda bir kuyu açılmış ve sadece acil durumlar için bir pompa yerleştirilmişti, kuyu suyu fazla tuzluydu. İkinci kazıdaki gibi yine avluya bir tavuk kümesi kurulmuştu.[40] Meyer'in günlüğünde yer alan planlar, 1894'te bu

---

40 UPMAAA, J.H. Haynes, Expedition III, Report (kopya), 177–179. Su sorunu, bir son-raki kazıda bahçeye üç kuyu daha açarak çözüldü. Bu kuyuların sonuncusu "harika" bir kaynaktı ve buradan çıkarılan su yeraltından geçen borularla kalenin avlusuna getirildi. Bkz. Hilprecht, *The Babylonian Expedition*, 1:434–435.

işlevlerin "kale"de aynı şekilde yerine getirileceğini gösteriyordu; o sırada Türk müfettiş Bedri Bey'in yerine Salih Bey gelmişti (RESİM 6.17 ve 6.18). Dördüncü kazı sırasında daha fazla oda ihtiyacını karşılamak için yeni bir kat eklendi; burada yeni bir yemek odası ve misafir odaları vardı. Üç yıl boyunca boş kalmış olan binanın sert kış ve yaz ikliminde uğradığı hasarlar nedeniyle kazı sezonunun ilk haftalarında tadilat yapmak gerekmişti.[41]

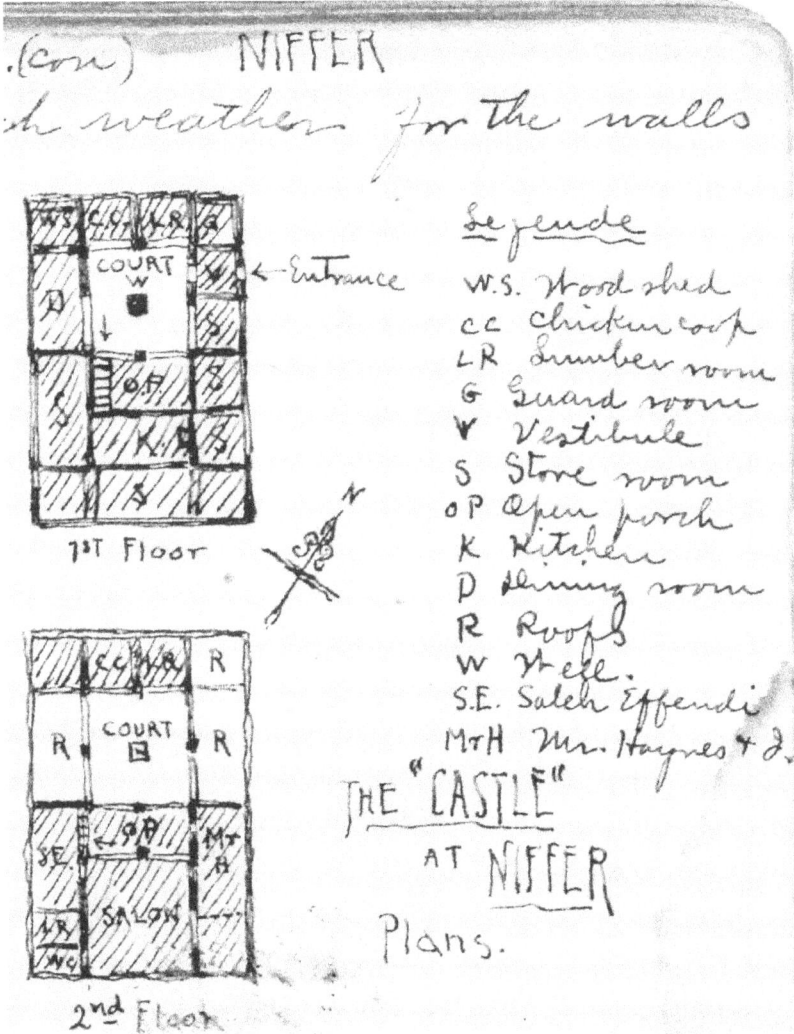

RESİM 6.17 Nippur, Joseph Meyer'in yaptığı "Kale" planları, birinci ve ikinci katları gösteriyor. (SPHC)

41   UPMAAA, The Diary of Mr. J.H. Haynes (1899–1900), Expedition IV, 4 Haziran 1899 ve 14-15 Temmuz 1899; Hilprecht, The Babylonian Expedition, 1:435.

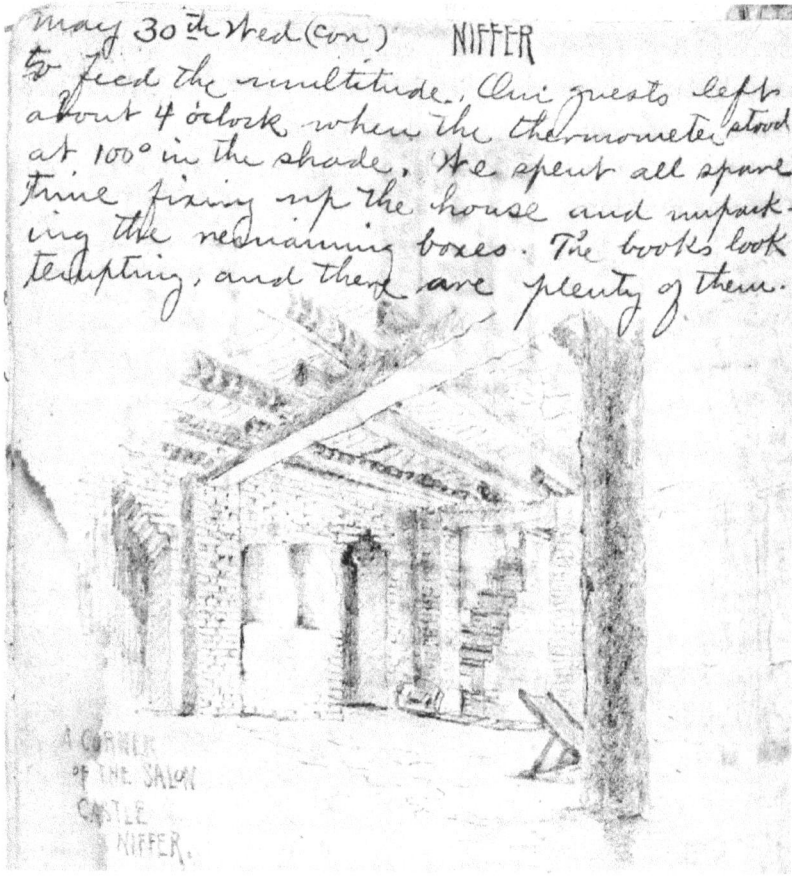

May 30th Wed (con.) NIFFER
To feed the multitude. Our guests left about 4 o'clock when the thermometer stood at 100° in the shade. We spent all spare time fixing up the house and unpacking the remaining boxes. The books look tempting, and there are plenty of them.

A CORNER OF THE SALON CASTLE NIFFER.

RESİM 6.18 Nippur, "Kale, salonun bir köşesi; Joseph Meyer'in çizimi. (SPHC)

Haynes, Nippur'da höyükleri kazan Hilleli işçilere güveniyordu. Aralarından sadece biri duvarcıydı; diğerleri ancak "antik mezar ve konutları arayacak" yeterlilikteydi. Haynes marangozluğu kendisi üstlendi ve küçük kavak ağaçlarından ve eski sandıklardan birkaç kapı yaptı. Bina yirmi günlük yoğun bir inşaat süresinden sonra tamamlandı. Kilden yapılan dış duvarlar temelde 2,1 metre kalınlığındaydı. Bina üst üste katlar halinde döşendi; yukarı doğru yükseldikçe inceliyor, meyilli cepheler oluşturuyordu. Korumayı artırmak için dış cephelerde geniş pencere kullanılmamıştı ve sadece bir kapı vardı; diğer bütün girişler avluya açılıyordu. 0,6 metre kalınlığındaki bölme duvarları tıpkı 4500 yıl önce Ur'da olduğu gibi fırınlanmış tuğlalardan yapıldı. Tuğlalar kazı alanında üretildi, palmiye tomrukları Hille'den getirildi, yerlere ve çimento kilinden damlara kaplanan hasırlarsa çev-

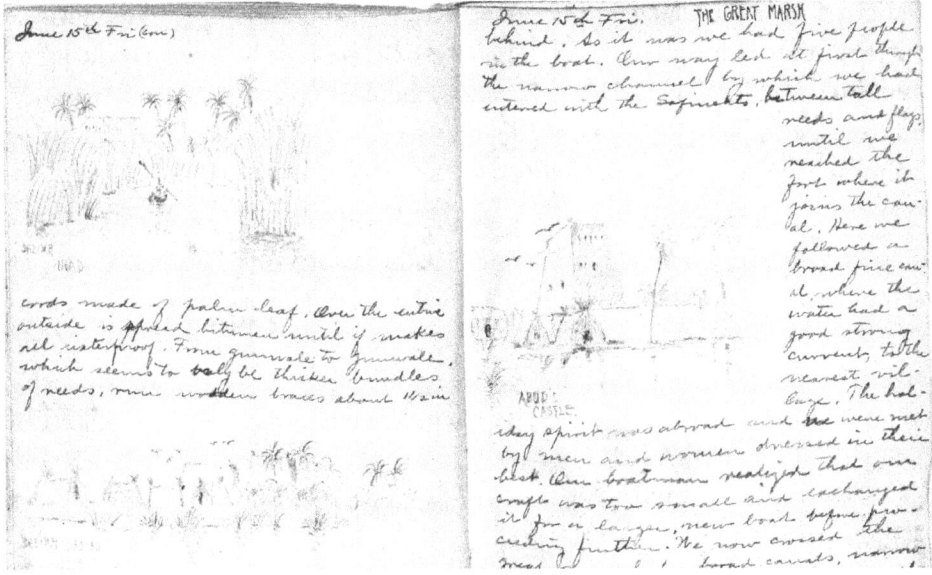

RESİM 6.19 Nippur, "Arap hisarları", Joseph Meyer'in çizimleri. (SPHC)

redeki Araplardan satın alındı.[42] Meyer, "duvarlar kalın olduğundan ve var olan esinti de sıcaklığın gölgede 38 dereceyi geçtiği bir günde bile avluya ve odalara doğru geldiğinden" evin iklim koşullarına uygunluğunu takdir ediyordu. Avlunun üzerinin "dikey saz"lardan bir damla kapatılıp üzerine hasırlar örtülmesi de öğleden sonraları binadaki sıcaklığı biraz daha azaltmakta etkili olmuştu.[43]

Kazı evi manzaranın ortasında, çevresindeki her şeyden daha yukarıda gururla duruyordu. "Kabaca ve yarım yamalak inşa edildiği" kabul ediliyordu ama yine de çevredeki aşiretlerin dikkatini çekmişti, Araplar buraya Amerikalılardan esinlenerek "Kale" adını takmıştı. Etkileyici boyutu, kaleye benzer dış duvarları ve birkaç küçük girişi (büyük ihtimalle binanın içinde hava cereyanı sağlamak için yapılmışlardı) nedeniyle bu sıfatı hak ediyordu. Ancak, yerel malzemelerle ve bölgedeki mimari şekillere uygun olarak inşa edildiği için, yakın yerleşimlerdeki zengin ve yüksek statülü yerel ailelerin konutlarını da hatırlatıyordu. Meyer "Arap hisarları"nı "kaba tuğla veya sadece balçıktan yapılmış [...] hemen hemen hep kare, yüksek ve yukarı doğru incelen şekilde" diye tanımlamıştı; köşelerde bazen kare kuleler vardı ve az sayıda pencere de ahşap kafeslerle kapatılmıştı.[44] Yaptığı çizimler bunları ideal ortamlarında, kendi anlatımıyla "hurma, incir ve nar ağaçlarıyla

---

42   UPMAAA, J.H. Haynes, Expedition III, Report (kopya), 178–179.

43   SPHC, Meyer, Diary, 29 Mayıs, 2 ve 3 Haziran, 1894.

44   SPHC, Meyer, Diary, 15 Haziran 1894.

dolu güzel bir bahçede kenarları kamışlarla çevrili bir kanalın kıyısına güzelce yerleştirilmiş" şekilde gösteriyordu (RESİM 6.19).[45] Haynes de bu evlerin çekiciliğine kapılmıştı: Çektiği fotoğraflardan bazıları "Abdülhamid'in Kalesi" ve "Anah'taki daha çekici evler" gibi isimler taşıyordu, bunların Amerikan Kalesi'nin mimarisine ilham kaynağı olduğu düşünülebilirdi.

Haynes, Kale ile kazıların başarısı arasında bir ilişki kurarak bunu arkeologların esenliğine bağlıyordu; ekip üyelerine sağladığı barınma ve koruma Nippur'da geçirdikleri zor yaz aylarında sağlıklı kalmalarını sağlamıştı. Üstelik, "müstahkem konut", sonunda "durmadan çadırların çevresine doluşan meraklı ve açgözlü aylaklar"ın yolunu kesmişti. "Kale ev" onlara mahremiyet sağlamıştı; "hırsız bir halkın ortasında kutsal bir barış barınağı"ydı.[46] Yeni binayla birlikte günlük hayat da büyük ölçüde iyileşmişti. Eve bitişik duvarlarla çevrili bir bahçede sebze ve meyve yetiştiriliyordu; 1899'da bahçe patlıcan, salatalık, *lemna* (su mercimeği) ve kavundan oluşan ilk ürünlerini verdiğinde olay sevinçle not edilmişti.[47] Yine ekibe ait koyun ve tavuklar da dengeli yemeklerin hazırlanmasına katkıda bulunuyordu.[48] Dam, hoş bir yemek alanına dönüşmüştü ancak sadece güneş batımından önce kullanılabiliyordu, çünkü lambalar yakıldığında böcekler üşüşüyordu.[49] Burada "rutubetli gecenin serin zemini"nde uyumak ve gün ortasında konforlu odalarda dinlenmek arkeologların hayat tarzını daha da iyileştirdi.[50]

Meyer, damdan gördüğü egzotik manzaranın romantik bir betimlemesini yapıyordu:

> [...] damdan geniş ovanın görüntüsü –olgunlaşmış hububatla yer yer sarı veya uzun bir ağaç sırası boyunca uzanan uzak bir kanalın izlediği yol– ve kimsenin ne olduğunu bilmediği şeyleri saklayan kuzeydeki büyük esrarengiz tepeler [...] çölün uzun çizgisi ve bizi Hille'den ayıran bataklık uygarlıkla aramızdaki bağı koparmış durumda [...][51]

Toprağın şiirselliğini, birkaç hafta sonra, bu defa yemek zamanını tarif ederek tekrarlıyordu:

---

45 Agy.

46 UPMAAA, J.H. Haynes, Expedition III, Report (kopya), 179.

47 UPMAAA, The Diary of Mr. J. H. Haynes (1899–1900), Expedition IV, 11 Haziran 1899.

48 Agy., 15 Ekim 1899.

49 Agy., 29 Haziran 1899.

50 UPMAAA, J.H. Haynes, Expedition III, Report (kopya), 179.

51 UPMAAA, Diaries or daybook of Mr. Joseph Meyer, 2 Mayıs, 1894.

En sevdiğim manzara, kalenin damından akşamın ilk saatlerinde uzun Niffer höyükleri silsilesinin, sazların yetiştiği bataklıkta son bulan güney ucunun arkasında güneşin battığı sıradaki görüntü. Tam ötesinde bir su tabakası var ve tümü resimli kitaplardaki Babil'e benziyor.[52]

Yaşama koşullarındaki çarpıcı değişikliklerin çoğu, Bayan Haynes'in gelişine bağlıydı; Haynes'in eşi Kale'ye "gerçek bir ev havası" getirmişe benziyordu. Cassandria Haynes kocasının özel sekreterliğini üstlenmişti, Mezopotamya tarihi hakkında bilgi edinmiş olduğundan, kazı alanındaki günlük çalışmayla ilgili özenli notlar alıyordu. Ancak asıl "kazı evinin idaresini hayranlık uyandırıcı bir şekilde üstlendi"ği ve kazı üyelerine ve misafirlerine "harika bir konfor" sağladığı için takdir ediliyordu. Hilprecht'e göre koşullar 1889'dakinden o kadar farklıydı ki, kendisini "Arap halifelerinin çöldeki vahalarından birine taşınmış gibi" hissetmesine yol açıyordu; bununla Emevi halifesi Velid'in 8. yüzyıl başında yaptırdığı Kuseyr Amra sarayına (bugün Ürdün'de) atıfta bulunuyordu.[53]

Nippur: Yerli Köyü

Nippur'daki Amerikan Kalesi'nin bazı fotoğraflarında, ön planda Meyer'in kulübelerle çevrili "Arap hisarları" çizimlerini hatırlatan ciddi büyüklükte bir köy görülüyordu (bkz. **RESİM 6.19**). Damdan çekilen başka fotoğraflarda, yerleşimin genel görüntüsü izlenebiliyordu; bunlar yerleşimin bütünü, düzeni ve açık alanları, ayrıca burada yaşayan ve çeşitli faaliyetler içinde görülen halk hakkında iyi bir fikir veriyordu. İlk iki kazıda da benzer yerleşimlerin kurulmasına rağmen, üçüncü ve dördüncü kazının albümleri köylerin gittikçe önem kazandığını gösteriyordu; yalnızca fotoğrafların artan sayısına ve resimaltı yazılarında kullanılan sözcüklere bakınca bile, arkeologların etnografik merakının gittikçe arttığı anlaşılıyordu. Bu yıllar için kaydedilen işçi sayısı yaklaşık üç yüz olduğuna ve her işçi ailesiyle birlikte geldiğine göre, nüfus kolaylıkla bin beş yüz kişiyi aşıyordu; bu rakam da birçok kalıcı köydekinden daha yüksekti. Yalnız mimari değil, kazı alanına taşınan yaşam tarzı da burada kalanların kökenini gösteriyordu; bunu yemek hazırlamaktan dokumacılığa, aile âdetlerinden çocuk yetiştirmeye, müzikten çeşitli kutlamalara kadar günlük faaliyetlerde görmek mümkündü. Aradaki fark, bu insanların çiftlik işleri ve hayvancılıkta değil de kazılarda çalışmasıydı.

---

52 Agy., 12 Haziran 1894.

53 Hilprecht, *The Babylonian Expedition*, 1:427–428. Bruce Kuklick, Bayan Haynes'i ve evliliklerini anlamakta "güçlük" çekiyordu. Evi idare etmekte başarılı olmasına ve misafirleri ve ekip üyelerini "masada" iltifatlara yol açan şekilde ağırlamasına rağmen, sinirli bir kadındı ve bu asabiyetini sık sık belli ediyordu. Bkz. Kuklick, *Puritans in Babylon*, 84–87.

İşçilerin arkeologların emri üzerine inşa ettiği "halk kulübeleri," 19. yüzyıl sonunda Avrupa ve kuzey Amerika kentlerindeki evrensel sergilerde görülen yerli köylerinin tuhaf akrabalarına benziyordu.[54] Kısmen egzotik merak nesneleri, kısmen de etnografik *tableau vivant*"lara benzeyen bu yerleşimler, temalı parkların öncülleri gibiydi; Avrupalı ve Amerikalı kitleleri hiyerarşik bir düzen içinde "diğer" insanlarla tanıştırmayı amaçlıyorlardı ve üstün uygarlık, sömürge gücü ve ırka dayalı düşünce gibi çeşitli kavramlarla yüklüydüler. Popülerlikleriyle geniş kalabalıkları çekiyor, çeşitli yayınlar aracılığıyla her tarafa yayılıyor ve son derece görünür hale geliyorlardı.[55] Bu olguya kuşkusuz aşina olan Nippur'daki arkeologlar (en azından 1893'te Chicago'da düzenlenen Dünya Kolomb Fuarı'ndaki örneklerden), evlerinin önünde buna benzer bir şey bulunduğunu anladıklarında şaşırıp eğlenmiş olmalıydı. O dönemde her tarafa yayılan etnografi merakının ışığında, "yerli köyü" (arkeologların deyişiyle) analiz ve belgelenmeyi hak ediyordu; Haynes de bunu yapmıştı.

Wood'dan Layard, Hormuzd Rassam, Osman Hamdi ve Peters'a kadar arkeologlar çalıştıkları yerlerde yaşayan insanlar hakkında her zaman yazmışlardı. Önceki bölümde görüldüğü gibi, bu gözlemlerin çoğu Oryantalist bir tat taşıyordu ve yazanların içinde bulunduğu toplumsal, kültürel ve siyasal bağlamla şekillenmişti. Yine Nippur'da kalırsak, örneğin Peters'in önceki araştırmalarla ilgili anlatıları yerlilerin kişiliği, gelenekleri, evleri ve yaşam tarzlarıyla ilgili olaylara dayalı bilgilerle bezeliydi. Bazı gözlemlerinden rastgele örnekler verirsek, "Affeh Arapları"nın köyleri "balçıktan bir kale etrafında toplanmış, bataklık kamışı ve palmiye hasırlarından birkaç kulübe, bir misafir evi, bir muziften oluşuyordu; daha küçük çapta da olsa, kazı kalesi ve köyü için uygulanan model buradan çıkmıştı; bölgedeki "evrensel" ev "saz öbeklerinin birbirine bağlanmasıyla oluşturulmuş kemerli sütunlar üzerine atılan ot hasırlardan bir kulübe"ydi;[56] mırra kahvesi "zenci bir köle" tarafından birkaç bakır cezvede hazırlanıyor, en büyüğünden en küçüğüne doğru süzdürülüyordu; Arapların "savaş şarkıları tehdit edici ve korkutucu"ydu.

Üçüncü ve dördüncü kazılarda, ekibin yeni amiri Haynes disiplinli bir şekilde etnografik araştırma yapmaya ve bunları belgelemeye başladı; bu çalışma büyük

---

54 UPMAAA, The Diary of Mr. J.H. Haynes (1899–1900), Expedition IV, 7 Şubat 1899.

55 Dünya fuarlarındaki yerli köyleri için bkz. Çelik, *Displaying the Orient* [*Şarkın Sergilenişi*], özellikle 1. ve 2. bölümler.

56 Peters, *Nippur, or Excavations and Adventures*, 1:231, 237, 252, 324, 326–326. Osmanlı salnameleri sarifa denilen bu kulübeleri aynı şekilde tanımlar ve aşiret reislerinin muzif denilen daha büyük bir sarifada kaldığını belirtir, bunlarda erkekler ve misafirlerin ağırlanması için selamlık bölümü vardır. Ayrıca aşiretlerin birbirleriyle savaştıklarında, meftul adı verilen küçük kalelere sığındıkları belirtilir. Bkz. Eroğlu, Babuçoğlu ve Özdil, *Osmanlı Vilayet Salnamelerinde Bağdat*, 119.

ihtimalle kazı sezonlarının uzamasından, kalenin önündeki eksiksiz köyün sunduğu manzaradan ve Pennsylvania Üniversitesi'nin fotoğrafa dayalı belgelemeye verdiği önem ve mali destekten kaynaklanıyordu. Kamerayı kullanamadığı için üzülen Peters, bunun "siperlerdeki çalışmayı sık sık ve sistematik olarak belgelemek ve kataloglarda kullanılan sayılara *in situ* nesneleri fotoğraflamak [...], not defterleri ve kataloglarda kullanılan sayılarla uyuşan şekilde numaralamak"taki önemini vurguluyordu.[57] Haynes görevi ciddiyetle ele almış ve arkeolojik araştırmanın da ötesine geçerek "yerli köyü"nü kapsamlı bir şekilde kaydetmişti.

Pennsylvania Üniversitesi, Smithsonian'ın sekreter yardımcısı George Brown Goode'un 1881-94 arasında üniversitenin rektör yardımcısı olan William Pepper'a yolladığı bir mektuptan da anlaşıldığı gibi, etnografik projeyi üstlenmişti (bkz. Birinci Bölüm). Goode 1889 tarihli bu mektupta, Smithsonian'ın "bir Mezopotamya reisi veya karısının veya ikisinin birden kıyafetini, kıyafetleri sergilemek için yapılacak mankenleri hazırlayacak olanlara yardımcı olmak üzere fotoğraflarıyla birlikte" istemiş ve o sırada kazının başında bulunan Peters'ın bunları sağlamasını talep etmişti. Ayrıca müzenin isteklerinin listesini de eklemişti:

> İplik eğirme, dokuma, boyama, maden veya ahşapla işleme yöntemlerini gösteren herhangi bir çizim, özellikle bunu gösteren fotoğraflar da çekilirse çok işimize yarayacak. Herhangi bir müzik aleti, özellikle de en kaba ve basit olanları, basit lambalar veya ateş yakma veya ısınma araçları da çok değerli.[58]

Goode, böylece Haynes'in izleyebileceği kaba bir yöntemsel rehber hazırlamış oluyordu. Haynes'in saha notlarında sıradan etnografik gözlemler görülüyordu. Örneğin "'bayram' denen Müslüman bayramı"nın ilk gününün "bir eğlenme ve ziyafet günü" olduğunu yazmıştı. O gün, yeni kıyafetler veya en azından "bir giysi" edinme vesilesiydi. "Son derece mutlu" bir kalabalık, aniden "kuvvetli bir şekilde" şarkılar söyleyerek bayramı kutlamıştı.[59] Meyer bu özel bayramı görsel olarak canlı bir açıdan betimlemişti. Kadınlar ve çocuklar, "kendilerine özgü şarkılarından biri"ne alkış tutarak dans ediyordu. Bayram kıyafetleri siyahtı, açık kırmızı ve yeşil motiflerle süslüydü; esas başörtüleri renkliydi. Ancak "çocuklar baştan aşağı gök-kuşağı rengindeydi."[60] Haynes'in notlarında köyde çalınan müzikle ilgili kayıtsız tonun tam tersine, Meyer ayrıntılı bilgi veriyor ve etnografik belgelemeye amatör bir müzikoloğun becerisini katıyordu; bu da şaşırtıcı değildi, çünkü kendisi ke-

---

57   Peters, *Nippur, or Excavations and Adventures*, 2:370–371.

58   UPMAAA, G. Brown Goode'dan William Pepper'a mektup, 13 Mart, 1889.

59   UPMAAA, The Diary of Mr. J.H. Haynes (1899–1900), Expedition IV, 12 Şubat, 1899.

60   SPHC, Meyer, Diary, 15 Haziran, 1894.

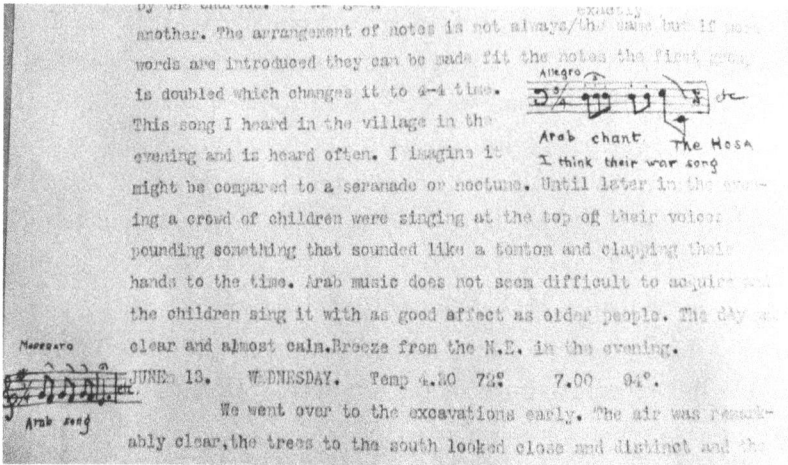

RESİM 6.20 Nippur, Joseph Meyer'in günlüklerinden bir sayfa, kenarlarında müzikle ilgili notlar var. (UPMAAA, diaries or daybook of Mr. Joseph Meyer)

man, piyano ve kompozisyon okumuştu.[61] Günlüklerinin kenarına yazdığı notlara (bir keresinde dinlediği "Arap şarkısı"nın bir "savaş şarkısı" olduğunu yazmıştı) ek olarak, kalenin damından dinlediği şarkılarla ilgili tanımları bazı ayrıntılar içeriyordu (**RESİM 6.20**):

> Bir şarkıcı sözleri doğaçlama olarak yazıp tek başına şarkıyı söylüyor [...], koro aynı sözlerle ona cevap veriyor. Veya şarkıcılar ikiye ayrılarak karşılıklı atışıyor. Notaların aranjmanı her zaman aynı değil ama notalarla uyuşması için daha fazla söz ekleniyor. Birinci grup ikiye katlanıyor ve dört dörtlük ölçüye geçiliyor.

Bir başka örnekte, "minör tonda inen grupta –neredeyse her zaman daha aşağıdan bir eşlik olan üçlü zamanlı üç nota–" bir melodiden söz etmişti. Ayrıca görmese de varlığını öğrendiği müzik aletleriyle ilgili kısa açıklamalar yazmıştı: "tamtam gibi ses çıkaran," vurularak çalınan bir enstrüman, "düdük gibi ses çıkaran" bir başkası. Meyer ayrıca, işçilerin ne zaman müzik yapıp şarkı söylediğini de not etmişti. Bunları "serenat ve noktürnlere" benzetmiş, şarkıların "akşam eğlencesi" olduğunu söyleyerek şöyle devam etmişti: "Akşama doğru bizim Araplar canlanmaya başlıyor." Müziğin işçilerin gün sonunda hissettikleri yorgunluğu üzerlerinden atmak için rahatlatıcı ve dinlendirici bir rol oynadığına inanıyordu ve kazı çalışmasına atıfta bulunarak, bir ip çekmek veya bir ağırlık kaldırmak gibi fiziksel bir çaba harcarken "canlı bir şarkı"ya geçtiklerini gözlemlemişti. Şarkı söyleyen bir çocuk kalabalığını

---

61   Meyer, "Joseph Andrew Meyer, Jr., Architect at Niffer," 138.

dinledikten sonra, Arap müziğinin fazla zor olmadığına ve çocukların "büyükler kadar etkili biçimde" şarkı söyleyebildiğine karar vermişti.[62]

Nippur'a dair etnografik notlar, son iki kazı sırasında çekilmiş fotoğraflarda çok çarpıcı bir nitelik kazanıyordu. Haynes geniş görüntülerden tek tek nesnelere kadar kazılan oyukların resimlerini düzenli olarak çekiyor, arkeolojik fotoğrafın daha geleneksel alanlarında çalışıyordu. "Yerliler" bu fotoğrafların çoğunda toprağı kazarken, atıkları ve bulguları taşırken, yemek molalarında gruplar halinde otururken, kalıntıların önünde ve antik eserlerin yanında poz verirken görülüyordu (bkz. RESİM 5.1, 5.9 ve 5.10). Arkeolojinin alışılmış uygulamaları gereğince işçiler, işlemlerin etkileyiciliğini göstermek, boyutlar hakkında bir fikir vermek ve görüntüye egzotik bir insani dokunuş kazandırmak için kullanılıyordu. Başka bir türe ait başka bir fotoğraf koleksiyonu "yerli köyü"ne odaklanmıştı. Haynes bu fotoğraflar sayesinde akademik etnografik araştırmaya yaklaşıyor ve Goode'un yolladığı yönlendirici ilkelere uyuyordu.

Birkaç fotoğraf, köyün genel görüntülerini veriyor ve kümeler halinde düzenlenişini gösteriyordu. Her ev grubunun kendi avlusu vardı, burası hem iş hem sosyalleşme için ortak açık alan olarak kullanılıyordu. "Köyden Bir Sahne" başlıklı bir fotoğrafta, evler inşa halindeydi, hasırlar ve sazlar etrafa saçılmıştı; ancak ev işlerinin ortak alanda yapılmasından ve kavanozlarla sepetlerin burada depolanmasından anlaşıldığı kadarıyla henüz evlerde yaşanmıyordu (RESİM 6.21). Kalenin damından çekilmiş ve yine inşaat halinde olan kümelere odaklanan diğerleri de benzer sahneler gösteriyordu (RESİM 6.22). Kulübeler inşaatın farklı aşamalarında olduğundan, fotoğraflar sürecin toplam resmini ortaya koyuyordu. Bir uçtan bir uca görüntüler, etkileyici arka planın önünde tamamlanmış evlere odaklanmıştı. Yerden çekilmiş, kale kütlesini arkada bırakan fotoğraflar inşaat dokusundaki ikiliği vurguluyor, damdan "Niffer höyükleri"ne doğru çekilmiş olanlar da başka bir tezat yaratarak köyü topografik ve tarihsel bağlamı içine oturtuyordu.

Daha geniş bir boyutta gösterildiğinde yerli evlerinin özellikleri, inşaat teknikleri ve kullanılan malzemeler Haynes'in fotoğraflarında başka bir tür oluşturuyordu. Bu fotoğraflar, yapı iskeletinden duvarların doldurulması ve damın kapatılmasına ve nihayet alçak kapılı, penceresiz haliyle evlerin bitmiş haline kadar inşaat sürecini bütün aşamalarıyla kapsıyordu (RESİM 6.23-6.26). Kendi evlerini yaparken fotoğrafları çekilen "yerliler", bir yandan boyutu gösterirken bir yandan da yapılan işin özelliğini açıklamaya yardımcı oluyordu. "İleri aşamada" bir kulübenin fotoğrafına eşlik

---

62 UPMAAA, Diaries or daybook of Mr. Joseph Meyer, 29 Mayıs, 13 Haziran 1894. Ayrıca bkz. SPHC, Meyer, Diary, 14, 15, 18 Haziran 1894.

RESİM 6.21 Nippur, köyden bir sahne. (UPMAAA, Nippur 5748)

RESİM 6.22 Nippur, "Kale" çatısından görüldüğü haliyle işçilerin kulübeleri. (UPMAAA, Nippur 5904)

RESİM 6.23 Nippur, bir kulübenin inşaatı, yapı iskeletini oluşturmak üzere kamış demetlerinin hazırlanması. (UPMAAA, Nippur 5751)

RESİM 6.24 Nippur, bir kulübe yapımı, iskeletin bir araya getirilişi. (UPMAAA, Nippur 7003)

RESİM 6.25 Nippur, bir kulübe inşaatının tamamlanması. (UPMAAA, Nippur 5574)

RESİM 6.26 Nippur, tamamlanmış bir kulübe. (UPMAAA, Nippur 6969)

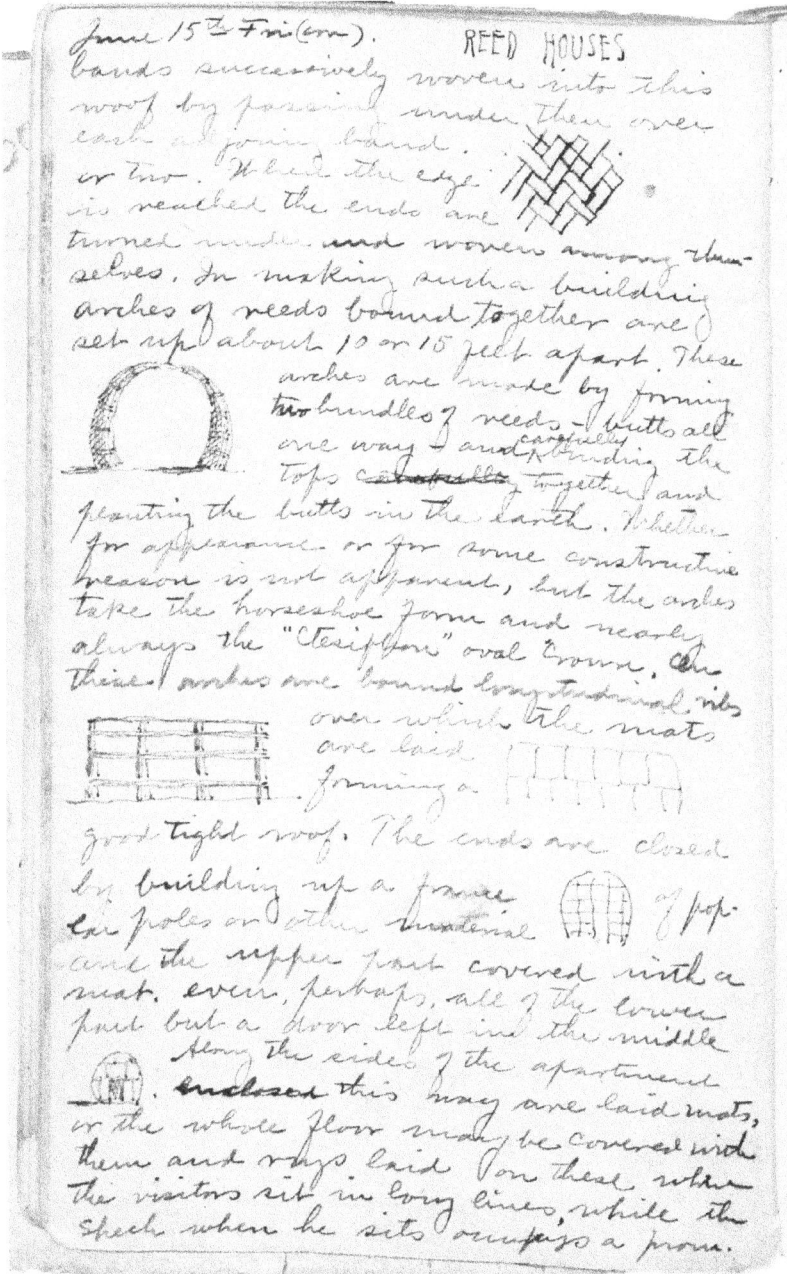

RESİM 6.27 Nippur, sazdan kulübelerin inşaat teknikleri konusunda Joseph Meyer'in not ve çizimleri. (SPHC)

RESİM 6.28 Nippur, "otantik" faaliyetlere girişmiş bir grup insan. (UPMAAA, Nippur 6911)

RESİM 6.29 Nippur, "şakadan kavgaya tutuşmuş iki kardeş." (UPMAAA, Nippur 6998)

RESİM 6.30 Nippur, kadınların faaliyetleri. (UPMAAA, Nippur 6912)

eden resimaltı yazısıyla "Niffer'de Ev Yapımı" başlığını taşıyan "iskelet" halindeki bir başka evin fotoğrafının resimaltı, yapının inşaat sürecini anlatıyordu: "Mimar ve inşaat ustası, birkaç ıslak sazı büküyor, başka bir deyişle yapının parçalarını bir arada tutacak ipleri (çivi yerine) yapıyorlar."[63] "Mimar" kelimesinin seçilmesi doğru olmayabilirdi ama bu örnekte verilen bilgi "İşçi Kulübesinin İnşaatı", "Nippur'da Ev İnşaatı", "İnşaat Halindeki Evler" gibi başlıklar taşıyan fotoğrafları tamamlıyordu. Mimari uzmanlığını etnografik gözlemlerine ekleyen Meyer, kamış evlerin inşaat tekniklerini ayrıntılarıyla kaydetmişti, yazılarına açıklayıcı çizimler eşlik ediyordu (**RESİM 6.27**). Bunlar "uçları toprağa gömülü iki kamış demetini birbirine bağlayarak yapılan geniş kemerler"le inşa ediliyordu. Kemerler "ya görünüşleri için ya da inşaatla ilgili bir nedenle at nalı biçimindeydi ve neredeyse her zaman oval, 'Tizpon' (veya 'Ktesifon') tarzında bir taç"ı bulunuyordu. Birbirlerinden 3-4,5 metre arayla yerleştirilmişlerdi, uzunlamasına kirişlerle bağlanmış ve hasırlarla kapatılmışlardı. Uçları, hasırla kaplı olan kavak sırıklarından yapılmış bir çerçeveyle kapatılmıştı, ortada kapılar için bir yer ayrılmıştı. Hasırlar yere de seriliyordu.[64]

Üçüncü tür fotoğraflar günlük hayatla ilgiliydi ve köylüleri yeni yerleşimlerinin önünde "tipik" işleriyle uğraşırken gösteriyordu. Erkekler genellikle evlerini yaparken

---

63 UPMAAA, Nippur 1899–1900, Expedition IV. John Henry Haynes'in çektiği fotoğraflar, Series "C," No. 143.

64 SPHC, Meyer, Diary, 15 Haziran 1894.

RESİM 6.31 Nippur, bir kutlama. (UPMAAA, Nippur 6913)

RESİM 6.32 Nippur, Hacı Tarfa'nın üç eşi. (UPMAAA, Nippur 234211)

çekilmişti, ancak bazı istisnalar vardı: Örneğin bir fotoğraf dört kişiden oluşan bir grubu gösteriyordu; iki kişi sepet örüyor, ikisi "bir çift tabanca" temizliyordu (**RESİM 6.28**). Bir başka fotoğraf "şakadan dövüşen iki erkek kardeş"le ilgiliydi (**RESİM 6.29**). Kadınların işi yemek üretimi etrafında dönüyordu: Kabuğunu tanesinden ayırmak için pirinç dövüyor (**RESİM 6.30**), birçok fotoğrafta küçük gruplar halinde yere çömelmiş yemek hazırlıyor ve avlulardaki fırınları kullanıyorlardı. Örneğine pek rastlanmayan uzun bir resimaltı yazısındaki açıklamayla "kullanıma hazır hale gelmesi için güneşte kuruması gereken kilden bir kavanozu sabırla yapan bir kadın" gösteriliyordu. Ev aletleri "her zamanki kargaşa" içinde görülüyordu; bunların arasında "yapım aşamasındaki bir başka kavanoz" vardı, "kavanoz üç ayrı zamanda yapılan üç bölümden oluşuyordu, her bölümü diğer bölümü yapmadan önce kısmen kurutmak gerekiyordu."[65]

Haynes kutlamaları da çekmiş, örneğin bayram gibi toplumsal olayları fotoğraflamıştı; bunlar arasında şekilsiz bir kütleye dönüşen karanlık figür kümeleri halinde, bayramı kutlayarak "yerli dansı" yapan kadın grupları vardı. Özel kutlamaları da belgelemişti: Bir fotoğrafta, bir ustabaşı henüz on günlük küçük oğlunu uzun kı-

---

65 UPMAAA, Nippur 1899–1900, Expedition IV. John Henry Haynes'in çektiği fotoğraflar, Series "C," No. 144.

yafetlere bürünmüş, yüzlerini kapatan küçük bir kadın topluluğuna gösteriyordu; yanında başka bir çıplak küçük oğlan çocuğu duruyordu (RESİM 6.31). Ender olarak fotoğrafı çekilenlerin ismi veriliyordu. Çocuklu fotoğrafta görülen ustabaşının adı Hasan Sahab'dı. Komşu bir köyde yaşayan Hacı Tarfa'nın evindeki kadınların da isimleri verilmişti. Fatma birinci eş ve "haremin başhanımı", Hatice ekinci eş, Lira ise "Hacı Tarfa'nın üç eşinden en küçüğü"ydü (RESİM 6.32). Baştan aşağı koyu renkli kıyafetlere bürünmüş bu üç figürün yer aldığı kötü fotoğrafta fazla bir şey seçilmiyordu. Kameraya dosdoğru bakmalarına rağmen, kadınlar yine de fotoğrafçının gözünden kaçmıştı. Kazı alanındaki çalışkan hemcinslerine göre daha yüksek bir toplumsal ve ekonomik konuma sahip olan bu kadınlara ulaşmak etnograf/ arkeolog için daha zordu. Ancak fotoğrafçının etnografik sahneyi Oryantalist bir renge büründürmesine yardımcı oluyorlardı.

Arkeologların metin ve görüntülerle anlattığı köy hayatı, Goode'nin tariflerini hatırlatacak şekilde "kaba ve basit"ti; yakın ama yine de uzak olan büyük evin içinde olup bitenle uyuşmayan bir resim çiziyordu. Amerikalıların ifade ettiği tereddüt, güvensizlik ve korku, bu farklılıkla ilgili kendi bilinçlerinden kaynaklanıyordu; bu bilinç çadırlardan oturma, yemek, çalışma odaları, fotoğraf laboratuvarlarıyla donanmış bir Kale'ye, et ve sebze açısından fakir bir beslenmeden "enfes koyun eti" ve taze sebzeli çok çeşitli yemeklere doğru geçtikçe gelişen yaşama standartlarıyla birlikte kazıdan kazıya daha da artmıştı.

Arkeologların bölük pörçük etnografik verilerine dayanarak tehlikeli bir dönüş yapmak ve kamptaki hayatı köylülerin açısından yeniden kurmak yararlı olabilir. Böyle hayali senaryolar, yüz yıllık bir uzaklıktan Mezopotamyalı "sessiz" erkek, kadın ve çocuklarla empati kurmak için sınırlı (ve umutsuzca) egzersizlerdir. Akla gelen ilk soru, kazıda işe girmenin ne anlama geldiğiydi. Onları esas olarak çeken, düzenli gelir olmalıydı; işin mevsimsel özelliği bazı sorunlara yol açıyordu. Kazı alanı ıssız olduğundan, barınak ve yemeklerin sağlanması gerekiyordu, bu nedenle ailelerden destek almak şarttı. Kadın ve çocukları geride bırakma endişesi de buna eklenince, bütün ev halkını Nippur'a taşımak gibi zor bir karar alınmıştı. Aynı işçilerin her mevsimde kazıya geri dönmesi, bu geçici hayat biçiminin parasal kazanç uğruna kabul edildiğini gösteriyordu.[66] Bir kere yerleştikten sonra, günlük faaliyetler geldikleri köye göre fazla değişmeden belli bir düzene oturmuş gibiydi. Asıl fark erkeklerin uzun çalışma saatleriydi, gündüzleri köyde yalnız kadın ve çocuklar kalıyordu. En zor işlerden biri, bataklıklardan getirilen ve Hilprecht'in belirttiğine

---

66 Hilprecht, *The Babylonian Expedition*, 1:322.

göre "hayvani yaşam"la dolu olan suyu taşımaktı.[67] Meyer'den öğrendiğimize göre müzik, bütün topluluğun katıldığı bir akşamüstü eğlencesiydi.

"Yerliler" için büyük yenilik, yanı başlarında bir grup yabancının kendilerine özgü âdetlerle yaşamasıydı. Yerlilerin merakı, ısrarla arkeologların çadırlarından içeri sızmalarından anlaşılıyordu; ekip üyeleri bundan sürekli şikâyet etmiş, sonunda Arap geçirmez "kale"yi inşa etmişlerdi. Odaların mimari düzeninden haberdardılar, bunların yapımında çalışan kazı alanının işçileri köylülere bu konuda bilgi aktarmış olmalıydı. Özel durumlarda eve de girebiliyorlardı. Ödeme günlerinde girişe geliyorlardı. Haynes ve Meyer burada "karar masası"na oturuyordu; önlerinde "İran gümüşü, Hint rupisi ve Türk altınından oluşan pek çok küçük yığının bulunduğu küçük bir masa" bulunuyordu. Sıradan işçilere tek tek ödeme yapılıyor, işçilerin aldığı ücretler yaptıkları işin niteliğine göre değişiyordu. Daha sonra "esas adamlar" avluya çağrılarak ücretlerini alıyordu.[68] Kurban bayramını kutlamak için bir grup kadın ve çocuk kaleyi ziyaret etmiş ve avluda dans etmişti; ardından işçiler gelerek bu özel bayramda iyi dileklerini sunmuştu.[69]

Ancak ev, birkaç istisna (evi temizleyenler, hizmetkârlar, aşçılar) dışında, işçilere karşı korunuyordu. Yasak Kale'deki hayat, yabancıların günlük basit rutinlerinden misafirlerini ağırlama biçimine kadar, herhalde bitmek bilmeyen dedikodu ve yorumlara neden oluyordu. Köylülerin erzak ve miktarlar hakkında bir fikri vardı ama acaba erkek ve kadın misafirlerin yer aldığı ve pek çok yemeğin (belki de Suriye'den getirilen şarabın) servis edildiği bir daveti gizlice gözetleyebilirler miydi? Yabancıların kıyafetleri –ve şapkaları– hakkında ne düşünüyorlardı? Evde cinsiyete dayalı rolünü oynayan, aynı zamanda da kazı alanında kocasının asistanı olarak not alan Bayan Haynes'i nasıl yorumluyorlardı? Haynes tarafından fotoğraflarının çekilmesine nasıl tepki gösteriyorlardı? Haynes onlara herhangi bir fotoğraf gösteriyor muydu veya fotoğrafların kopyalarını veriyor muydu? "Yerli"lerin Amerikalılar hakkında tutacağı etnografik bir kayıt neyi ortaya çıkaracaktı? Bu sorulara hiçbir zaman cevap verilemeyecek ama bunları sormak, hayal gücünü eleştirel biçimde kışkırtmaya yetiyor.

67   Agy., 1:434.
68   SPHC, Meyer, Diary, 9 Haziran 1894.
69   SPHC, Meyer, Diary, 15 Haziran 1894.

Sonsöz: İnatçı İkilemler

Sayda lahitlerini gururla barındıran Müze-i Hümayun'un yeni binasının inşa edilmesinden ve faaliyetlerini kısıtlayarak yabancı arkeologları müze yönetiminin, yani Osmanlı devletinin gözetimi altına sokan Osmanlı eski eserler yasalarının kabul edilmesinden bu yana 130 yıl geçti. Ancak eski eserlerin kime ait olduğu konusundaki tartışmalar, bugün de küresel düzeyde 19. yüzyıldaki katılık ve tutkuyla devam ediyor.[1] Aslında tartışma modern ulus-devletlerin baskısıyla daha da yoğunlaştı; bu "kaynak" ülkeler (aralarında İtalya, Yunanistan, Türkiye, Mısır, Kamboçya, Çin ve Peru var) yasadışı yollarla ülke dışına çıkarılmış eski eserlerin Batılı müzeler tarafından kendilerine geri verilmesini talep ediyor ve talepleri karşılanmazsa mahkemeye başvuruyor. Bazı önde gelen Batılı kurumların yöneticilerinin öncülüğünde, yasalar "ansiklopedik sanat müzelerinin temelini tehdit eden" "sahiplenici kültürel mülkiyet yasaları" olarak adlandırılıyor ve dünyadaki müzeler iki ana kategoriye ayrılıyor: "ansiklopedik" (veya "hümanistik") ve "milliyetçi." Bu kategorilerden birincisi Aydınlanma çağının ürünü olarak kabul edildi; misyonları hümanistti, "insani sanat üretimini bütün çeşitliliğiyle" kapsıyor ve "ziyaretçilerden diğerlerinin değerlerine saygı duymalarını talep ederek ve kültürler arasında bağlar kurarak farklı kültürlere dikkat" çekiyorlardı.[2] "Dünya hakkında farklı düşünmek için" kurulmuşlardı; örneğin British Museum, eski müdürünün sözleriyle "herkes için, bütün dünya için [...] yeni tür bir dünya vatandaşı yaratma yolu olarak" kurulmuştu.[3] Buna karşılık "milliyetçi müzeler" "milliyetçi anlatıların oluşması"nın aracı olarak hizmet ediyordu; bir ulusun geçmişiyle ilgili hikâyeler anlatıyor ve bugünkü önemini onaylıyorlardı.[4] Bu söyleme göre milliyetçi müzeler, "ulusal hükümetler" tarafından "kendi işlerine yarayan kararlar"a uymak üzere yaratılmış, eski eserleri ulusal devletlerin sınırları içinde, "ayrı" tutmuşlardı.[5] Eski

---

1   Bu bölümün bazı parçaları Zeynep Çelik, "Archéologie, politique et histoire en débat"dan alınmıştır, *Perspective*, no. 2 (2010–2011), 271–276.

2   Cuno, *Who Owns Antiquity?*, xviii–xix; and *Whose Culture?*, 37.

3   MacGregor, "To Shape the Citizens," 39.

4   Cuno, *Who Owns Antiquity?*, xix.

5   Cuno, "Art Museums, Archaeology, and Antiquities," 16, 22.

eserler onların elinde "modern, ulusal kültürel politikaları" desteklemek amacıyla siyasallaştırılmıştı.[6]

Elbette, "kaynak ülkeler"deki müzelerin arkasındaki siyasi gündemle ilgili iddialarda bir gerçeklik payı vardır, ancak buradaki niyetleri tek bir mantığa indirgemek sorunludur. Üstelik, son zamanlardaki revizyonist literatürün, ayrıca bu kitapta vurgulanan tartışmaların ışığında, Batılı müzelerin tarihlerini de siyasal gündemlerden temizlemek ikna edici değildir. Tam tersine, daha başından itibaren bu kurumların ve zenginliklerinin kaynağı olan arkeolojik çalışmaların kökleri politikalarda yatmış, ideolojik anlamlar taşımış, ulusal ve imparatorluk kimlikleri kurmada rol oynamıştır. Geçmiş her zaman siyasal güç kazanmak için kullanıldığından bu alışılmadık bir durum değil. Roma döneminden günümüze kadar, çeşitli ideolojik çarpıtmalarla klasik Yunan mimarisini sahiplenme ve yorumlama çabaları bunu kanıtlamaya yeter. Uzun vadeli bir perspektiften bakıldığında, Avrupa müzelerinin bu yüklü tarihleri de Yunanistan, Irak, Peru, Türkiye veya Çin gibi "modern ulusal devletler"in eski eserleri kullanmaları ve kötüye kullanmaları da şaşırtıcı değildir.[7] Kısacası, bugün eski eserlerin iyiye veya kötüye kullanılması üzerine sürdürülen çekişme, Batılı müzelerin yasa dışı yollardan elde ettikleri nesneleri geri verip vermeyecekleri gibi pratik bir sorunu örtbas etmenin bir yolu gibi gözüküyor.

"Hümanistik" mitin tutkulu savunucuları olan müze yöneticileri ve akademisyenler grubu, davalarını bu nesnelerin gerçek sahiplerinin kim olduğuna dayandırmaya çalışıyor. Soruna iki açıdan yaklaşıyorlar. Birincisi, bütün tarafların kabul edebileceği genel bir iddia: Antik geçmiş "hepimiz" için önemlidir. Ardından, "uluslararası" müzelerde bunları daha çok insanın göreceği şeklindeki nihai iddia geliyor.[8] *New York Times* gazetesinde 2013'te yayımlanan bir makale, "yabancı hükümetlerin açtığı temelsiz davalar" nedeniyle korkuya kapıldıkları ve bazı nesneleri geri vermeyi kabul ettikleri için Amerikan müzelerini eleştirmekte, "Son zamanlarda eski eserlerin geri verilmesi, bunları kamu açısından daha az ulaşılabilir hale getiriyor"

---

6   Cuno, *Who Owns Antiquity?*, 11.

7   Milliyetçilik ve tarihi miras son zamanlarda yapılan bazı araştırmaların konusu olmuştur. Türkiye, Mısır, İran ve Irak için yapılan bu çalışmalar arasında bkz. Goode, *Negotiating for the Past*; Yunanistan için bkz. Hamilakis, *The Nation and Its Ruins*.

8   Cuno, *Who Owns Antiquity?*, xxxiv; Rhodes, "Introduction" in Rhodes, *The Acquisition and Exhibition of Classical Antiquities*, 8. Hedefleri sadece eski eserlerin yurtdışına çıkarılmasına karşı yapılan yasal düzenleme değil, antik alanların yağmaya karşı korunması konusunda ısrar eden arkeologlardı, bu arkeologlara göre tarihsel bilgiler "ancak bağlamı içinde bulunan nesnelerden elde edilebilir"di. Bu nokta için bkz. Rosenberg, "Response to James Cuno," 29.

demektedir.[9] Yani, tartışmanın üzerinde düşünülecek anahtar soruları şunlardır: "Hepimiz" ve "kamu" kim?

İkinci bakış açısı, kimin eski eserler üzerinde kültürel bir hakkı olmadığını belirleyerek sorulara cevap veriyor; bu tez 19. yüzyılın yorgun öncüllerine kadar gider, Salomon Reinach'ın 1883'te yazdığı "Le vandalisme moderne en Orient" makalesi bunların başında gelir.[10] Eski eserlere karşı takınılan tutumları yerli yerine oturtmaya çalışan James F. Goode "Geleneksel toplumların üyeleri ender olarak kendi eski tarihlerine ve anıtlarına biliminsanları gibi yaklaşır" ve "şanlı atalarının efsaneleşmiş hikâyelerini, bunları ayakta kalmış alan ve anıtlarla ilgili özel çalışmalara bağlama ihtiyacını hissetmeden anlatırlar" der.[11] Robin F. Rhodes, Goode'u destekler ve daha da ileri giderek mülkiyetin korumaya bağlı olması gerektiğini öne sürer, çünkü bazı "uluslar [...] kültürel mirasın korunması sorumluluğunu yerine getirmek için çok az çaba harcamaktadır" der ve şunu sorar: "Klasik Yunan'ın [...] sanat ve mimarisinin kültürel mirasçıları sadece modern Yunanlar mıdır yoksa bir bütün olarak Batı dünyası mı?"[12] James Cuno, Goode ve Rhodes'un görüşlerine ekleme yaparak, kimliğini "Lübnan sınırları içindeki eski Roma kalıntı veya eski eserleri" üzerinden değil, Lübnan, Hz. Muhammed, İmam Ali ve sedir ağaçları üzerinden tanımlayan "Lübnanlı bir adam"dan söz eder. "Milliyetçi-sahiplenici kültürel mülkiyet yasaları" tarafından denetlenen durumu düzeltmek ve "dünyanın eski sanat mirasını… ulus-devletlerin rehinesi olmaktan kurtarmak" için, "ortak miras üzerinde ortak bir yönetim ilkesi" önerir; "korunmalarını güvence altına almak, bilgimizi genişletmek ve dünyanın bunlara ulaşmasını kolaylaştırmak" için eski eserlerin dağıtılması düşüncesini ortaya atar. Osmanlı devletinin 1884'te kaldırdığı, ancak örneğin 1924'te İngiliz mandası altındaki Irak'ta korunan "paylaşım uygulaması"nın yeniden kabul edilmesini ister.[13]

Dennis Doordan, başka bir ülkeye taşıma sürecini kolaylaştırmak için, "uluslararası yöneticilik"e başvurulmasını ve "köken ülke" teriminin yerine "köken kültür" teriminin kullanılmasını önerir. Doordan'ın iddiasına göre, böylece bu eserlerin menşe ülkesi olarak "tanımlanmış" siyasal birimlerce sahiplenilmesini kabul etmek yerine, "bunlarla olan kültürel ilişki çizgisi"ni tanımlamak kolay-

9   Hugh Eakin, "The Great Giveback," *New York Times*, 27 Ocak 2013, 12.

10   Bu makaleyle ilgili bir tartışma için bkz. Üçüncü Bölüm.

11   Goode, *Negotiating for the Past*, 5.

12   Rhodes, "Introduction," Rhodes, *The Acquisition and Exhibition of Classical Antiquities* içinde, 7.

13   Cuno, "Art Museums, Archaeology, and Antiquities," 11, 23–25, 55, 154.

laşacaktır.[14] Tartışmalar popüler basında genişçe yankılanıyor. Örneğin, *New York Times* "Kültürel miras iddiaları günümüzde sık sık ulusal amaçlara hizmet etmektedir" diyor ve sorunu küreselleşmeye bağlayarak, aynı konuyu öyle bir cümle içinde yeniden formüle ediyor ki cevap şu soruda ortaya çıkıyor: "Niçin herhangi bir nesne, bir zamanlar, belki de binlerce yıl önce yapıldığı toprak parçasını kontrol eden modern ulus-devletin sınırları için bulunmalı ki?"[15]

"Köken ülkeler"den yağmalanarak Batılı müzelere geldiği kabul edilen eski eserlerin geri verilmesi için talepler birikmekte ve mahkemeler bununla ilgili pek çok davayı çözmeye çalışmaktadır. Yunan hükümetinin Elgin Mermerleri'ni geri almak için, değişen siyasal gündemlerle iç içe geçen ve 2009'da Yeni Akropol Müzesi'nin açılışından sonra yeniden alevlenen ortamda hâlâ devam ettirdiği bitmek bilmeyen çabalar bu tartışmaların en uç simgelerinden biridir. Yunanistan'ın iddiaları "gurur ve adalet"e ama daha çok "ulusalcı ve simgesel" değerlere bağlanmaktadır. Bu iddiaların karşısınaysa "Mermerler"in İngiliz kültüründe işgal ettiği özel yer çıkarılıyor: "İki yüzyıl sonra, Elgin Mermerleri'nin tarihi, Atina'ya olduğu kadar British Museum'a da kök salmıştır."[16] Pratik çözümleri göz önünde bulundurmadan bitmek bilmez bu tartışmaların herkesin gözünün önünde sürdürülmesi, belli bir amaca hizmet etmektedir. Mary Beard'ın söylediği gibi: "Parthenon tartışması devam ediyor, çünkü kültürel mirasın rolü, klasik geçmişin sorumluluğu ve simgesel anıtların işlevi konusundaki gerçek ve önemli bir çatışmayı yansıtıyor."[17]

Bu kitabın odağı, Türkiye Cumhuriyeti'nin Batılı müzelere yönelik taleplerine de kısaca bakmayı gerektirir. Türkiye'nin iddiaları Batı medyasında kavgacı bir tavrı yansıtan bir terminolojiyle yer alıyor. Örneğin 2012 tarihli bir makalede şu cümleler göze çarpar: "Türkiye müzeleri sıkıştırıyor", "Türk memurları son bir atış daha yaparak bir suç duyurusunda bulundular" veya "Türkiye'nin saldırgan taktikleri." Ayrıca bu yazılar, örneğin "Türkiye Arap baharının ardından Ortadoğu'da kendini gösteriyor" gibi siyasal imalarla ve talepleri için muhtemel cezalandırma tehditleriyle, örneğin Avrupa Birliği'ne katılmayı istediği bir zamanda Avrupa ülkeleriyle ilişkilerini bozmak ve tehlikeye sokmak ihtimaliyle birlikte yer alabilmektedir.[18] Türkiye'nin verdiği karşılık, ahlaken kendinden emin ve kendini

14 Doordan, "Response to Malcolm Bell," 44–45.

15 Michael Kimmelman, "Who Draws the Borders of Culture?", *New York Times*, 5 Mayıs 2010.

16 Agy.; Beard, *The Parthenon*, 199–200.

17 Beard, *The Parthenon*, 199.

18 Dan Bilefsky, "Seeking Return of Art, Turkey Jolts Museums," *New York Times*, 30 Eylül 2012.

onaylar biçimdedir. Kaçırıldığı kabul edilen ve yakın zamanda Türk hükümetinin yürüttüğü sert pazarlıklar sonucu geri getirilen eserlerin sayısı, operasyonun boyutu hakkında bir fikir verir: Dönemin Kültür ve Turizm Bakanı Ertuğrul Günay'a göre bu sayı 1998-2011 arasında 4.519.[19] Türklerin konumunun sonunda Amerika müzeleri tarafından ciddiye alınması karşısında sevinen *Milliyet* gazetesine göre, *Los Angeles Times* "ilk defa," ülke dışında yasa dışı yollardan çıkarılmış ve bugün J. Paul Getty Museum, Metropolitan Museum of Art, Cleveland Museum of Art ve Harvard Üniversitesi Dumbarton Oak Araştırma Kütüphanesi ve Koleksiyonu'nda bulunan nesnelerin listesini vermiştir.[20]

Amerikan müzelerindeki tartışmalı eski eserler arasında Getty'de on, Cleveland'da yirmi bir, Metropolitan'ın Norbert Schimmel Koleksiyonu'nda ve Dumbarton Oaks'taki Sion Hazinesi'nde on sekiz eser bulunmaktadır. Bu güçlü kurumlarla sürdürülen uzun mücadeleler, 19. yüzyılın sonundan bu yana sahneye egemen olan Türklerin mağduriyet sendromuna katkıda bulunmuştur. Türk hükümeti bir dizi eserin geri verilmesi için Getty'ye 1990'larda, Dumbarton'a 1986'da başvurmuş, bunlardan hiçbiri 2012 itibariyle geri verilmemiştir. Eylül 2012'de Metropolitan'dan Schimmel eserlerini geri vermesi istenmiştir; önce talebin kendisine ulaşmadığını iddia eden müze, zamanın başbakanı Recep Tayyip Erdoğan'a parçaların nereden geldiğini bildirdiğini açıklamış ve süreci dondurmuştur. Türkiye'nin başarı öyküleri arasında Lidya (Karun) Hazinesi'nin Metropolitan'dan zorlu bir süreç sonunda geri alınışı bulunmaktadır; müze 1986'da önce talebi reddetmiş, ardından yasal işlemler başlamış ve süreç 1993'te müzenin koleksiyonu geri vermeyi kabul etmesiyle sonuçlanmıştır.[21]

Türkiye'ye yapılan iadelerin belki de en çok duyulanı, Yorgun Herakles heykelinin üst bölümünün New York'ta bir Birleşmiş Milletler toplantısına katılan Erdoğan'ın resmi jetinde 25 Eylül 2011'de Türkiye'ye geri getirilişidir. Hükümetin halka duyurmak için çok çaba harcadığı, basında geniş yer bulan olay Türk hükümetinin uluslararası sahnede artan gücünün işareti olarak kutlandı. Türk yetkililerle Boston Güzel Sanatlar Müzesi arasındaki Yorgun Herakles savaşı çok zor geçti. Eser, Lysippos'un MÖ 4. yüzyıldan kalma orijinal heykelinden 2. yüzyılda yapılan bir kopyadır. Heykelin üst bölümü 1981'den beri Boston Güzel Sanatlar Müzesi'nde sergilenmekteydi ve yarısı müzeye yarısı da karı koca koleksiyoncu

---

19 "Herakles'in İki Yarısı Buluştu," *Milliyet*, 10 Ekim 2011.

20 "Türkiye Bu Eserlerin Peşinde," *Milliyet*, 1 Nisan 2012. Gönderme yapılan makale Jason Felch tarafından kaleme alınmıştı, "Turkey Asks U.S. Museums for Return of Antiquities," *Los Angeles Times*, 30 Mart 2012.

21 "Türkiye Bu Eserlerin Peşinde," *Milliyet*.

Shelby White ile Leon Levy'ye aitti. 1980'de Perge'deki bir kazı sırasında heykelin alt bölümü keşfedilince, Türk hükümeti Boston'da bir araştırma başlattı. İki parçanın aynı heykele ait olup olmadığı konusundaki bir tartışmadan sonra, Türkiye'deki parçanın kalıbının 1992'de Boston'a gönderilmesiyle sorun çözüldü. Ancak müze kendisindeki parçanın yağmalanmış olduğu iddialarını reddederek, Türkiye'nin mülkiyet iddiasını kabul etmedi. 2006'da pazarlıklar yeniden başladı ve sonunda yarım heykel diğer parçasıyla buluşmak üzere geri verildi.[22]

Antalya Müzesi'ne yerleştirilen Yorgun Herakles'i, sergilenişinin ilk bin gününde yani 9 Ekim 2011-14 Temmuz 2014 arasında 406.510 kişi ziyaret etti. Siyasi güç gösterisinin bu simgesine duyulan merak ilk ziyaretçi akınından bellidir; Ekim-Aralık 2011 arasında 20.629 kişi gelmiş, bu sayı 2012'de 173.843 olmuş, 2013'te 136.587'ye inmiştir.[23] Söz konusu azalışa rağmen, Türkiye'deki bir taşra müzesi için bunlar önemli rakamlardır ve heykelin geniş çapta duyurulan hikâyesiyle açıkça bağlantılıdır. Ancak bu ilgi, basit bağlantıların ötesinde, klasik eski eserlerin yerel kültüre bir dereceye kadar entegre olduğunu da gösterir.

Konuyu toparlarken, bu kitabı "Eski eserlerin sahibi kim?" sorusunu karmaşık hale getiren iki kişisel anıyla bitiriyorum. Anlatacağım ilk öykü, bir meslektaşımla birlikte Tunus'ta Bon Burnu'ndaki Kerkuvan şehrinde olduğum 2011 Mayıs'ında bir pazar sabahında geçiyor. Bu Pön-Fenike şehri (MÖ 6.-2. yüzyıl) Dugga ve El-Cem gibi muhteşem anıtlara veya Kartaca gibi efsanevi bir tarihe sahip değil ama kalıntıları, biraz çaba harcayınca fark edilen büyüleyici bir kent dokusunu ortaya koyuyor. Kendi önyargılarım nedeniyle, buradaki tek ziyaretçi olacağıma veya en fazla birkaç turistle daha karşılaşacağıma inanıyordum. Ama yanılmışım. Kalıntılar yerel ailelerle dolu; alanı inceliyor, tabelaları okuyor, yol düzenini ve ev planlarını tartışıyorlar; ana babalar çocuklarına neye baktıklarını açıklıyor. İkinci hikâyem, kuzeybatı Anadolu'daki küçük Burhaniye şehrinde kırk beş yaşındaki bir kadın ve komşularıyla ilgili. Yazlıkçıların evinde mevsimsel olarak çalışan ve ayrıca zeytin toplayan Esma, kocası ve arkadaşlarıyla 1990'ların sonunda mevsim dışındaki zamanı kendilerine yakın tarihi alanlara geziler yaparak geçirmeye başla-dı. Çeşitli medreselerde bedava konaklayarak ve Burhaniye Belediyesi'nden ödünç aldıkları bir kamyonetle yolculuk yaparak her yıl bölgede bol miktarda bulunan anıtları, müzeleri ve arkeolojik alanları ziyaret ettiler. Gezilere temel bazı araştır-malar yaparak başlıyor, İslam öncesi ve İslamiyet dönemi kalıntılarına gidiyor, bu arada mimarlık tarihçilerinin dikkatini çekmeyen Osmanlı döneminden kalma

---

22   Rose and Acar, "Turkey's War on the Illicit Antiquities Trade,", 49; "Yorgun Herakles'e Yoğun İlgi," *Milliyet*, 14 Temmuz 2014.

23   "Yorgun Herakles'e Yoğun İlgi," *Milliyet*.

bazı mütevazı yapıları da görüyorlardı. Esma'nın yeterli finansman ve uzmandan yoksun, akademisyenlerin acımasız eleştirilerine hedef olan ama yine de önemli eserler barındıran Anadolu müzeleriyle ilgili izlenimlerini dinlemek, insanı mahcup eden bir deneyimdi. Bu olaylar sıradan Tunuslu ve Anadoluluların kendi arka bahçelerindeki kültürel mirasın kalıntılarına verdiği değeri sezmemi sağlayarak, Batı dünyasındaki muhteşem "ansiklopedik" müzelerin onlar için tamamen ulaşılamaz olduğunu bana hatırlattı.

Tarihi farklı bakış açılarından ve geniş bir ağ atarak anlamak, tek taraflı iddiaları sarsabilir ve başka sorulara yol açabilir. Bu kitapta yapmaya çalıştığım da bu.

Son Not

Asar-ı Atika'yı yayına hazırlarken, IŞİD veya DAİŞ'in eski eserleri yıkmasıyla ilgili haberler acı bir başlık açtı. Aynı aktörler yine antik eserlerin sahipliğiyle ilgili tartışmalarda su yüzüne çıktı; Cuno felaketin her yerde olabileceğini, dolayısıyla eski eserlerin bir yerde "yoğunlaşması" yerine "dağıtılması" gerektiğini öne sürdü. Ona başkaları da katıldı, aralarında birkaç müze yöneticisi dışında bugünkü yıkımı Elgin Mermerleri'nin iki yüzyıl önce kurtarılmasındaki bilgeliğe bağlayan Londra eski Belediye Başkanı Boris Johnson da vardı. Pek çok akademisyen, arkeolog ve hukukçu, "gözden düşmüş" olmasına rağmen değerli buldukları paylaşma düşüncesini yeniden ortaya attı.[24]

Ortadoğu'da IŞİD'in antik eserlere saldırması birkaç cephede –kültürel, dinsel, siyasal ve ekonomik– çirkin hikâyelerin ortaya çıkmasına yol açtı. Bağdat'taki Ulusal Irak Müzesi'nin müdürü Ahmed Kamel Muhammed'in, IŞİD'in Musul'daki Hz. Yunus türbesinde yaptıklarıyla ilgili olarak şöyle söylediği bildiriliyordu: "Sadece yıkmıyorlar, aynı zamanda kazıyorlar." Nicholas Pelham, antik eserlerin yıkılışını belgeleyen IŞİD videolarının aslında, "harap edilmeyenleri" göstermeye ve pazarlamaya, neyin satılık olduğunu bildirmeye yönelik olduğunu vurguladı. "Hilafet"in, aynı zamanda "sıradan mezar hırsızları" olan "IŞİD yobazları" sayesinde Asur antik eserlerinden yüz milyonlarca dolar kazandığının tahmin edildiğini belirtti.[25]

---

24 Durumun genel değerlendirmesi için bkz. Tom Mashberg ve Graham Bowley, "As ISIS Destroys Treasures, Debate over Antiquities Renews," *New York Times*, 31 Mart 2015.

25 Nicholas Pelham, "ISIS and the Shia Revival in Iraq," *New York Review of Books* 62, no. 10 (4 Haziran 2015): 30–32.

Kaynakça

Arşivler

Başbakanlık Osmanlı Arşivi (BOA)

    BEO (Babıâli Evrak Odası)

    DH.ID (Dahiliye İdare)

    DH.MKT (Dahiliye Mektubi Kalemi)

    İ.HR (İrade Hariciye)

    MF.MKT (Maarif Mektubi Kalemi)

İstanbul Arkeoloji Müzeleri Arşivi (İAMA)

İstanbul Üniversitesi Merkez Kütüphanesi, Nadir Eserler Koleksiyonu (İÜMK)

Özel Koleksiyon, Haverford College, Haverford, PA (Special Collections, Haverford College – SPHC)

Pennsylvania Üniversitesi Arkeoloji ve Antropoloji Müzesi Arşivleri, Elyazması Koleksiyonu (University of Pennsylvania Museum of Archaeology and Anthropology Archives – UPMAAA)

Pierpont Morgan Kütüphanesi Arşivi

Princeton Üniversitesi Arkeoloji Arşivleri (Princeton University Archaeological Archives – PUAA)

Süreli Yayınlar

The Academy

The American Architect and Building News

American Journal of Archaeology

Ankara Üniversitesi Hukuk Fakültesi Dergisi

The Annual of the British School at Athens

The Athenaeum

Bilgi Mecmuası

The British Architect

The Builder

The Century: Illustrated Monthly Magazine

The Chautauquan

Darülfünun Edebiyat Fakültesi Mecmuası

Free Museum of Science and Art, Department of Archaeology and Palaeontology, University of Pennsylvania, Bulletin

Gazette des Beaux-Arts

Hamiyet

İçtihad

İslam Mecmuası

Kalem

The Literary News

Littell's Living Age

The Living Age

Maarif

Maarif Vekâleti Mecmuası

Malumat

The Metropolitan Museum of Art Bulletin

Milliyet

Musavver Malumat-ı Nafia

Museum of Fine Arts Bulletin (Boston)

The Nation

The New Review

The New York Times

Osmanlı Ressamlar Cemiyeti Gazetesi

Recherches contemporaines

Revue archéologique

Revue des deux mondes

Revue d'ethnographie

Servet-i Fünun

Şehbal

Tedrisat Mecmuası

Kitaplar ve Makaleler

Abdülhak Hamid. *Sardanapal: Bir Facia-i Tarihiye*. İstanbul: Matbaa-i Amire, 1335 (1919).

Actes de la Société du Chemin de Fer Ottoman de la Syrie. Akka à Damas. Konstantinopolis: Imprimerie du journal "Stamboul," 1891.

Addison, Charles G. *Damascus and Palmyra: A Journey to the East*. 2. Cilt. Londra: Richard Bentley, 1838.

Ahmed İhsan. *Avrupa'da Ne Gördüm*. İstanbul: Alem Matbaası, 1891.

Ahmed Refik. *Büyük Tarih-i Umumi*. İstanbul: Kütüphane-i İslam ve Askeri–İbrahim Hilmi, AH 1328 (1910).

Aristarchi Bey (Grégoire). *Législation ottomane, ou Receuil des lois, réglements, ordonnances, traités, capitulations et autres documents officiels de l'Empire ottoman*. Constantinople: Demétrius Nicolaïdes, 1874.

Aydın Vilayetine Mahsus Salname. Aydın: Matbaa-i Vilayet, 1308 (1891).

Baedeker, Karl. *Berlin and Its Environs*. 3. baskı. Leipzig: Karl Baedeker, 1908.

———. *Konstantinopel, Balkanstaaten, Kleinasien Archipel, Cypern*. Leipzig: Karl Baedeker, 1915.

———. *Konstantinopel und das Westliche Kleinasien*. Leipzig: Karl Baedeker, 1905.

———. *London and Its Environs*. Leipzig: Karl Baedeker, 1894. (Şekil 1.5, 1911 baskısından alınmıştır.)

———. *Paris et ses environs*. Leipzig: K. Beadeker ve Paris: P. Ollendorff, 1900.

———. *The United States, with an Excursion into Mexico*. 3. basım. Leipzig: Karl Baedeker ve New York: Charles Scribner's Sons, 1908. (Şekil 1.7 1904 baskısından alınmıştır.)

Bahrani, Zainab. "History in Reverse: Archaeological Illustration and the Invention of Assyria." *Historiography in the Cuneiform Word*, der. Tzivi Abush vd., 15–28. Bethesda: CDL Press, 2001.

Bahrani, Zainab, Zeynep Çelik ve Edhem Eldem. "Introduction: Archaeology and Empire." Bahrani, Çelik ve Eldem, *Scramble for the Past*, 13–43.

———, der. *Scramble for the Past: A Story of Archaeology in the Ottoman Empire, 1753–1914*. İstanbul: SALT/Garanti Kültür, 2011. [*Geçmişe Hücum: Osmanlı İmparatorluğu'nda Arkeolojinin Öyküsü 1753-1914*, İstanbul: SALT/Garanti Kültür, 2011.]

Barth, H. *Constantinople*. Paris: Librairie Renouard, 1903.

Beard, Mary. *The Parthenon*. Gözden geçirilmiş baskı. Cambridge, MA: Harvard University Press, 2010.

Bilsel, Can. *Antiquity on Display: Regimes of the Authentic in Berlin's Pergamon Museum*. Oxford: Oxford University Press, 2012.

Bohrer, Frederick N. *Orientalism and Visual Culture: Imagining Mesopotamia in Nineteenth-Century Europe*. Cambridge: Cambridge University Press, 2003.

———. *Photography and Archaeology*. Londra: Reaktion Books, 2011.

Bourquelot, Émile. *Promenades en Égypte et à Constantinople*. Paris: Challamel ainé, Librairie Coloniale, 1886.

Brinkmann, Vinzenz. "The Prince and the Goddess: The Rediscovered Color on the Pediment Statues of the Aphaia Temple." Brinkmann ve Wünsche, *Gods in Color*, 70–97.

Brinkmann, Vinzenz ve Raimund Wünsche, der. *Gods in Color: Painted Sculpture of Classical Antiquity.* Münih: Stiftung Archäologie, 2007.

Burrows, Edwin G. ve Mike Wallace. *Gotham: A History of New York City to 1898.* Oxford: Oxford University Press, 2000.

Butler, Howard Crosby. *Sardis: The Excavations, Part I (1910–1914).* Cilt 1. Leyden: Late E.J. Brill, 1922. [H.C. Butler, *Sart Harabeleri,* çev. M. Rahmi (Balaban) ve Cezmi Tahir. İzmir ve Havalisi Âsar-ı Atika Muhibleri Cemiyeti Neşriyatından sayı: 7, İzmir, Marifet Matbaası, 1932.]

Byron, Lord. *Sardanapalus: A Tragedy.* Londra: John Murray, 1821.

Caillard, Vincent. "The Imperial Ottoman Museum." Cornwallis-West, *Anglo-Saxon Review* içinde, 132–150.

Casey, Christopher. "'Grecian Grandeurs, and the Rude Wasting of Old Time': Britain, the Elgin Marbles, and Post-Revolutionary Hellenism." *Foundations* 3, no. 1 (Sonbahar 2008): 30–62.

Cervati, R.C. *Guide horaire général international illustré pour le voyageur en Orient.* Konstantinopolis: R.C. Cervati, 1909.

Cesnola, Luigi Palma di. *An Address on the Practical Value of the American Museum, delivered at Round Lake, N.Y., July 12, 1887.* Troy, NY: The Stowell Printing House, 1887.

———. *Cyprus: Its Ancient Cities, Tombs, and Temples.* New York: Harper and Brothers, 1878.

Charter of the Metropolitan Museum of Art and Laws Relating to It. New York: The Metropolitan Museum of Art, 1901.

Clarke, Joseph Thacher. *Report on the Investigations at Assos, 1882, 1883, Part I.* New York: Macmillan Company, 1898.

Cornwallis-West, Mrs. George, der. *The Anglo-Saxon Review: A Quarterly Miscellany* 7 (Aralık 1900). New York: G.P. Putnam's Sons; Londra: Mrs. George Cornwallis-West, 1900.

Coufopoulos, Demetrius. *A Guide to Constantinople.* Londra: Adam and Charles Black, 1895.

Cuno, James. "Art Museums, Archaeology, and Antiquities in an Age of Secterian Violence and Nationalist Politics." Rhodes, *The Acquisition and Exhibition of Classical Antiquities,* 9-26.

———. *Who Owns Antiquity? Museums and the Battle over Our Ancient Heritage.* Princeton, NJ: Princeton University Press, 2008.

———, der. *Whose Culture? The Promise of Museums and the Debate over Antiquities.* Princeton, NJ: Princeton University Press, 2009.

Çelik, Zeynep. "Archéologie, politique et histoire en débat." *Perspective,* no. 2 (2010–2011): 271–276.

———. "Defining Empire's Patrimony: Late Ottoman Perceptions of Antiquities." Bahrani, Çelik ve Eldem, *Scramble for the Past*, 443–477 (*Geçmişe Hücum: Osmanlı İmparatorluğu'nda Arkeolojinin Öyküsü 1753-1914*).

———. *Displaying the Orient: Architecture of Islam at Nineteenth-Century World's Fairs.* Berkeley: University of California Press, 1992. [*Şark'ın Sergilenişi: 19. Yüzyıl Dünya Fuarlarında İslam Mimarisi*, çev. Nurettin Elhüseyni. İstanbul: Tarih Vakfı Yurt Yayınları, 2004.]

———. *Empire, Architecture, and the City: French-Ottoman Encounters, 1830–1914.* Seattle ve Londra: University of Washington Press, 2008. [*İmparatorluk, Mimari ve Kent: Osmanlı-Fransız Karşılaşmaları 1830-1914*, SALT, 2012.]

———. *The Remaking of Istanbul: Portrait of an Ottoman City in the Nineteenth Century.* Seattle ve Londra: University of Washington Press, 1986. [*Değişen İstanbul: 19. Yüzyılda Osmanlı Başkenti*, çev. Selim Deringil. 1. Baskı, Tarih Vakfı Yurt Yayınları, 1996. İkinci Baskı, Türkiye İş Bankası Kültür Yayınları, 2015.]

Davis, Natalie Zemon. *Fiction in the Archives: Pardon Tales and Their Tellers in Sixteenth-Century France.* Palo Alto: Stanford University Press, 1987.

deJong Ellis, Maria, der. *Nippur at the Centennial: Papers Read at the 35e Rencontre Assyriologique Internationale, Philadelphia, 1988.* Philadelphia: The University Museum, 1992.

Diaz-Andreu, Margarita. *A World History of Nineteenth-Century Archaeology: Nationalism, Colonialism, and the Past.* Oxford: Oxford University Press, 2007.

Doordan, Dennis P. "Response to Malcolm Bell." Rhodes, *The Acquisition and Exhibition of Classical Antiquities*, 43-45.

Duchéne, Hervé. "Les musées royaux enrichis de maints trésors." Krings ve Isabelle Tassignon, *Archéologie dans l'Empire Ottoman autour de 1900: Entre politique, économie et science*, 141–196.

Dwight, Harry Griswold. *Constantinople, Old and New.* Londra: Longmans, Green, 1915.

Edwards, Edward. *Memoirs of Libraries.* Londra: Trübner, 1859.

Eldem, Edhem, der. *Le voyage à Nemrud Dağı d'Osman Hamdi Bey et Osgan Efendi (1883).* İstanbul ve Paris: L'Institut Français d'Études Anatoliennes–Georges Dumézel, 2010.

———. *Mendel-Sebah: Müze-i Hümayun'u Belgelemek/Mendel-Sebah: Documenting the Imperial Museum.* İstanbul: İstanbul Arkeoloji Müzeleri, 2014.

———. *Un Ottoman en Orient, Osman Hamdi Bey en Irak.* Paris: Sindbad, 2010.

Elliot, Frances. *Diary of an Idle Woman in Constantinople.* Londra: John Murray, 1893.

Emerson, Alfred. *An Account of Recent Progress in Classical Archaeology, 1875–1889.* Cambridge, MA: John Wilson and Son, 1889.

Enginün, İnci. "Byron ve Hamid'in Sardanapal Piyesleri Üzerinde Mukayeseli Bir Araştırma." *Türk Dili ve Edebiyatı Dergisi* (2012): 13–44.

Eroğlu, Cengiz, Murat Babuçoğlu, Orhan Özdil, der. *Osmanlı Vilayet Salnamelerinde Bağdat*. Ankara: Global Strateji Enstitüsü, 2006.

Eudel, Paul. *Constantinople, Smyrne et Athènes: Journal de voyage*. Paris: E. Dentu, 1885.

Fenger, Ludvig Peter. *Dorische Polychromie*. Berlin: A. Asher, 1886.

Fowler, Harold North ve James Rignall Wheeler (Gorham Phillips Stevens'ın katılımıyla). *A Handbook of Greek Archaeology*. New York, Cincinnati, Chicago: American Book Company, 1909.

Gardner, Percy. *Sculptured Tombs of Hellas*. Londra ve New York: Macmillan, 1896.

Garstang, John. *The Land of the Hittites: An Account of Recent Explorations and Discoveries in Asia Minor, with Descriptions of the Hittite Monuments*. New York: E.P. Dutton, 1910.

Ginzburg, Carlo. *The Cheese and the Worms: The Cosmos of a Sixteenth-Century Miller*. Çev. John ve Anne Tedeschi. Baltimore: Johns Hopkins University Press, 1980. [*Peynir ve Kurtlar: Bir 16. Yüzyıl Değirmencisinin Evreni*, çev. Ayşen Gür. İstanbul: Metis, 1996.]

Godins de Souhesmes, G. des. *Guide to Constantinople and Its Environs*. Konstantinopolis: A. Zellich, 1893.

Goode, James F. *Negotiating for the Past: Archaeology, Nationalism, and Diplomacy in the Middle East, 1919–1941*. Austin: University of Texas Press, 2007.

Goold, Edward. *Catalogue explicatif, historique et scientifique d'un certain nombre d'objets contenus dans le Musée impérial de Constantinople fondé en 1869 sous le grand vésirat de Son Altesse A'ali Pacha*. Konstantinopolis: Imprimerie Zellich, 1871.

Gower, Lord Ronald Sutherland. *Records and Reminiscences selected from "My Reminiscences" and "Old Diaries."* Londra: John Murray, 1903.

Gretton, John R. *A Guide to the Microfiche Edition of Murray's Handbooks for Travellers*. y.y.: University Publications of America, 1993.

Grosvenor, Edwin Augustus. *Constantinople*. 2 cilt. Boston: Roberts Brothers, 1895.

Guide to Greece, the Archipelago, Constantinople, the Coasts of Asia Minor, Crete, and Cyprus. Londra: Macmillan, 1908.

Gutron, Clémentine. *L'archéologie en Tunisie (XIXe–XXe siècles): Jeux généalogiques sur l'Antiquité*. Paris: Karthala, 2010.

Habel, Dorothy Metzger. *"When All of Rome Was under Construction": The Building Process in Baroque Rome*. University Park: Pennsylvania State University Press, 2013.

Halil Edhem. *Elvah-ı Nakşiye Koleksiyonu*. İstanbul: Matbaa-i Amire, 1924. 1970'te Latin alfabesine geçirildi ve Türkçesi sadeleştirildi (İstanbul: Milliyet Yayınları, 1970). Bütün alıntılar 1970 baskısından alınmıştır.

Hamilakis, Yannis. "Indigenous Archaeologies in Ottoman Greece." Bahrani, Çelik ve Eldem, *Scramble for the Past*, 49–69. [*Geçmişe Hücum: Osmanlı İmparatorluğu'nda Arkeolojinin Öyküsü* 1753-1914, SALT, 2011.]

————. *The Nation and Its Ruins: Antiquity, Archaeology, and National Imagination in Greece*. Oxford: Oxford University Press, 2007.

Handbook for Travellers in Constantinople, Brûsa, and the Troad. Londra: John Murray, 1900.

Harper, Robert Francis. "Introduction." *Assyrian and Babylonia Literature: Selected Translations*. New York: D. Appleton, 1901.

Hilprecht, Hermann Volrath, der., *The Babylonian Expedition of the University of Pennsylvania*. Philadelphia: Department of Archaeology, University of Pennsylvania, 1896.

————. *The Excavations in Assyria and Babylonia*. Philadelphia: A.J. Holman, 1904.

Hittorff, Jacques-Ignace. *Restitution du temple d'Empédocle à Sélinonte, ou L'architecture polychrome chez les Grecs*. Paris: Librairie de Firmin Didot Frères, 1851.

Holod, Renata ve Robert Ousterhout, der. *Osman Hamdi Bey and the Americans*. İstanbul: Pera Museum, 2011.

Howe, Winifred E. *A History of the Metropolitan Museum of Art*. New York: Metropolitan Museum of Art, 1913.

Hutton, William Holden. *Constantinople: The Story of the Old Capital of the Empire*. Londra: J.M. Dent, 1900.

Jasanoff, Maya. *Edges of Empire: Conquest and Collecting in the East, 1750–1850*. Londra: Harper Perennial, 2006.

Jockey, Philippe. "The Venus de Milo: Genesis of a Modern Myth." Bahrani, Çelik ve Eldem, *Scramble for the Past* içinde, 237–255 [*Geçmişe Hücum: Osmanlı İmparatorluğu'nda Arkeolojinin Öyküsü* 1753-1914, SALT, 2011.]

Joubin, André. *Asar-ı Heykeltraşi Kataloğu: Kadim Yunan, Roma, Bizanten ve Frank Devirleri*. İstanbul: Mihran, 1311 (1894).

————. *Luhud ve Mekabir-i Atike Kataloğu*. Constantinople (Konstantiniye): Mihran Matbaası, 1310 (1894). Yeni baskısı, Konstantinopolis: Mahmud Bey Matbaası, 1317 (1900).

Karpat, Kemal. *Osmanlı Nüfusu (1830–1914): Demografik ve Sosyal Özellikleri*. İstanbul: Tarih Vakfı Yurt Yayınları, 2003.

Kelman, John. *From Damascus to Palmyra*. Londra: Adam and Charles Black, 1908.

Kemal Tahir. *Esir Şehrin İnsanları*. İstanbul: İthaki, 2005. İlk baskı, 1956.

Kohl, Phillip ve Clare Fawcett. *Nationalism, Politics and the Practice of Archaeology*. Cambridge: Cambridge University Press, 1995.

Koldewey, Robert. *The Excavations at Babylon*. Çev. Agnes S. Jones. Londra: Macmillan, 1914.

Krings, Véronique ve Isabelle Tassignon, der. *Archéologie dans l'Empire ottoman autour de 1900: Entre politique, économie et science*. Brussels: Institut historique belge de Rome, 2004.

Kuklick, Bruce. *Puritans in Babylon: The Ancient Near East and American Intellectual Life, 1880–1930*. Princeton, NJ: Princeton University Press, 1996.

Layard, Austen Henry. *Nineveh and Its Remains*. 2 cilt. New York: George P. Putnam, 1849.

Lord Byron's Historical Tragedy of Sardanapalus, Arranged for Representation in Four Acts by Charles Calvert. Londra, 1876.

MacGregor, Neil. "To Shape the Citizens of 'That Great City, the World.'" Cuno, *Whose Culture?*, 39-54.

Mahaffy, J.P. *A Survey of Greek Civilization*. New York, Cincinnati ve Chicago: The Chautauqua Century Press, 1896.

Malley, Shawn. "The Layard Enterprise: Victorian Archaeology and Informal Imperialism in Mesopotamia." Bahrani, Çelik ve Eldem, *Scramble for the Past*, 99–123. [*Geçmişe Hücum: Osmanlı İmparatorluğu'nda Arkeolojinin Öyküsü* 1753-1914, SALT, 2011.]

Marchand, Suzanne L. *Down from Olympus: Archaeology and Philhellenism in Germany, 1750–1970*, Princeton, NJ: Princeton University Press, 1996.

Mehmed Raif. *Topkapı Saray-ı Hümayunu ve Parkının Tarihi*. İstanbul: Matbaa-i Hayriye ve Şürekası, 1332 (1916).

Mehmed Vahid. *Rehnüma*. İstanbul: Ahmed İhsan, 1337 (1919).

A Memorial of George Brown Goode Together with a Selection of His Papers on Museums. Washington, DC: Government Printing Office, 1901.

Mendel, Gustave. *Catalogue des sculptures grecques, romaines et byzantines*. 3 cilt. Konstantinopolis: Musées Impériaux Ottomans, 1914.

The Metropolitan Museum of Art: A Brief Record of Development, 1870–1922. New York, 1923.

Meyer, Charles F., Jr. "Joseph Andrew Meyer, Jr., Architect at Niffer." deJong Ellis, *Nippur at the Centennial: Papers Read at the 35e Rencontre Assyriologique Internationale, Philadelphia, 1988*, 15–19.

Michaelis, Adolf. *A Century of Archaeological Discoveries*. Çev. Bettina Kahnwerter. Londra: John Murray, 1908.

Montmarché, Marcel. *De Paris à Constantinople*. Paris: Librairie Hachette, 1912.

Morley, Neville. "Decadence as a Theory of History." *New Literary History* 35, no. 4 (Sonbahar 2004): 573–585.

Müller, Georgina Adelaide. *Letters from Constantinople by Mrs. Max Müller*. Londra, New York ve Bombay: Longman, Green, 1897. [*Ondokuzuncu Asır Biterken İstanbul'un Saltanatlı Günleri*. Çev. Hamdiye Betül Kara. İstanbul: Dergah Yayınları, 2010.]

Musée Impérial Ottoman. *Antiquités himyarites et palmyriennes: Catalogue sommaire*. Constantinople: Mihran, 1895.

———. *Bronzes et bijoux: Catalogue sommaire*. Constantinople: F. Loeffer, 1898.

———. *Catalogue des sculptures grecques, romaines, byzantines et franques*. Constantinople: Mihran, 1893.

———. *Monuments égyptiens: Notice sommaire*. Constantinople: Mihran, 1898.

————. *Monuments funéraires: Catalogue sommaire*. Constantinople: Mihran, 1893. Yeni baskı, Constantinople: Ahmed İhsan, 1909.

Musées Impériaux Ottomans. *Catalogue des figurines grecques de terre cuite*. Constantinople: Ahmed İhsan, 1908.

————. *Catalogues des poteries byzantines et anatoliennes du Musée de Constantinople*. Constantinople: Ahmed İhsan, 1910.

Müze-i Hümayun. *Asar-ı Misriyye Kataloğu*. İstanbul: Mihran, 1317 (1899).

————. *Kurşun Mühür Kataloğu*. İstanbul: Mahmud Bey Matbaası, 1321 (1904).

Nochlin, Linda. "The Imaginary Orient." *Art in America* 71, no. 5 (Mayıs 1983): 118–131, 187–191.

Osman Hamdi Bey ve Osgan Efendi. *Le tumulus de Nemroud-Dagh*. Konstantinopolis: F. Loeffler, 1883.

O. Hamdy Bey ve Théodore Reinach. *Une nécropole royale à Sayda: Fouilles de Hamdy Bey*. Paris: Leroux, 1892.

Oulebsir, Nabila. *Les usages du patrimoine: Monuments, musées et politique coloniale en Algérie (1830–1930)*. Paris: Maison des Sciences de l'Homme, 2004.

Ousterhout, Robert G. *John Henry Haynes: A Photographer and Archaeologist in the Ottoman Empire, 1881–1900*. İstanbul: Kayık Yayıncılık; Hawick: Cornucopia Books, 2011.

Palestine Exploration Fund Quarterly Statement for 1886. Londra: Society's Office and Richard Bentley and Son, 1886.

Papers Relating to the Foreign Relations of the United States, Transmitted to Congress. 3 Aralık 1888, Part II. Washington, DC: Government Printing Office, 1889.

Pelham, Nicholas. "ISIS & the Shia Revival in Iraq." *New York Review of Books* 62, no. 10 (4 Haziran 2015): 30–32.

Perdrizet, Paul F. "Archaistic Reliefs." *Annual of the British School at Athens*, no. 11 (1896–1897): Seminars 156–157.

Peters, John Punnett. *Nippur, or Excavations and Adventures on the Euphrates: The Narrative of the University of Pennsylvania Expedition to Babylonia in the Years 1888–1890*. 2 cilt. 2. baskı. New York ve Londra: J.P. Putnam's Sons, 1898.

Preyer, David C. *The Art of the Metropolitan Museum of New York*. Boston: L.C. Page, 1909.

Quatremère de Quincy, Antoine. *Le Jupiter olympien, ou L'art de la sculpture antique considéré sous un nouveau point de vue, ouvrage qui comprend un essai sur le goût de la sculpture polychrome, l'analyse explicative de la toreutique, et l'histoire de la statuaire en or et ivoire [...]*. Paris: Firmin Didot, 1814.

Quirke, Stephen. *Hidden Hands: Egyptian Workforces in Petrie Excavation Archives, 1880–1924*. Londra: Duckworth, 2011.

Radcliffe, Abigail G. *Schools and Masters of Sculpture*. New York: D. Appleton, 1894.

Rassam, Hormuzd. *Asshur and the Land of Nimrod*. Cincinatti: Curts and Jennings; New York: Eaton and Maris, 1897.

Reid, Donald Malcolm. *Whose Pharaohs? Archaeology, Museums, and Egyptian National Identity from Napoleon to World War I*. Berkeley, Los Angeles ve Londra: University of California Press, 2002.

Reinach, Salomon. *Conseils aux voyageurs archéologues*. Paris: Ernest Leroux, 1886.

———. *Ministère de l'Instruction publique: Catalogue du Musée impérial des antiquités*. Constantinople: Imprimerie Levant Times, 1882.

Rhodes, Robin F., der. *The Acquisition and Exhibition of Classical Antiquities: Professional, Legal, and Ethical Perspectives*. Notre Dame, IN: University of Notre Dame Press, 2007.

Rogers, Roger William. *A History of Babylonia and Assyria*. New York: Eaton and Mains; Cincinnati: Jenning and Pye, 1900.

Rona, Zeynep, der. *Osman Hamdi Bey ve Dönemi*. İstanbul: Tarih Vakfı Yurt Yayınları, 1993.

Rose, Marc ve Özgen Acar. "Turkey's War on the Illicit Antiquities Trade." *Archaeology* 48, no. 2 (Mart-Nisan 1995): 45–56.

Rosenberg, Charles. "Response to James Cuno." Rhodes, *The Acquisition and Exhibition of Classical Antiquities*, 27–30.

Roussé, Léon. *De Paris à Constantinople*. Paris: Librairie Hachette, 1892.

Rosenzweig, Roy ve Elizabeth Blackmar. *The Park and the People: A History of Central Park*. Ithaca, NY: Cornell University Press, 1992.

Salname-i Nezaret-i Maarif-i Umumiye. İstanbul: Matbaa-i Amire, 1318 (1900). Gözden geçirilmiş baskı İstanbul: Asır Matbaası, 1321 (1903).

Schliemann, Heinrich. *Trojanische Alterthümer: Berichte über die Ausgrabungen in Troja*. Leipzig: In Commission bei F.A. Brockhaus, 1874.

Schnapp, Alain. *La conquête du passé: Aux origines de l'archéologie*. Paris: Carré, 1993. İngilizce baskı: *The Discovery of the Past*. Londra: British Museum Press, 1996.

Serbestoğlu, İbrahim ve Turan Açık. "Osmanlı Devleti'nde Modern Bir Okul Projesi: Müze-i Hümayun Mektebi." *Akademik Bakış* 6, no. 12 (Yaz 2013): 157–172.

Seymour, Michael. *Legend, History and the Ancient City: Babylon*. Londra ve New York: I.B. Tauris, 2014.

Shaw, Wendy M.K. "From Mausoleum to Museum: Resurrecting Antiquity for Ottoman Modernity." Bahrani, Çelik ve Eldem, *Scramble for the Past*, 425–430. [*Geçmişe Hücum: Osmanlı İmparatorluğu'nda Arkeolojinin Öyküsü* 1753-1914, SALT, 2011.]

———. *Possessors and Possessed: Museums, Archaeology, and the Visualization of History in the Late Ottoman Empire*. Berkeley: University of California Press, 2003. [*Osmanlı Müzeciliği: Müzeler, Arkeoloji ve Tarihin Görselleştirilmesi*, çev. Esin Soğancılar. İstanbul: İletişim, 2015, 2004.]

Siegel, Jonah, der. *The Emergence of the Museum: An Anthology of Nineteenth-Century Sources*. New York: Oxford University Press, 2008.

Smith, George. *Assyrian Discoveries: An Account of Explorations and Discoveries on the Site of Nineveh during 1873 and 1874.* New York: Scribner, Armstrong, 1876.

Sterrett, J.R. Sitlington. *A Plea for Research in Asia Minor and Syria.* Ithaca, NY: Cornell University, 1911.

Stocking, George W., Jr. *Victorian Anthropology.* New York: The Free Press, 1987.

Stoddard, John Lawson. *John L. Stoddard's Lectures.* Boston: Balch Brothers, 1897.

Topuzlu, Cemil. *32 Sene Evvelki, Bugünkü, Yarınki İstanbul.* İstanbul: Ülkü, 1944.

Trigger, Bruce. "Alternative Archaeologies: Nationalist, Colonialist, Imperialist." *Man* 19, no. 3 (1983): 355–370.

———. *A History of Archaeological Thought.* Cambridge: Cambridge University Press, 1989.

Trümpler, Charlotte, der. *Das Grosse Spiel: Archäologie und Politik zur Zeit des Kolonialusmus.* Essen ve Köln: Dumont, 2008.

Uğurcan, Sema. *Abdülhak Hamid Tarhan'ın Eserlerinde Tarih.* İzmir: Akademi Kitabevi, 2002.

Valentier, Wilhelm M.R. *Catalogue of a Loan Exhibition of Early Oriental Rugs.* New York: Metropolitan Museum of Art, 1910.

Van Millingen, Alexander. *Constantinople.* Londra: A. and C. Black, 1906.

Volney, Constantin-François. *Voyage en Syrie et en Égypte, pendant les années 1783, 1784 et 1785.* Cilt 2. Paris: Chez Desenne, 1787.

Ward, William Hayes. *Report on the Wolfe Expedition to Babylonia.* Papers of the Archaeological Institute of America, 1884–1885. Boston: Cupples, Upham; Londra: N. Trübner, 1886.

Wharton, Edith. *The Age of Innocence.* New York: Charles Scribner's Sons, 1968. 1. Baskı, 1920. [*Masumiyet Çağı*, çev. Ayşe Erbora. İstanbul: Oğlak Yayıncılık, 1998.]

Wightman, Julia P. *The Wonders of the World.* Dublin: Brett Smith, 1825.

Wood, J.T. *Discoveries at Ephesus.* Boston: James R. Osgood, 1877.

Wood, Michael. "The Question of Shakespeare's Prejudices." *New York Review of Books* 58, no. 20 (22 Aralık 2011).

Wood, Robert. *The Ruins of Palmyra, Otherwise Tedmor.* Londra: Robert Wood, 1753.

Young, George. *Corps de droit ottoman: Receuil des codes, lois, réglements, ordonnances et actes les plus importants du droit intérieur, et d'études sur le droit coutumier de l'Empire ottoman.* Cilt 2. Oxford: Clarendon Press, 1905–1906.

Zola, Émile. *L'assommoir.* İngilizceye çeviren Atwood H. Townsend. New York: Signet Classics, 1962. İlk baskı, 1877. [*Meyhane.* Çev. Cemal Süreya. İstanbul: Sosyal Yayınlar, 2003 (1. Baskı, Altın Kitaplar, 1971).]

Dizin

www.ingramcontent.com/pod-product-compliance
Lightning Source LLC
Chambersburg PA
CBHW080643270326
41928CB00017B/3179